1

Een ongenode gast

Er zit een indringer in mijn huis. Hij zit in de hoek van de kamer naast het witte tv-meubel. Een ongenode gast die mijn etagewoning in Amsterdam-West is binnengekomen. Hij houdt me in de gaten.

Waarschijnlijk was het de bedoeling dat hij niet op zou vallen, maar hij is onvoorzichtig geweest en heeft zichzelf verraden. En hoewel ik hem niet recht in de ogen kan kijken, voelt het intimiderend. Hij kan mij wel zien, ik hem niet. Wat zou hij allemaal weten? Hoelang zit hij er al? En wie kijken er allemaal mee?

Zo loop ik in de ochtend van zaterdag 2 november 2013 ijsberend door mijn huis, een blik richting de hoek van de kamer.

Een half jaar daarvoor heeft mijn leven een nieuwe wending genomen. Ik ben onderzoeksjournalist bij NRC *Handelsblad* en schrijf over binnenlandse onderwerpen, zoals de hogesnelheidslijn en het beleid van minister Uri Rosenthal. Mijn chef Jan Meeus moedigt me aan na te denken over grotere maatschappelijke thema's. 'Privacy en geheime diensten,' zeg ik tegen hem, 'daar zou ik onderzoek naar willen doen.' Het lijkt me dat de privacy op allerlei manieren onder druk staat: de smartphone neemt al steeds meer van het leven over, e-mail heeft bellen vervangen en gratis chatten via WhatsApp is de nieuwe volksverslaving. Met de smartphone is de buitenwereld onze huiskamers binnengedrongen. Wat betekent dat voor onze veiligheid?

Dan verschijnt Edward Snowden. De 29-jarige Amerikaan neemt tienduizenden *top secret*-documenten van de Amerikaanse geheime dienst NSA mee en geeft die aan journalisten. De geheimen van de machtigste dienst ter wereld liggen op straat. Een enorm schandaal met wereldwijde media-aandacht. Door zijn onthullingen is in één klap zichtbaar dat de digitale tijd nieuwe vormen van spionage met zich meebrengt.

Ineens weet de wereld dat de Amerikaanse afluisterdienst NSA bij Google en Facebook data op kan vragen. Dat het jaarlijks om 230 miljoen internetgegevens gaat: van soms één mail tot chatgeschiedenissen van honderden personen. Dat de NSA elke dag een kopie krijgt van álle telefoongegevens van 120 miljoen Amerikanen. Jan Meeus zegt dat ik voor Europa en Nederland uit moet zoeken hoe het zit. 'Dit is je kans,' zegt hij.

Ik wil Snowden ontmoeten maar heb geen idee hoe ik in zijn buurt moet komen. Kan ik direct contact met hem opnemen? Of zou ik de journalisten kunnen bellen die hij de geheime documenten heeft gegeven? Als iemand me toen had gezegd dat Edward Snowden anderhalf jaar later vermomd tegenover mij zou staan, had ik hem voor gek verklaard.

Deze wereld is compleet nieuw voor me. Ik maak zoals iedereen gretig gebruik van de nieuwe technologieën, doe aan sociale media en heb een iPhone. Ik verbaas me over de snelheid waarmee berichten verstuurd worden, maar zou niet kunnen uitleggen hoe het werkt. Het heeft iets ongrijpbaars en angstigs: wie kijkt er mee met mijn vakantiefoto's en wie luistert er mee als ik mijn vriendin bel?

Als alfa weet ik niet waar te beginnen. Een collega tipt me Erik Bais, die een eigen internetbedrijf heeft. In de zomer van 2013 ga ik daarom naar de Gorslaan in Purmerend en kom terecht in een soort accountantskantoor: systeemplafond, glazen hokken en ruime bureaus met grote computerschermen. Er werken alleen maar mannen. We drinken filterkoffie uit grote mokken. Bais, met gekreukt overhemd, staat voor een whiteboard en tekent er met stift lijntjes en pijlen op. Hij begint meteen over 'protocollen', 'hashes', 'switchen' en 'redundantie'. Op mijn verzoek doet hij een paar stappen terug.

'Neem als uitgangspunt het verkeersnetwerk zoals we dat kennen,' legt Bais uit, 'de wegen, de afritten, de knooppunten. Dankzij dit netwerk kunnen auto's van stad naar stad rijden; kunnen mensen zich verplaatsen. Zo is het eigenlijk ook met het internet.' Achter onze computerschermen en smartphones bevindt zich een verkeersnetwerk. En hoewel we dat nauwelijks waarnemen, bestaat ook dit netwerk uit fysieke elementen. Uit draden, gebouwen, telefoonmasten, kasten.

Via dat verkeersnetwerk begint een e-mail of een appje aan een reis langs zeven plekken: het modem van je internetprovider, de wijkcentrale van de internetprovider, het datacenter van de internetprovider, het internetknooppunt en het datacenter van de ontvangende internetprovider. En vervolgens weer de wijkcentrale en het modem van de ontvanger. Dat is het. *Easy as that*.

Ik zie de reis voor me: typ je een e-mail en druk je op 'verzenden', dan wordt het bericht opgedeeld in datapakketjes, met elk een eigen etiket: wat zit erin, waar komt het vandaan en waar moet het naartoe. Die pakketjes kiezen de kortste weg naar het modem van je internetprovider – bijvoorbeeld Ziggo. Daarna zoeven de pakketjes via kabels naar een wijkcentrale van de internetprovider en vandaar naar het datacenter van diezelfde provider. Het vervoer gaat bijna altijd via glasvezel, wat betekent dat de pakketjes worden omgezet in lichtsignalen. De datacentra zijn gebouwen met gangen vol stellingkasten waarop computers draaien.

De computers sturen de pakketjes weer verder. Ze gaan naar een groot internetknooppunt op zoek naar de ontvangende partij; dat kan heel goed een andere internetprovider zijn. Die internetknooppunten zijn cruciaal: daar maken internetpartijen koppelingen met elkaar.

In Amsterdam ligt een van de grootste internetknooppunten ter wereld – de Amsterdamse Internet Exchange, ofwel AMS-IX. Hoewel het in feite één knooppunt is, bestaat het uit verschillende enorme datacentra. Aan de ringweg A10 Oost zijn bijvoorbeeld twee immense raamloze flats verrezen vol stellingkasten met draaiende computers waar miljoenen datapakketjes per seconde doorheen worden gejaagd.

Een internetknooppunt is niets anders dan een gigantisch Prins Clausplein met twintigbaanswegen. Veel koppelingen en veel capaciteit. Want grote vervoerders, zoals Netflix, Google en YouTube, willen graag brede wegen oftewel snelle verbindingen. Dat zo'n reusachtig knooppunt in Amsterdam ligt is een economische troef van Nederland. Maar het trekt ook pottenkijkers aan: het is een honingpot voor criminelen en opsporingsdiensten. Er gaat een schat aan informatie doorheen.

De datapakketjes gaan na het knooppunt naar het datacenter van de internetprovider van de ontvangende partij. Dat kan elders in Nederland zijn maar net zo makkelijk in Taiwan of in de Verenigde Staten: dan steken de pakketjes even vlug de oceaan over. Dat gaat via grote zwarte kabels die uit vele lagen bestaan en op de zeebodem liggen. In Nederland komen verschillende grote kabels aan land in onder meer Beverwijk, Katwijk en in het noorden bij de Groningse Eemshaven. De ligging van die kabel verklaart bijvoorbeeld waarom het Amerikaanse Google in Groningen is neergestreken: het wil dicht bij de trans-Atlantische snelweg liggen. Bij de punten waar de grote kabels aan wal komen zijn bunkerachtige landingsstations verrezen met hekken en camerabewaking.

In 2010 plaatsten de Verenigde Staten Beverwijk en Katwijk op een lijst van 'kritieke plekken' die de veiligheid van de Verenigde Staten in gevaar brengen als er iets misgaat. Bij New York staat het grootste landingsstation ter wereld. Toen orkaan Sandy in 2012 de staat New York bedreigde, kreeg de veiligheid ervan de hoogste prioriteit: het zou als eerste hulp krijgen en mocht in geen geval uitvallen.

Zo reizen al die pakketjes razendsnel door het netwerk van draden en gebouwen. Bais grijnst en zet zijn koffiemok neer. 'Begrijp je het nu?' Ik knik voorzichtig en weet nu globaal hoe het internet werkt.

*

De uitleg van Bais werpt meteen nieuwe vragen op: wie zijn er machtig online, wie vallen data aan of beschermen die juist? Wat doen geheime diensten met die nieuwe technieken? Dat is de volgende stap. Maar geheimen openbaren zich niet zomaar. Edward Snowden opbellen gaat niet: hij zit ondergedoken in Moskou. Ik moet op zoek naar de mensen met verstand van deze wereld.

Bellen, bellen, heb ik als journalist geleerd. Als je even vastloopt, probeer je te bedenken wie je verder kan helpen. Ik nodig mezelf uit bij internetproviders en telecomdeskundigen, bij oud-inlichtingenmedewerkers en beveiligingsexperts. Ze zijn zonder uitzondering bijzonder vriendelijk. Het zijn vaak mannen, tussen de dertig en vijftig, die geen pak dragen maar een T-shirt, spijkerbroek en sneakers. Velen werken in gebouwen op bedrijventerreinen. Het is een wereld van bedrijfskantines en recepties met toegangspoortjes.

Personen die bij de overheid of een geheime dienst hebben gewerkt spreken liever af op neutraal terrein. Vaak dragen ze nog een colbert om te benadrukken welke status ze eens hadden.

Weken gaan zo voorbij. De ene na de andere afspraak. Iedereen is bereid me iets te vertellen over het internet. Over de gevaren, valkuilen, zelfs over spionage en de bedreigingen voor de privacy. En telkens hoor ik hetzelfde: er is een gigantische handel in data, de Amerikanen zijn online oppermachtig en kunnen veel afluisteren, Nederlanders zijn specialistisch maar mogen wettelijk gezien niet zomaar glasvezelkabels aftappen. De Britten zijn eveneens zeer kundig en kunnen goed hacken. Daarnaast zijn er talloze vage tussenbedrijven, zoals hostingproviders, simkaartfabrikanten, servicebureaus en transitproviders, die interessant zijn. De ontwikkelingen gaan zo snel dat het nauwelijks bij te benen is.

Na deze algemene introductie houden de gesprekken vaak op. Er is van alles gaande. Het is duidelijk dat we in een opwindende tijd leven, dat iedereen op zoek is naar data en nog meer data, maar hoe dat precies in zijn werk gaat, blijft een raadsel. De gesprekspartners willen praten over de techniek, de infrastructuur en de theorie, maar over de praktijk wordt gezwegen. Erik Bais uit Purmerend krijgt weleens een tapbevel van een inlichtingendienst, vertelt hij na enig aandringen. Dan moet hij op last van de AIVD iemands internetverbinding tappen. Hoe gaat dat eigenlijk? Zuigt hij dan alle datapakketjes op? En hoe ziet zo'n bevel er eigenlijk uit? 'Kan ik dat zien?' vraag ik hem. Een antwoord blijft uit.

Zo gaat het overal. Heeft een internetprovider weleens gezien dat er Amerikanen, Russen of andere partijen bij hem binnen zitten? Weten onderzoekers hoe en waar Facebook zijn data bewaart en wie daar allemaal bij kan? Kan een geheime dienst iemands zoekgeschiedenis in Google Maps achterhalen?

Hoe specifieker de vragen, des te stiller en ongemakkelijker mijn gesprekken verlopen. Het zijn de momenten waarop mensen vragen hoe ik ben gekomen, of ik m'n telefoon nog aan heb staan, of ik de volgende keer alsjeblieft niet via de mail een vraag wil stellen. Een specialist van industriële spionage wil geen voorbeeld geven van zijn werk. 'Dat kan ik echt niet maken. Als dat bekend wordt, ben ik mijn baan kwijt,' zegt hij nerveus en kijkt me zijn kamer uit. De oud-inlichtingenmedewerker wil het alleen hebben over juridische mogelijkheden. Wat de diensten echt doen, is geheim. Daar kan hij moeilijk iets over zeggen. In meerdere gevallen reageren mensen niet op vervolgvragen of verzoeken om nog een keer af te spreken.

Antwoorden vind ik ook niet in de journalistiek. Er zijn wel verhalen over incidenten maar de context ontbreekt. Nergens lees ik iets over hoe de technologie van invloed is op onze veiligheid.

Niet eerder ben ik als journalist op zulke muren gestuit. Ik vraag een vriend – een goedgetrainde jurist die bekend is in de hackerscene – om raad. Hij oppert naar OHM2013 te gaan. Het zegt me niets. 'Observe. Hack. Make,' zegt hij, 'een festival met duizenden bezoekers, onder wie voormalige spionnen, hackers en klokkenluiders.' Het blijkt de eerste keer na de onthullingen van Edward Snowden te zijn dat zo'n groep mensen in Europa bij elkaar komt. En het festival is, toevallig, in Noord-Holland. In recreatiegebied Geestmerambacht bij Alkmaar.

Het terrein is chaotisch: her en der mensen, strobalen, spandoeken. En lukraak plukjes tenten. Golfkarretjes rijden op en neer. Op het terrein zijn verschillende eilanden: Rainbow Eiland bijvoorbeeld, of Noisy Square – het domein van echte hackers. Mannen en vrouwen met zwarte T-shirts en een MacBook vol stickers. Ik zie een 'boodschappendrone' vliegen – een quadcopter met vier propellers die een pizza af kan leveren.

Ik luister naar toespraken en kijk naar een videogesprek met Julian Assange van WikiLeaks. Hij heeft het over een surveillancesysteem dat sterk aan het oprukken is: grote bedrijven en overheden proberen het internet te controleren. Assange noemt dit systeem 'de vijand'. En hij spreekt in termen van 'wij' en 'zij'. 'Alle internetgebruikers zullen uiteindelijk in dit systeem komen,' voorspelt hij.

Internet, is de gedeelde conclusie op het festival, is geen vrijplaats meer. Ooit was het een uitwisselingsplek waar staten geen autoriteit hadden. Maar het grootkapitaal en de overheden hebben hun plek opgeëist. Het gaat niet langer alleen om verbinden, netwerken en communicatie. Hoe meer het internet het leven van mensen binnendringt via smart-tv, smartphone, slimme energiemeters en DigiD, des te meer gaat het over veiligheid.

Het verkeersnetwerk is snel aan het veranderen. Google en Amazon zijn de bewegwijzering gaan verzorgen, zijn de vervoersmiddelen voor de datapakketjes gaan maken en bij elke afslag kun je wel een winkelcentrum van een van beide vinden. Daarbij slinkt het aantal internetproviders per jaar. In de jaren negentig waren er tientallen, nu alleen nog een paar grote. De macht verschuift van de vragers, de gebruikers, naar de aanbieders, zoals Google. Die voeden zich met de data van miljarden mensen en sturen en bepalen het internetverkeer.

Allerlei diensten zijn digitale camera's gaan ophangen: in de Verenigde Staten bij de landingsstations, in Nederland bij de internetproviders, bij Apple, Google en Facebook of soms heimelijk ergens tussenin. Geen datapakketje steekt nog ongezien de oceaan over.

Op het festival in Geestmerambacht heerst een vreemde mengeling van optimisme en verslagenheid. Haast kinderlijke blijdschap over oude computerspelletjes in 3D of een jarentachtig-speelautomaat. Tegelijk is er neerslachtigheid over de macht van grote bedrijven en instituten als de NSA. Oud-NSA-directeur Thomas Drake laakt in een presentatie het gedrag van geheime diensten. 'De surveillancestaat ontneemt burgers hun soevereiniteit.'

Tijdens het festival speelt een tweetal conflicten. Ze zeggen iets over de machtsstrijd die gaande is. Het festival heeft een sponsor, het Nederlandse beveiligingsbedrijf Fox-IT van de excentrieke cryptograaf en ondernemer Ronald Prins. Fox-IT houdt in opdracht van bedrijven wereldwijd systemen en netwerken in de gaten. Het groeit hard. Banken uit verschillende landen zijn klant. Gasten van Fox-IT krijgen op het festivalterrein een vipbehandeling: ze worden in golfkarretjes over het terrein gereden.

Maar Fox-IT heeft een bedenkelijke reputatie onder hackers. Het symboliseert de machtige surveillance-industrie: het maakt internet volgens hackers onvrij. Het internet is een Amerikaanse militaire uitvinding en vanwege de veiligheid delen e-mails en berichten zich op in kleinere pakketjes; als iemand vervolgens internetverkeer onderschept, is het onleesbaar. Maar bedrijven als Fox-IT hebben slimme software gemaakt die herkent welke pakketjes bij elkaar horen. En dat is weer ideaal voor overheden die internet aftappen en die de opgezogen datapakketjes willen bekijken.

Fox-IT verkoopt die software aan westerse landen, maar geeft ook trainingen digitale opsporing in bijvoorbeeld Egypte. En daarom zorgt de sponsoring van Fox-IT al voor het begin van OHM2013 voor hevige discussies. Met name Duitse hackers van de Chaos Computer Club wensen absoluut niet geassocieerd te worden met het bedrijf. Zij willen Fox-IT, dat enkele tienduizenden euro's bijdraagt aan het festival, uitkopen. Maar de stichting die het festival organiseert, piekert er niet over. Pikant detail: in het bestuur zitten twee leden – onder wie de voorzitter – die bij Fox-IT werken.

Dus gaat de sponsoring gewoon door. Daarop boycotten de Duitse hackers het festival. Maar dat is niet alles: op de tent van Fox-IT wordt tijdens het festival met rode graffiti NSA gespoten. Er wordt schamper gedaan over de golfkarretjes van Fox-IT. Hackers roepen beledigingen en fluiten naar medewerkers van het bedrijf. De spanning op het terrein is voelbaar. En dan gebeurt er nog iets wat ik niet voor mogelijk had gehouden: de geheime dienst blijkt zelf ook aanwezig.

Ik ontmoet Jurre van Bergen. Deze twintiger heeft geholpen bij het opzetten van het festival. Hij slaapt in een tent bij Noisy Square, het rumoerige en activistische kamp aan de buitenrand. Van Bergen is een slimme techneut die software maakt voor idealistische organisaties, zodat mensen in landen als Iran anoniem en veilig online kunnen communiceren. Hij schrijft mee aan Tails, het besturingsprogramma dat anonimiteit en privacy garandeert. Met een veilige internetbrowser zorgt het ervoor dat iemands ip-adres niet herkenbaar is. De datapakketjes gaan zogezegd met onbekende kentekenplaten de digitale weg op.

Op de eerste dag merkt hij iets vreemds: z'n telefoon, een Samsung Nexus, verliest in een paar uur 50 procent van het batterijvermogen. Omdat hij druk is met opbouwen, vergeet hij het. Op de tweede dag raakt hij zijn telefoon kwijt. Pas weken later krijgt hij hem terug via de Lost & Found-service.

De dinsdag na het festival werkt Van Bergen in de bibliotheek in Haarlem als zijn vader belt. 'Niet schrikken, er is iemand van de AIVD naar je op zoek.' Zijn vader legt hem uit wat er aan de hand is. Er staat een man van middelbare leeftijd op de stoep die zich heeft voorgesteld als Hans Turksema van het ministerie van Binnenlandse Zaken. De vader heeft bij 'Binnenlandse Zaken' argwaan gekregen en gezegd: 'Je bent zeker van de AIVD?'

De man wil Jurre spreken om 'het imago van de dienst onder hackers te verbeteren'. Hij laat een telefoonnummer achter. Als

Van Bergen thuiskomt en het telefoonnummer leest, ziet hij dat hetzelfde nummer hem tijdens OHM heeft gebeld. Hij voelt zich er niet prettig bij. Hij heeft contact met mensen die hij wil beschermen. Dissidenten, activisten.

Het voorval staat niet op zichzelf, vertelt Van Bergen. 'Op het festival was het een publiek geheim dat meerdere mensen benaderd werden.' De geheime dienst heeft OHM uitgekozen voor een charmeoffensief. Doel: hackers als informant rekruteren en zo hun kennis binnenhalen. De AIVD moet moderniseren. Niet langer gaat het over richtmicrofoons of kabels openbreken, maar over smartphones en wifirouters. De nieuwe tijd vraagt om nieuwe inzichten. En Van Bergen en zijn vrienden zijn de toegangspoort.

Langzaamaan zie ik de contouren van een strijd: enerzijds willen veiligheidsdiensten gebruikmaken van de kennis van hackers, anderzijds zien die hackers dat hun vrijheid wordt bedreigd door machtige bedrijven en spionerende overheden. Wil ik weten wat deze strijd betekent, dan moet ik nog dichter bij het vuur zien te komen.

*

Op zondag 15 september 2013 rijd ik met *NRC*-collega Steven Derix naar Duitsland. We hebben contact gelegd met het Duitse weekblad *Der Spiegel* omdat zij de geheime stukken van Edward Snowden hebben. In mijn eentje lukt het niet om de inlichtingenwereld binnen te komen. Daarom heeft Steven zich aangesloten. Hij is vaak in Afghanistan geweest en heeft jarenlang over het leger geschreven. Hij heeft goede bronnen bij het ministerie van Defensie.

Dat het ingewikkeld is, komt mede door de Nederlandse cultuur. De veiligheidsdiensten zijn een stuk geslotener dan de Amerikaanse diensten CIA en FBI. Die zijn vele malen groter en werken bovendien meer met *contractors*: mensen die er gedetacheerd zijn. Ze zijn ook onderdeel van een politieke strijd en de cultuur is er opener – wat lekken in de hand werkt. CIA-stukken komen in principe na dertig jaar vrij, in Nederland zijn documenten van net na de oorlog niet op te vragen bij de AIVD en MIVD. Amerikaanse inlichtingenofficieren publiceren met regelmaat hun memoires. Kom er maar eens om in Nederland. En CIA'ers en oud-CIA'ers spreken nog weleens met media. Of lekken documenten. In Nederland lijkt dat ondenkbaar.

Steven en ik hebben allerlei vragen. Hacken de AIVD en MIVD ook telefoons? Wat gebeurt er écht met onze data die soms bij internetproviders zijn opgeslagen? Hoe veilig is een thuisverbinding eigenlijk? Wat doet Facebook met al die persoonsgegevens? Ook samen stuiten we op muren. Alsof er een code is onder betrokkenen: daar spreek je niet over. Het bestaat niet. 'Sorry, daar kan ik echt niet over praten.' Terwijl de gelekte geheime documenten van Edward Snowden toch aantonen dat er van alles aan de hand is.

Misschien, zeggen we tegen elkaar, ligt het aan de manier van communiceren. Ik ben niet bekend met extra beveiligde mail of versleutelingstechnieken. Ik bel mensen op. Of stuur een mail met een verzoek om eens koffie te kunnen drinken. Zou dat bronnen afschrikken? Vreemd is dat idee niet. Hoe meer ik lees en hoor over deze nieuwe wereld, hoe meer ik zelf ook de risico's begin te zien.

Elk contact blijkt een digitaal spoor achter te laten. Bellen: de telecomprovider slaat de metadata van het gesprek op. Dus: welk ander nummer bel je, hoelang, vanaf welke locatie. Politie en ook inlichtingendiensten kunnen die gegevens opvragen. Mailen: de datapakketjes gaan langs datacentra en internetknooppunten, ook Amerikaanse. Daar kunnen allerlei partijen bij. Ook slaan e-maildiensten informatie op. Als die Amerikaans zijn – zoals Google – vallen ze onder Amerikaanse wetgeving.

En dus gaan Steven en ik experimenteren met andere technieken. We kopen prepaidtelefoons met verschillende simkaarten. De gedachte is: als iemand ons op de korrel wil nemen, dan beginnen ze waarschijnlijk bij onze telefoons. Die prepaidtelefoons zorgen voor een nieuw probleem: hoe laten we elkaar weten wanneer we die gebruiken? Want als we eerst met onze eigen telefoon naar een prepaidtelefoon bellen, ziet een overheid of dienst ook dat er een contact is met een onbekend prepaidnummer.

Er zijn meer praktische problemen. Hou je die prepaidtelefoon namelijk de hele tijd in de buurt van de andere telefoon, dan maken ze allebei gebruik van dezelfde telefoonmast. Zo zou iemand die oplet een patroon kunnen zien: de nummers leggen dezelfde route af. Dus om echt veilig te zijn: eigen telefoon eerst uitzetten, dan een paar honderd meter verder lopen en dan pas bellen met de prepaidtelefoon waar onder pseudoniem de naam van Steven in staat.

Ook mailen doen we voortaan anders. Niet langer via gewone mail, dat is blijkbaar te onbetrouwbaar. Zoals we onze computers ook niet langer vertrouwen. We kopen een paar oude en volledig opgeschoonde exemplaren en zorgen dat die alleen in noodsituaties aan het internet zijn gekoppeld. Mailen doen we ofwel versleuteld of niet meer. We 'chatten' vooral via beveiligde kanalen: door eerst een usb-stick in een computer te stoppen en een apart besturingsprogramma te openen. Daarin opent weer een browser die het mogelijk maakt om het unieke ip-adres af te schermen. Verder gebruiken we een chatprogramma om berichten volledig te versleutelen.

Dit moet ons helpen dichter bij de juiste personen te komen.

*

We rijden over de Duitse A1 naar Hamburg, waar *Der Spiegel* is gehuisvest in een reusachtig glimmend pand aan een zijtak van de Norderelbe. Het weekblad werkt samen met de Amerikaanse documentairemaakster Laura Poitras. Edward Snowden heeft de duizenden geheime stukken van de NSA in Hongkong aan haar en de Amerikaanse journalist Glenn Greenwald gegeven. Poitras deelde ze vervolgens met *Der Spiegel*. Misschien willen die journalisten met ons over Nederland schrijven. Zo hebben we onszelf uitgenodigd.

Maar het contact loopt op niets uit. De verslaggever die we ontmoeten is geërgerd omdat ik hem een paar dagen eerder op Twitter ben gaan volgen. Daarmee is ons contact op voorhand al besmet geraakt, vindt hij: iedereen kan nu weten dat we elkaar misschien zullen ontmoeten. Daar moet ik in het vervolg beter over nadenken, geeft hij nog mee. Het lijkt me een paranoïde gedachte.

Teleurgesteld rijden we weer terug naar Nederland. Maar op de terugweg hebben we geluk. Een bron belt met een tip. Het is iemand die we in de weken daarvoor hebben leren kennen. Hij zegt dat er iets gaat gebeuren bij de Belgische telecomprovider Belgacom. We moeten het zelf maar verder uitzoeken.

Het is de eerste keer dat iemand mij over dit onderwerp benadert. We hebben kennelijk een voet tussen de deur. En we hebben nog een keer geluk. De correspondent van *NRC* in Brazilië, Floor Boon, heeft een interview gehad met Glenn Greenwald – de journalist die toegang heeft tot alle Snowden-documenten. Na het interview heeft ze gevraagd of hij met *NRC* wil samenwerken. Dat wil hij.

Het contact met Glenn Greenwald verloopt echter moeizaam. We krijgen hem nauwelijks te pakken. Z'n telefoon is telkens in gesprek, op mails antwoordt hij niet. We raken gefrustreerd. We sturen onophoudelijk versleutelde e-mails, en bellen en sms'en.

Na twee maanden van vergeefse pogingen neem ik de gok en vlieg naar Rio de Janeiro. Van oud-spionnen heb ik geleerd dat fysiek contact het best werkt. Iemand met wie je gaat samenwerken, wil je eerst in de ogen kijken. Die strategie werkt: doordat Floor kan zeggen dat ik speciaal voor Greenwald naar Rio ben gevlogen, wil hij tijd voor me vrijmaken.

We ontmoeten hem in de lobby van een chic hotel in Leblon, het Beverly Hills van Rio. Om ons heen brede types die opzichtig met hun telefoon spelen en onze kant op kijken. Het maakt me nerveus. De beweeglijke Greenwald stoort zich er totaal niet aan. Op luide toon verwelkomt hij Floor en mij. Ik vertel over *NRC* en wat ik nu weet over de Nederlandse geheime diensten.

Greenwald vertelt hoe hij de samenwerking voor zich ziet. Hij wil bijvoorbeeld als auteur bij artikelen worden vermeld, omdat hem dat medeauteur maakt. Journalisten hebben juridische bescherming die nodig is bij het publiceren over staatsgeheimen. En als hij meeschrijft en auteur is, wil hij ook graag een freelancevergoeding. Dat is het. Opgelucht zeggen Floor en ik gedag.

*

Meteen bij terugkomst in Nederland is er iets veranderd. In een café aan het Europaplein in Amsterdam spreken Steven en ik een oud-medewerker van een Nederlandse geheime dienst. Hij is een bron die veel weet maar is net als de meeste van zijn collega's niet scheutig met informatie. We weten niet of we hem helemaal kunnen vertrouwen: is hij gestuurd door de dienst om te achterhalen hoeveel wíj weten? Voorzichtig hebben we gepolst of hij, als het ons lukt de NSA-documenten te krijgen, mee wil kijken om informatie te verifiëren.

Daarop reageert hij kwaad. Hatelijk bijna. 'Jullie zijn onbetrouwbaar. Ik verdoe m'n tijd hier.' Hij had verwacht dat we de documenten aan hem zouden geven. Hij vraagt loyaliteit van ons en wenst niet langer 'zo behandeld te worden'. De ontmoeting is zo kort dat we haastig onze spa rood en koffie moeten opdrinken. We zijn stomverbaasd.

Bij vertrek houdt hij nog even halt. 'Waarom vliegen jullie via Portugal naar Brazilië?' zegt hij terwijl hij ons aankijkt. We schrikken. Na mijn eerste afspraak met Greenwald gaan Steven en ik nu kijken hoe we de documenten kunnen uitwisselen. Niemand, zelfs familie en vrienden niet, weten wanneer en hoe we binnenkort naar Rio zullen vliegen. De tickets zijn niet via de krant geboekt en ook niet naar onze e-mailadressen gestuurd. Hoe kan het dat hij dat wel weet? Hij is al weg voor ik het hem kan vragen.

Het geeft ons een vervelend gevoel. Deze man lijkt vooral informatie van óns te willen. Namens wie vraagt hij dat? Zijn verzoek om loyaliteit is ook vreemd na slechts een paar contacten.

Op zaterdagochtend 2 november 2013 zit ik opnieuw met een vervelend gevoel. Nu in mijn eigen huis. Ik word bespied.

Het internet is de avond ervoor weggevallen. Steven en ik waren via een beveiligde verbinding aan het chatten. Met een speciale laptop, een oud Windows-model dat vrijwel geheel is opgeschoond. Zo'n apparaat waar je eigenlijk niets mee kunt behalve een vrij basaal tekstprogramma openen. Met een usb-stick startte ik het besturingsprogramma Tails en daarna een anonieme internetbrowser om een chatprogramma te openen waarin berichten vercijferd zijn. Onder een alias was ik voor Steven te vinden op een chatkanaal. Hij had op zijn beurt hetzelfde gedaan totdat de verbinding plots wegviel.

Ik zei Steven telefonisch dat ik niet langer kon praten. Maar het internet bleef weg. Ook de volgende dag – terwijl er geen storing bekend is. Het modem van de internetprovider werkt ook naar behoren. Alleen de witte router – die mijn wifisignaal de woonkamer in stuurt – heeft het volledig begeven. Resetten heeft geen zin, lukraak op knoppen drukken ook niet, er zit geen leven meer in. Zo dood als een pier.

Als ik Steven bel en over internet begin, onderbreekt hij mij meteen. 'Vreemd, bij mij werkt ook niets meer. Mijn modem is stuk.' Hij heeft geen aparte router, zijn modem – van Siemens – zendt het draadloze wifisignaal uit. Maar ook bij hem hetzelfde euvel: geen storing bekend, wel een apparaat dat zich gedraagt als een steen.

Twee apparaten op hetzelfde moment kapot. Eén in Amsterdam, één in Rotterdam, een week voordat we naar Rio vliegen. Iedereen die ik er later over spreek denkt hetzelfde: dat kan geen toeval zijn. De Belgische cryptograaf Bart Preneel: 'Het is zeer wel mogelijk dat ze hebben geprobeerd malware op jullie wifirouter te installeren en dat men twee keer dezelfde fout heeft gemaakt waardoor er iets beschadigd is.' 'En wie zijn "ze",' vraag ik enigszins ongerust. Preneel: 'Een professionele hacker, bijvoorbeeld van een inlichtingendienst.'

Beveiligingsexperts zeggen dat ik aan de NSA moet denken.

Die dienst was immers honderdduizenden staatsgeheime documenten kwijt en wil een inschatting van de schade maken. Toen kon ik me nog niet voorstellen wat de gevolgen voor de NSA zouden zijn en wat het zou betekenen voor hun relatie met Europese geheime diensten. Het was geen vreemde gedachte dat zo'n machtige dienst als de NSA alle lijnen naar de journalist die de stukken mogelijk zou hebben in de gaten wilde houden. En zo ook op een etage in Amsterdam-West was beland.

Langzaam dringt het besef door dat dit een andere wereld is. Voordat ik een tweede keer naar Rio de Janeiro ga, ervaar ik welke ongekende mogelijkheden de diensten hebben om waar ook ter wereld te infiltreren, apparaten te hacken en geautomatiseerd te tappen. Geheime diensten zijn klaarblijkelijk dol op routers. Ze zitten op de perfecte plek in het netwerk: al het internetverkeer gaat erlangs. Maar dat is niet het enige. Hang een apparaat aan het internet en een degelijke geheime dienst kan er uiteindelijk altijd wel bij. Het maakt niet uit waar het ding staat: afstanden doen er niet meer toe.

Door de documenten van de NSA ben ik ineens interessant voor geheime diensten. Het hoofd van de AIVD komt naar *NRC Handelsblad* om te waarschuwen dat het bezitten van staatsgeheimen gevolgen kan hebben. De militaire inlichtingendienst wil een kort geding starten om een artikel tegen te houden. Niet langer ben ik een onwetende toeschouwer in deze wereld, ik ben een medespeler geworden.

In de Snowden-documenten zou staan wat niemand me wilde vertellen: door technologie is informatie nergens meer veilig. De Amerikaanse NSA dringt honderden buitenlandse computersystemen binnen en zal dit aantal opvoeren tot miljoenen. De Nederlandse AIVD is al rond 2000 begonnen met hacken. Nog voor de invoering van de euro kunnen hackers van de Nederlandse geheime dienst e-mails bekijken, ook in landen ver buiten Nederland. Er bestaan ook al virtuele identiteiten om te spioneren. Later dringt de AIVD ongezien webfora binnen waarop jihadistische teksten worden verspreid. De MIVD heeft toegang tot meer dan duizend buitenlandse computersystemen zonder dat iemand het doorheeft.

De nieuwe wereld, zo blijkt die zaterdag 2 november 2013, is digitaal. Het is een wereld waarin de mogelijkheden onbeperkt zijn en de regels onduidelijk. Wat dat betekent voor de veiligheid, zouden we ervaren na ons tweede bezoek aan Rio de Janeiro.

2
Totale black-out

Als Steven en ik op de kamer van hotel Benidorm Palace in Rio de eerste Snowden-documenten zien, giert de opwinding door onze lichamen. Nu gaan we lezen wat voor altijd verborgen had moeten blijven, denken we. We doen de hoteldeur op slot en zetten onze laptops klaar.

Maar in plaats van te tikken, staren we naar grafieken en beschrijvingen met woorden als 'PSTN', 'MySQL', 'CNE', 'Sigad', 'Thuraya' en 'CERF Call'. Het frustrerende van een stap in een nieuwe wereld is dat je erachter komt hoe onwetend je bent. Hetzelfde gevoel als na een eerste werkdag bij een nieuwe werkgever: hoe je je er ook op hebt voorbereid en hoe zeker je je ook waant, na zo'n dag weet je vooral wat je nog niet weet. De routines, de namen van nieuwe collega's, de verhoudingen, het jargon.

Na een tijdje begrijpen we dat we naar technische termen kijken die soms aan codenamen refereren of verwijzen naar een gebruikte techniek. Wat ze precies betekenen, is afhankelijk van de context.

Hoe lastig het is, blijkt als we een tekst lezen waarin Nederlandse specialisten van de AIVD en MIVD hun Amerikaanse collega's een presentatie geven. De Amerikanen zijn duidelijk onder de indruk van de Nederlanders, zo valt te lezen. De Nederlandse presentatie is van 'zeer hoog niveau', schrijven ze. Maar wat kunnen de Nederlanders precies?

In het document staat dat ze 'MySQL-databases' binnenhalen via 'CNE access'. Weer googelen. MySQL blijkt een toepassing te zijn om databases te bouwen en te beheren. Daarin worden alle berichten van een gebruiker opgeslagen, net als diens logintijden, ip-adres en wachtwoord. Met die gegevens kan de dienst op zoek gaan naar de werkelijke identiteiten van gebruikers. CNE is

Computer Network Exploitation, jargon voor hacken. Eigenlijk staat er dus dat de AIVD toegang krijgt tot een webforum en vervolgens de hele database opzuigt en in die database gaat zoeken naar wie er allemaal op het forum actief is. Iets wat wettelijk gezien niet mag, denken we. Het is een van de vele losse draden die we moeten verifiëren.

En dat is nog niet alles. De AIVD gebruikt de database ook voor andere doeleinden. 'Ze onderzoeken,' schrijft de NSA, 'of ze de data uit de webfora kunnen combineren met gegevens van andere sociale media, en proberen goede manieren te vinden om de data die ze al hebben te minen.' Dataminen. Weer een nieuwe term. Het is het geautomatiseerd analyseren van data. Het herkennen van patronen van gebruikers. Zo wil de geheime dienst achterhalen wie er precies op fora actief zijn. En nog belangrijker: wie er achter de gebruikersnamen schuilgaan.

Een manier om daarachter te komen is door zoveel data samen te brengen dat er kruisverbanden ontstaan: het kan zijn dat iemand telkens op hetzelfde moment inlogt op Facebook als op een bepaald webforum. Op Facebook onder de echte naam, op het forum onder een alias. Hoe meer gegevens, des te duidelijker de correlatie.

Als we terug zijn in Nederland en het document publiceren in *NRC*, spitst de publieke discussie die ontstaat zich toe op één vraag: mag de AIVD dit doen? Privacy-experts en juristen menen van niet: de dienst haalt namelijk de gegevens van duizenden, ook onschuldige, gebruikers binnen. De AIVD vindt van wel. Een jaar later zal de toezichthouder van de Nederlandse geheime diensten na eigen onderzoek concluderen dat de AIVD in meerdere gevallen 'onrechtmatig' heeft gehandeld.

Het stuk op de voorpagina en de daaropvolgende discussie zijn exemplarisch voor de artikelen die ik die maanden schrijf. Ze gaan vooral over rechtmatigheid en de gevolgen voor burgers die niets verkeerds doen. Dus: mag het? En hoe groot is de privacyschending? Het zijn journalistiek relevante vragen. En toch hebben ze iets onbevredigends; omdat ze niet gaan over de dieperliggende oorzaken. Ze gaan over het afwijkende, niet over het gebruikelijke. Ze laten niet zien hoe de organisatie van het internet eruitziet, waarom dat aantrekkelijk is voor spionagediensten en waarom dat internetgebruikers kwetsbaar maakt.

Dat is deels de makke van de journalistiek. Journalisten schrijven graag over wat nieuw en anders is. Het is nieuw dat de AIVD webfora hackt. En als het ook nog eens niet mag, is het een schandaal. Dan vinden allerlei mensen en politici er iets van. Daarna komen er maatregelen – ook weer nieuws – en eventueel politieke gevolgen – wéér nieuws.

Het heeft ook te maken met maatschappelijke acceptatie. Door de documenten en gesprekken begin ik te zien dat het verkeersnetwerk op allerlei plekken kwetsbaar is. En dat alles wat eraan gehangen wordt – telefoons, laptops, beveiligingscamera's – door anderen te traceren is.

Dat wereldwijde netwerk heeft een magnetische aantrekkingskracht: organisaties, bedrijven en overheden kleven er maar wat graag hun producten en diensten aan vast. En dat betekent weer meer zwakke plekken en extra belangen: die van de veiligheidsdiensten voorop.

Maar kan het iemand iets schelen hoe het werkelijk werkt? En wat de maatschappelijke gevolgen zijn? Denk aan het beroemde filmpje van cineast Frans Bromet uit 1998. Hij vraagt met zijn bekende, nasale stem aan Nederlanders of ze een mobiele telefoon willen, op dat moment een nieuw fenomeen. Niemand wil het. 'Het lijkt me helemaal niet leuk om altijd bereikbaar te zijn,' werpt een vrouw tegen. De mobiele telefoon kwam er en niet lang daarna de smartphone. Het werd een belachelijk succes. En zo gaat het met allerlei stappen in de digitale tijd: eerst schoorvoetend en al snel is de aarzeling weg – tot aan de inmiddels brede acceptatie van, bijvoorbeeld, digitale medische dossiers.

Terwijl ik thuis of in een speciale redactieruimte op de krant de documenten van de NSA lees en de technische termen probeer te begrijpen, is het alsof ik een pikdonkere ruimte betreed.

En ergens in dat donker moet zich een kluwen aan techniek bevinden waar een onzichtbare strijd woedt.

Er komen gaandeweg steeds meer vragen op. Hoe hack je eigenlijk? Hoe kan de AIVD vanuit een pand in Zoetermeer een webforum dat ergens anders staat binnendringen? En ook: wat betekent dat voor de relatie burger-overheid, voor de democratie? Het onderwerp is onder mijn huid gekropen, merk ik als ik een rondje hardloop of ver na middernacht nog lig te piekeren.

In de gesprekken die ik in de maanden en jaren daarna voer, komt één verhaal telkens terug. Het speelde zich af in 2011 in Nederland.

*

Het verhaal begint bij Aart Jochem. De computerspecialist adviseert de overheid bij nationale crises. De 46-jarige IT'er is niet iemand die zich snel zorgen maakt. Hij leidt een team van IT-deskundigen bij een overheidsdienst met de onmogelijke naam GovCERT, het Computer Emergency Response Team.

In de jaren tachtig studeert Aart Jochem computertechniek aan de hts in Den Haag, daarna haalt hij zijn doctoraal elektrotechniek en computerarchitectuur aan de TU Delft. Het is de tijd van de eerste Mac en Ruud Lubbers is premier.

Als hij in 2007 bij GovCERT komt, heeft de organisatie een gezapige uitstraling: het team stuurt beveiligingsadviezen naar ministeries. Aart Jochem is een degelijke en rustige specialist. Collega's roemen zijn vriendelijkheid, zijn vernieuwingsdrang en uitmuntende kennis van informatiebeveiliging. Ze bespeuren bij hem het idealisme uit de jaren tachtig en negentig: dat technologie mensen vooral meer vrijheid moet brengen.

In de vier jaar, acht maanden en dertig dagen die hij bij GovCERT werkt, heeft hij nooit het gevoel gehad dat de zaken hem ontglippen. Tot hij woensdagavond 31 augustus 2011 op de school van een van zijn kinderen in Alphen aan den Rijn is. Hij wilde naar de ouderavond. Maar nu hij hier zit, begrijpt hij niet waarom hij is gegaan. Hij staat stijf van de adrenaline en kan niemand vertellen wat er aan de hand is.

Twee dagen eerder. Aart Jochem zit aan een ovale vergadertafel bij GovCERT als collega Hans Petri binnenkomt. Aart Jochem ziet meteen dat het mis is. Petri heeft waakdienst en beheert het alarmnummer. Bleek. Een trillende snor. Zo heeft hij zijn collega niet eerder gezien.

Petri vertelt over een melding van een Iraanse man op een Google-forum. De Iraniër schrijft dat hij Gmail wil openen, maar dat Google Chrome hem waarschuwt dat het onveilig is. De man weet niet precies wat er aan de hand is, maar vermoedt dat iemand zich voordoet als Gmail.

Specialisten bij het Duitse CERT, een evenknie van Aart Jochems organisatie, hebben al naar de melding gekeken. En ook zij denken dat er iets mis is. Het probleem ligt alleen niet bij Google in Iran of in de Verenigde Staten, maar in Beverwijk, denken zij. Bij een bedrijf genaamd DigiNotar. Meteen waarschuwen de Duitsers hun Nederlandse collega's.

Aart Jochem en zijn collega's weten niet wat ze moeten doen. Dan pakt Jochem een whiteboard en schrijft: 'Welke informatie hebben we?' En daarnaast: 'En wat zijn de mogelijke scenario's?' Weer stilte. Het whiteboard blijft een tijdlang onbeschreven. In allerijl wordt achterhaald wat DigiNotar doet en hoe belangrijk het bedrijf is. Langzaam druppelt er informatie binnen. Het bedrijf geeft certificaten uit, zo blijkt. Heel belangrijke certificaten. En kennelijk heeft iemand die zo goed na kunnen maken dat ze niet van echt te onderscheiden zijn. Dat is niet goed, weet Aart Jochem: digitale certificaten zijn de bouwstenen van het internet. Als één steen wegvalt, stort het bouwwerk in.

*

Het internet is een aaneenschakeling van computers die via websites, zoekmachines en browsers verbonden zijn. Maar niet elke website die aan dit netwerk hangt is te vertrouwen. Het kan zijn dat de ogenschijnlijke website van de Belastingdienst niet van de Belastingdienst is maar van een crimineel die probeert inloggegevens te stelen. Daarvoor is een systeem bedacht: elke keer als een gebruiker naar een website gaat, controleert de internetbrowser of die website te vertrouwen is.

Google (Chrome), Microsoft (Internet Explorer) en Firefox (Mozilla) doen dat niet zelf. Dat hebben ze uitbesteed aan bedrijven die certificaten uitgeven. Het systeem is vergelijkbaar met een notaris die controleert of bij de verkoop van een huis de juiste partijen betrokken zijn. DigiNotar is een digitale notaris. Het bedrijf controleert wie bij een website hoort en of de website te vertrouwen is.

Nu zijn er honderden, zo niet duizenden van dit soort certificaatuitgevers, ofwel CA's in het Engels. Grote bedrijven als Google vertrouwen er een paar honderd. Die hebben een extra status, zogenaamde root CA's. Deze partijen kunnen van elke website aangeven of die te vertrouwen is en andere CA's ook een betrouwbare status geven. Een soort 'supernotarissen'. DigiNotar is er een van. Microsoft en Google varen blind op hun autoriteit. En daar zit precies de kwetsbaarheid: slaagt iemand erin een certificaat van een supernotaris na te maken, dan kan hij zich voordoen als vertrouwde website en de communicatie en gegevens van internetgebruikers stelen.

Dit weet Tony de Bos ook. De forse De Bos – die zijn korte haar met een flinke lik gel een jeugdige look geeft – is eind jaren negentig medeoprichter van DigiNotar. In de tijd dat Nederland het internet omarmt, groeit zijn bedrijf mee: van enkele personen naar ruim twintig en later zelfs vijftig. DigiNotar verhuist van een bescheiden pand aan de Zeestraat in het centrum van Beverwijk naar een riant bedrijfspand aan de Vondellaan aan de rand van de stad.

Daar beleeft De Bos vanaf 2008 zijn goede jaren. Digitale communicatie neemt toe: online aankopen, het internetbankieren, de communicatie tussen overheid en burger, tussen apparaten onderling. Waar het werk van traditionele notarissen onder druk staat, gaat het juist goed met het bedrijf van De Bos. Zijn certificaten zijn overal nodig.

DigiNotar staat te boek als een degelijke organisatie. Het bedrijf maakt goede sier met indrukwekkende veiligheidsmaatregelen. Klanten en bezoekers vergapen zich eraan.

Omdat de certificaten van DigiNotar zo belangrijk zijn, is het uitgifteproces goed beschermd. Het bedrijf heeft haast militaire stappen gezet om inbrekers buiten te houden: DigiNotar scant al het binnenkomende internetverkeer en heeft het computernetwerk opgedeeld in verschillende afgesloten delen. Elk verzoek voor een certificaat wordt door twee verschillende medewerkers beoordeeld: het 'vier-ogen'-principe.

Daarna gaat het naar een 'veilige omgeving' waar het certificaat uitgegeven wordt en een digitaal echtheidsstempel krijgt. Een medewerker van DigiNotar moet hiervoor fysiek een smartcard in een computer steken. Die computer staat in een zwaarbewaakte ruimte ter grootte van een halve woonkamer. Om daar binnen te komen, moet de medewerker verschillende deuren passeren die een sluis vormen: daar heeft hij speciale elektronische passen voor. Voor iedere volgende deur zijn minder mensen geaccrediteerd. De binnenste ruimte is beveiligd met verstevigde deuren met ijzer erin. Die gaan pas open na een handbiometrische controle en het invoeren van een gepersonaliseerde pincode. Deze futuristische kluis is het pronkstuk van het bedrijf.

Aan alle mogelijke doemscenario's is gedacht. Als de stroom uitvalt, neemt een generator het systeem over. Mocht een vliegtuig op het gebouw storten, dan staat een replica van het gehele systeem in een beveiligde bunker bij Schiphol.

*

Daarom zijn Aart Jochem en zijn collega's geschrokken als ze horen dat er een vals certificaat in omloop is. En ook nog van het grote Google: de inbreker heeft hoog ingezet. Terwijl Jochem en zijn collega's meer informatie zoeken, gaat de melding van de Iraniër een eigen leven leiden. Het bericht komt Ronald Prins onder ogen. De oprichter van Fox-IT is verknocht aan zijn mobiele telefoon en een fervent twitteraar. Zijn cryptografische kennis maakt hem tot een autoriteit als het gaat om beveiligingsvragen. Hij mengt zich graag in online discussies – een eigenschap waar hij ook commercieel profijt van heeft. Prins hint op de eventuele gevolgen van de Google-melding: als dit betekent dat iemand de certificaten van DigiNotar kan namaken, is de schade niet te overzien. 'Een ramp,' twittert Prins.

Ook Tony de Bos ziet de opwinding op Twitter. Begin dat jaar heeft hij DigiNotar voor 3,7 miljoen euro verkocht aan het Amerikaanse Vasco. Het is een prachtige deal en het bewijst nog maar eens het belang van zijn groeiende bedrijf. Als een van de twee medeaandeelhouders houdt De Bos een aardige som geld aan de verkoop over. Op papier is hij zelfs miljonair. Een deel van het bedrag, ruim 1,4 miljoen euro, is al uitbetaald, de rest zal over een paar maanden volgen – mits er in de tussentijd niets ernstigs gebeurt.

Maar nu bellen ongeruste klanten hem op. Of hij kan vertellen wat er aan de hand is. Even denkt De Bos terug aan een paar weken eerder. Hij was op vakantie en hoorde dat er iets speelde bij DigiNotar. Een hack misschien. Hij had nog gevraagd of hij zijn vakantie moest afbreken. 'Niet nodig,' was hem gezegd. Het incident was afgehandeld. De klanten willen nu weten of DigiNotar nog te vertrouwen is. 'Natuurlijk,' zegt hij zelfverzekerd. De Bos is overtuigd van zijn organisatie en alle veiligheidsmaatregelen. Toch belt hij 's avonds voor de zekerheid Ronald Prins met de vraag of hij onderzoek wil doen. Prins kan met zijn autoriteit vast bevestigen dat er niets onoorbaars is gebeurd bij DigiNotar, denkt De Bos.

De afspraak is nog niet gemaakt of Google komt met een *public statement*: iedereen die een website bezoekt die gebruikmaakt van certificaten van DigiNotar zal een melding krijgen: deze website is niet langer te vertrouwen. Iemand probeert zich voor te doen als Google om e-mails en documenten te lezen. De impact van het statement van Google is niet te overschatten: de hele wereld weet nu dat er een probleem is bij het bedrijf in Beverwijk.

Dinsdagochtend om negen uur stipt belt Aart Jochem met Tony de Bos. Die zit op dat moment naast Ronald Prins. Het boegbeeld van Fox-IT wil dat DigiNotar zo open mogelijk is over wat er aan de hand is. De Bos heeft mokkend het advies van Prins overgenomen om het onderzoek van Fox-IT al wereldkundig te maken. Het wemelt inmiddels van de pottenkijkers bij zijn bedrijf: onderzoekers van Fox-IT stellen De Bos vragen over de inrichting van het netwerk, plaatsen sensoren en bekijken zijn kluis. De eerste advocaat komt langs om de gevolgen voor de overname in te schatten.

Aart Jochem wil snel antwoorden. Wat betekent dit allemaal? Hij en zijn team tasten in het duister. Het Google-bericht is ernstig, dat weten ze. Iemand is erin geslaagd om een DigiNotar-certificaat na te maken, om de zwaarbeveiligde kluis binnen te dringen en met de smartcard een certificaat te tekenen. Het kan een mol bij DigiNotar zijn, een hacker, een vijandige staat. Alles is mogelijk. Ze moeten er snel achter komen hoe dit is gebeurd.

Het enige wat Aart Jochem nu kan, is de schade beperken: alle certificaten van DigiNotar die voor een veilige verbinding tussen internetgebruiker en overheidswebsites zorgen, laten vervangen.

De zich ontvouwende crisis is een realiteitscheck: de Nederlandse overheid blijkt totaal niet voorbereid. Het is 2011 en niemand weet hoe belangrijk het bedrijf in Beverwijk is voor het Nederlandse internet. Toezichthouder OPTA – die toeziet op telecommunicatie – zou het moeten weten, maar die heeft de controle van DigiNotar weer bij PriceWaterhouseCoopers ondergebracht. En die kijkt vooral naar de organisatorische structuur van het bedrijf, niet naar de techniek.

Voor Aart Jochem is het improviseren. Hij heeft geen enkel mandaat. Zijn team weet niet eens of het contact met Prins wel is toegestaan. Officieel mag GovCERT alleen overheidsorganisaties helpen als daarom wordt gevraagd. Een vreemde beperking voor een partij die wordt geacht overzicht te hebben en de overheid te adviseren. Van alle kanten staat het team onder druk: Binnenlandse Zaken wil weten welke overheidswebsites DigiNotar-certificaten gebruiken, softwarepartijen als Google willen weten of hun gebruikers nog veilig zijn, collega-CERTs van over de hele wereld willen hún overheden adviseren. De telefoon rinkelt onophoudelijk.

Erik de Jong, de GovCERT-medewerker die de contacten met grote partijen onderhoudt, weet ook niet wat hij allemaal mag zeggen over DigiNotar. Wat hij wel weet: als Google en Microsoft ineens hun vertrouwen in het bedrijf opzeggen en alle certificaten intrekken, is de schade niet te overzien. Het is volstrekt onduidelijk welke Nederlandse organisaties allemaal vertrouwen op DigiNotar. Gelukkig heeft De Jong goede contacten opgebouwd bij Microsoft en Mozilla. Dagelijks belt hij met ze. Wacht nog heel even, vraagt hij ze telkens. Trek DigiNotar niet in één keer in, smeekt hij. De Jong: 'We weten nog niet wat de gevolgen voor ons land zullen zijn.'

En dat is een understatement. Ambtenaren op allerlei niveaus ontbeert het aan kennis. Zo krijgt Erik de Jong de vraag wie de eigenaar van Firefox is. Firefox is een opensourceproject: het heeft geen eigenaar. Erik Akerboom, de nationale terrorismecoördinator en tevens co-voorzitter van de Cyber Security Raad, weet niet wat digitale certificaten zijn.

Ook zorgt de digitale crisis voor een botsing van culturen: bij de overheid beslist de hoogste in rang. Maar bij organisaties met technisch experts, zoals ook bij GovCERT, is dat omgekeerd: daar vertrouwt de baas op de specialist die weet hoe het zit.

*

Op woensdag, twee dagen na de eerste melding, is nog steeds niet bekend wie de kluis van DigiNotar is binnengekomen. Aart Jochem slaapt nauwelijks. Weer is hij vroeg in Den Haag. En opnieuw belt hij om negen uur met Tony de Bos en Ronald Prins in Beverwijk. Daar is ook Fox-IT-onderzoeker Frank Groenewegen. De hackexpert met krullenbos en stevige donkere bril is tot na middernacht gebleven en vanochtend met zijn zwarte Seat Altea over de A22 naar Beverwijk gereden. Hij plaatst sensoren om al het internetverkeer te bekijken en probeert een indruk te krijgen van het netwerk. Hij heeft ook de futuristische kluis op de eerste verdieping van het pand gezien.

Dan wijst een collega hem op een netwerkkabel die dwars door het pand heen gaat. Het is zo'n grijze internetkabel die ook het modem met de computer verbindt. Hij ligt op de grond, keurig afgedekt met een plintje. Niemand heeft hem eerder gezien. Als Groenewegen op de kabel af loopt, ziet hij dat hij aan de ene kant in een computer in de kluis zit. Aan de andere kant leidt de kabel naar een werkstation met de naam DIGIWS146.

Dit werkstation heeft een speciale functie: het bevindt zich precies op de grens van het kantoornetwerk en het veilige netwerk in de kluis. Deze computer regelt de uitgifte van certificaten door een versleuteld verzoek te doen aan het veilige netwerk. Daarna gaat een medewerker de kluis in om het certificaat te controleren en te tekenen en stuurt die terug naar dit werkstation. Voor de veiligheid is er alleen eenrichtingsverkeer: een directe verbinding van de kluis naar DIGIWS146, niet andersom. Een firewall zorgt daarvoor.

Maar toch ziet Groenewegen nu een extra grijze kabel rechtstreeks van DIGIWS146 naar de kluis gaan. Een tweebaansweg dus. Iemand die op deze computer weet te komen kan, hop, via dit draadje op de grond het veilige netwerk in de kluis op. De firewall houdt dat niet meer tegen. En in die kluis staat de computer die de certificaten uitgeeft en van een stempel voorziet. Die ene extra kabel maakt alle veiligheidsmaatregelen overbodig. Een indringer die van buitenaf werkstation DIGIWS146 weet binnen te komen, kan zo via de netwerkkabel de kluis in en weer terug. Ontsteld kijkt Groenewegen ernaar.

Als hij medewerkers vraagt hoe dit mogelijk is, zeggen ze dat ze de fysieke kluisprocedure te tijdrovend vinden. Het kost hun elke keer tien à vijftien minuten om naar binnen en weer naar buiten te gaan. Bovendien is het 'ijskoud' in de kluis, klagen ze. Daarom hebben ze het zichzelf wat makkelijker gemaakt: een kabel getrokken en werkstation DIGIWS146 zo ingericht dat ze rechtstreeks vanaf dat station het veilige netwerk op kunnen en certificaten kunnen 'tekenen'. De smartcard die nodig is om in de kluis te tekenen, laten ze daar standaard in de uitgiftecomputer zitten.

De vondst van de extra kabel zet alles op z'n kop. Het maakt een digitale inbraak bij DigiNotar waarschijnlijker. Het is ook slecht nieuws voor Tony de Bos: hij moet geweten hebben van het omzeilen van veiligheidsprocedures. Uit oude mails zou later blijken dat er binnen het bedrijf uitvoerig gesproken is over werkstation DIGIWS146. Dat heeft gevolgen voor de verkoop van DigiNotar. Later zal de rechter oordelen dat door het geknoei met de netwerkkabel de garantiestelling van de verkoop vervalt. De Bos zal zijn miljoenen niet meer krijgen en hij moet kopende partij Vasco het reeds ontvangen deel ook nog terugbetalen.

De Bos zal de klap amper te boven komen. Mensen zien een man die nog altijd worstelt met de ondergang van zijn bedrijf. Op vragen wil hij niet antwoorden vanwege een 'geheimhoudingsverklaring'. Het enige dat hij erover wil zeggen is dat de gebeurtenissen 'zijn weerslag' hebben gehad. De Bos: 'Tot op de dag van vandaag beïnvloedt dit mijn handelen.'

Zestig kilometer verderop krijgt ook Aart Jochem een slecht bericht. Hij heeft specialisten van Douane, Rotterdamse haven en Belastingdienst bij elkaar geroepen om de rol van DigiNotar duidelijk te krijgen. Daar hoort hij dat DigiNotar veel belangrijker is dan iedereen dacht. Bedrijven gebruiken de certificaten om hun belastingaangifte te ondertekenen. Ze kunnen geen btw afdragen als die aangifte niet verwerkt wordt. De overheid kan zonder de certificaten ambtenaren niet betalen. De financiële huishouding van de Rijksoverheid zal een puinhoop worden.

Zonder de certificaten loopt ook de haven vast. Een vrachtwagen die een container met mango's komt ophalen kan niet verder als de Douane de registratie niet kan verwerken. De Douane gebruikt daarvoor certificaten van DigiNotar. Die container blijft staan en de mango's rotten weg.

Dat beeld blijft Aart Jochem bij. Rottende mango's in een container. Mijn god, heel Nederland is afhankelijk van die certificaten uit Beverwijk, denkt hij. Als Microsoft of Google nu besluit om die in te trekken dan kunnen computers in Nederland niet meer met elkaar communiceren. Dan kunnen bedrijven geen aangifte doen, burgers niet meer pinnen, vrachtwagens geen goederen meer lossen. Dan valt alles stil. Dat zou een nationale ramp zijn.

En toch gaat Aart Jochem naar de ouderavond van zijn zoon. Collega Erik de Jong en hij wisselen elkaar af zodat ze af en toe rust krijgen. Als geintje hebben ze afgesproken dat de persoon die rond middernacht nog aan het werk is een haiku maakt voor de ochtendploeg. Het moet voor wat luchtigheid zorgen. Maar op dit moment is die ver te zoeken. Wezenloos zit Aart Jochem tussen de andere ouders.

*

Twee dagen later kijkt Aart Jochem recht in het gefronste gelaat van de minister van Binnenlandse Zaken, Piet Hein Donner. Het is vrijdag 2 september 2011, tien uur 's avonds. In de toren van het ministerie van Veiligheid en Justitie naast Den Haag CS brandt nog op enkele etages licht. Zojuist is Donner in allerijl opgetrommeld om naar het Nationaal Crisiscentrum te komen. Zijn chauffeur heeft hem afgezet. Buiten is het broeierig warm.

Aart Jochem zit tegenover hem in de ruimte naast de crisisvergaderzaal, waar tientallen ambtenaren zich over persberichten en documenten buigen. Hij moet Donner in tien minuten vertellen wat hij weet. En zo helder mogelijk. De stijve jurist Donner staat niet bekend om zijn kennis over dit deel van zijn portefeuille.

De vondst van de netwerkkabel heeft de zaak in een stroomversnelling gebracht. Er zijn sporen gevonden van een inbreker op de webservers van DigiNotar. Daar draaide software op die een half jaar lang niet was geüpdatet. Vandaar is de inbreker naar het kantoornetwerk gegaan en via werkstation DIGIWS146 kon hij, waarschijnlijk tot zijn eigen verbazing, zo de kluis in. Op 10 juli heeft de inbreker een eerste certificaat weten na te maken. Daarna zouden er nog 530 volgen. En niet van de minste: Amazon, Microsoft, Google, de website van de Britse geheime dienst MI5, de CIA, allerlei Nederlandse organisaties en de Israëlische geheime dienst Mossad. Met de groeten uit Beverwijk.

Heel DigiNotar is geraakt. En de aanvaller heeft ook toegang tot computers die certificaten uitgeven voor de Nederlandse overheid: van het ministerie van Veiligheid en Justitie, de Nederlandse Orde van Advocaten, Renault, de TU Delft. Het internetverkeer van en naar overheidswebsites is niet meer te vertrouwen maar ook communicatie tussen Nederlandse overheidsdiensten niet.

Die gedachte zorgt voor paniek bij ambtenaren. Voor hen is dit een ongrijpbare crisis. Directeur-generaal Jaap Uijlenbroek van Binnenlandse Zaken en Aart Jochem nemen het initiatief. Zij behoren tot de weinigen die de gevolgen overzien. Na overleg met de landsadvocaat besluit Uijlenbroek op vrijdag de regie over te nemen van GovCERT. De adviseurs van weleer mogen niets meer.

Voor Erik de Jong is dat een klap. De hele week heeft hij met Microsoft, Google en Mozilla gesproken. De grote Amerikaanse bedrijven verzocht hij nog even te wachten met het intrekken van de certificaten. Permanent was op hij op de hoogte van de verslechterende situatie bij DigiNotar. Maar juist nu, nu duidelijk is welke ramp zich aftekent, mag hij niets meer. De landsadvocaat verbiedt GovCERT zelfs nog met iemand te praten.

Een laatste keer belt De Jong met Mozilla. Hij zegt dat hij niets meer mag zeggen. En vervolgens met Microsoft. Daar zijn de zorgen het grootst. De geloofwaardigheid van het Amerikaanse bedrijf staat op het spel. Al dagen vragen klanten en gebruikers zich af waarom Microsoft de certificaten van DigiNotar niet intrekt. Het is duidelijk dat het een chaos is bij het Nederlandse bedrijf. De Jong weet dat dit gesprek cruciaal is. In weerwil van het gebod van de landsadvocaat speelt hij open kaart: hij vertelt hoe ernstig de situatie is, wat de Nederlandse overheid wil gaan doen en wat het intrekken van de certificaten zal betekenen. Heel Nederland valt stil. Een totale black-out. Alsjeblieft, vraagt hij, wacht nog even. Een laatste moreel appèl, meer kan hij niet doen.

Om half vier belt Aart Jochem naar Erik Akerboom, de belangrijkste veiligheidsambtenaar van Nederland. Fox-IT heeft in Delft een eerste rapport gepresenteerd over de situatie bij DigiNotar. Alarmerender kon het niet zijn: DigiNotar is zo lek als een mandje.

Akerboom activeert meteen het crisisplan. Voor het eerst wordt het Nationaal Crisiscentrum, opgericht in 2004, actief bij een digitaal noodgeval. Om vijf uur stapt Aart Jochem uit de tram bij de Schedeldoekshaven voor een crisisvergadering bij Binnenlandse Zaken. Daar hoort hij wat het plan is: de Nederlandse overheid zal het beheer van DigiNotar overnemen en de certificaten gaan vervangen zodat er geen systemen uitvallen. In de tussentijd zullen internetgebruikers de waarschuwing krijgen dat websites die beveiligd zijn met certificaten van DigiNotar niet langer te vertrouwen zijn.

Daarna legt Aart Jochem de ambtenaren urenlang uit wat een digitaal certificaat is en waarom het falen van DigiNotar erg is en catastrofaal kan zijn. Directeur-generaal Uijlenbroek belt verschillende keren met Vasco, de eigenaar van DigiNotar. Hij probeert het bedrijf ervan te overtuigen de controle 'vrijwillig' uit handen te geven. Gebeurt dat niet en de overheid komt tot stilstand door de puinhoop bij DigiNotar, dan zal de rekening voor Vasco zijn, dreigt hij. Uiteindelijk, rond middernacht, stemmen de Amerikanen in.

Aart Jochem zit tegenover minister Donner en zijn collega-minister Ivo Opstelten. Hij moet hen in tien minuten bijpraten over de werking van certificaten, aansluitend zal Donner een persconferentie geven. Hij denkt na, kijkt Donner aan. Er staan geen huizen in brand, er is geen tunnel ingestort, er zijn geen lijken. Toch moet hij duidelijk krijgen waarom DigiNotar het ingrijpen van de overheid vereist.

Hij begint zijn uitleg aan de twee bewindspersonen met de metafoor van een fysiek paspoort. Wereldwijd, vertelt hij, is afgesproken dat het betrouwbaar is. Er zitten echtheidskenmerken in om vervalsing te voorkomen. Stel je voor, gaat hij verder, dat nu blijkt dat een vertrouwde uitgever van paspoorten door een hack niet van echt te onderscheiden paspoorten uit kan geven, zodat geen enkel paspoort van die uitgever nog te vertrouwen is. Dat is er nu aan de hand. Alleen dan voor systemen en websites: je weet niet meer of je de echte website te pakken hebt. En of een elektronische handtekening onder een document nog echt is. Donner luistert aandachtig.

Een paar uur later, midden in de nacht, kijkt Jochem gespannen toe hoe Donner aan zijn persconferentie begint. Hij leest van papier voor. Dat de overheid het beheer van DigiNotar overneemt omdat niet langer te garanderen is dat cruciale overheidscertificaten veilig zijn. Dan komen de vragen en kan Donner niet terugvallen op het papier. Als NOS-verslaggever Jeroen Wollaars blijft aandringen wat de gevolgen van de hack zijn, maakt Donner een vergelijking. 'Het is een systeem waardoor je zeker weet dat de brievenbus die je gebruikt op het internet, ook daadwerkelijk de brievenbus is van de instantie die je zoekt.' En omdat de overheid op dat moment niet in kan staan voor de betrouwbaarheid ervan, adviseert Donner overheidswebsites even niet te gebruiken.

Hij heeft het begrepen, denkt Aart Jochem tevreden. Daarna zakt hij moe weg in een taxi die hem naar Alphen aan den Rijn brengt.

*

Uitgerekend de zestiger Donner, een minister met een ietwat oubollig imago, wordt het gezicht van de eerste digitale crisis. Met succes is door Donner het beeld neergezet dat de overheid DigiNotar overneemt en *in control* is. Achter de schermen heerst nog steeds paniek: de Nederlandse Staat verzoekt Microsoft officieel om te wachten met het intrekken van DigiNotar-certificaten. Het Amerikaanse bedrijf neemt een uitzonderlijk besluit: Microsoft zal een update uitvoeren maar Nederlandse computers overslaan. Nederland krijgt anderhalve week de tijd om de certificaten te vervangen.

Op het nippertje is een black-out voorkomen. De gevolgen dreunen lang na. DigiNotar heeft de fragiliteit van het wereldwijde netwerk laten zien: als er één zwakke schakel is, is het hele netwerk kwetsbaar. Het maakt niet uit waar die zwakke schakel zich bevindt: in Beverwijk, Beijing of Buenos Aires. Door DigiNotar begrijp ik ineens een stuk meer van de complexiteit van het verkeersnetwerk. Dat het onmogelijk is om overzicht te hebben. Dat de overheid hopeloos achterloopt in kennis en begrip van dit netwerk. En hoe kwetsbaar de gebruikers zijn.

In de jaren daarna bouwen Google, Microsoft en Mozilla extra zekerheden in. Ze maken zichzelf minder afhankelijk van partijen als DigiNotar die namens hen certificaten uitgeven. Google en Microsoft worden daardoor nog machtiger. In Nederland wordt GovCERT omgevormd tot het Nationaal Cyber Security Center (NCSC). Ook wil de overheid een overzicht hebben van cruciale plekken op het verkeersnetwerk, oftewel een inventarisatie van de vitale infrastructuur.

Het mandaat van het NCSC verandert nauwelijks: de organisatie heeft nog steeds slechts een adviserende functie. Als een scheidsrechter die kan fluiten maar geen gele of rode kaarten heeft. De Onderzoeksraad voor Veiligheid komt een jaar na DigiNotar met een typisch overheidsadvies: bestuurders moeten op cursus. Ze dienen meer te begrijpen van de digitale wereld.

Maar één vraag blijft al die tijd onbeantwoord: wie brak er bij DigiNotar in en waarom? In de jaren erna komen alleen halve antwoorden en mogelijke scenario's naar buiten. Nooit wordt het hele verhaal verteld.

*

In het netwerk van DigiNotar zit de eerste aanwijzing. Als een internetgebruiker naar een 'veilige' website gaat – te zien aan het slotje in de adresbalk – dan gebruikt hij of zij een zogeheten SSL-certificaat. Dat certificaat zorgt ervoor dat de verbinding tussen gebruiker en website veilig is. Inmiddels hebben bijna alle websites zo'n SSL-certificaat maar in 2011 is dat nog voorbehouden aan bedrijven die vooroplopen of waarvoor het écht nodig is, zoals de Belastingdienst, banken en ook Google.

Als een internetgebruiker naar een site gaat met SSL-verbinding, zoals Google, dan checkt de internetbrowser razendsnel bij de uitgever van het certificaat of dat certificaat nog in gebruik is. Een zogeheten OCSP-responder doet dit. Die geeft een signaal terug: het certificaat is oké, teruggetrokken of ongeldig.

Onderzoekers van Fox-IT weten dat er een vals Google-certificaat was. En in de OCSP-responder kunnen ze zien welke internetgebruikers zo'n check hebben gedaan voor dat nagemaakte Google-certificaat. Het blijkt in één maand tijd om 300.000 ip-adressen te gaan. Als de onderzoekers vervolgens ontdekken waar die ip-adressen vandaan komen, schrikken ze: bijna allemaal uit Iran.

Iran heeft in 2011 te kampen met een ongekend aantal demonstraties. De Arabische Lente die door omringende landen trekt, zorgt ook in het islamitische land voor onrust. De machthebbers reageren daarop met extreem geweld, internetcensuur en het blokkeren van westerse diensten als Twitter, Facebook en Gmail – alles in een poging de opstand in de kiem te smoren. Er vallen tientallen doden.

De Nederlandse onderzoekers zien nu dat iemand een vals Google-certificaat heeft gemaakt en dat 300.000 Iraniërs, die dachten naar Google te gaan, op een vervalste Google-site terechtkwamen. Het betekent dat hun gebruikersnamen, e-mails, locaties en documenten in te zien waren door anderen. Dat onder die 300.000 Iraniërs mensen zijn die kritisch zijn op het regime is hoogstwaarschijnlijk. Ze vertrouwden op veilige communicatie via Gmail maar liepen onmiddellijk gevaar – allemaal door dat extra kabeltje in Beverwijk.

Voor het specialistische en in 2007 opgerichte Team High Tech Crime van de Nederlandse politie is DigiNotar de eerste grote spionagezaak. Kopieën van de computerservers van het bedrijf gaan in politiebusjes naar het hoofdkantoor in Driebergen voor onderzoek.

Uitzoeken wie de dader is, is complex. Het is ook saai; urenlang kijken naar *logs*: cijfertjes die zijn opgeslagen op een computer en iets vertellen over wie allemaal een verbinding met DigiNotar hebben gemaakt. Daarin is het zoeken naar opmerkelijkheden. In feite is de aanpak niet anders dan bij een fysieke inbraak: ook dan zoeken rechercheurs naar sporen.

De leden van het Team High Tech Crime weten dat de aanvaller is binnengekomen via de website van DigiNotar. Daarop draaide verouderde software. De onderzoekers pluizen de bestanden van de webserver na om sporen van de aanvaller te vinden. Uiteindelijk vinden ze drie verdachte adressen: één uit Iran, één uit Engeland en de derde uit Rusland. En dat is een probleem: in geen van die landen kan Nederland zelf onderzoek doen. Het internet houdt zich dan niet aan landsgrenzen; de politie moet dat wel doen. Opsporingsdiensten mogen niet in buitenlandse datacentra gaan neuzen, het enige wat ze kunnen doen is een rechtshulpverzoek sturen met de vraag om een kopie van de computerserver. Met Iran heeft Nederland geen rechtshulpverdrag, met Engeland en Rusland wel.

De Engelse National Crime Agency levert vrij rap een kopie van de Engelse computer. De Russen zeggen toe een kopie te maken en 'm klaar te zetten om vanuit Nederland te downloaden. Dat gaat om onduidelijke redenen toch niet door. Weken later neemt een delegatie met specialisten van de Russische opsporingsdienst FSB een fysieke kopie mee tijdens een bezoek aan Driebergen.

De onderzoekers komen dichterbij. In de data van de Engelse en Russische computers zien ze dat beide óók weleens verbinding maken met een Nederlandse server. De drie computerservers buiten Iran lijken het aanvalsgereedschap van de dader te zijn. Het Nederlandse ip-adres hoort bij Leaseweb, een van de grootste aanbieders van internetruimte. En dat is een gelukje voor de politie: een computer die in Nederland staat, is te tappen.

En dus trekt een politieteam in het najaar van 2011 naar een bedrijventerrein net buiten Haarlem. Daar staat een grijze loods met een stevig hek eromheen. Bij de ingang hangen camera's. Het datacenter van 40.000 vierkante meter is opgedeeld in gangen met stellingkasten met daarin snorrende computers. Drie dieseltanks met 50.000 liter moeten bij stroomuitval een generator voeden die het 48 uur kan uithouden.

Voor de politie is dit bekend gebied: ze hebben er zelfs standaard een server met tapsoftware klaarstaan. Aansluiten is kinderspel: een kwestie van de juiste server vinden, kabels inpluggen, het internetverkeer omleiden en doorsturen naar Driebergen. Leaseweb moet meewerken als de rechter een tapbevel – met daarin enkel een ip-adres – goedkeurt. Tussendoor lunchen de politiemedewerkers met technici van Leaseweb in Eethuisje De Waarderpolder. Een naast de Saab-garage weggedrukt bruin café met gokkasten.

Bij een bord friet met kipsaté praten de betrokkenen over wat er aan de hand is. De aanvaller heeft bij Leaseweb een server gehuurd en daarop een VPN-verbinding geplaatst. Bedrijven en particulieren maken vaak gebruik van VPN-verbindingen: een versleutelde datastroom die deels via openbare netwerken gaat. Die zorgt voor een anonieme verbinding tussen het eigen netwerk en een ander netwerk. Particulieren gebruiken hem ook wel om in het buitenland Netflix-series te kijken. Ze verbinden dan eerst met hun VPN-server die in Nederland staat waardoor Netflix denkt dat de persoon ook in Nederland is. De aanvaller denkt met zijn VPN-verbinding slim te zijn maar weet niet dat de Nederlandse politie zijn VPN-server gevonden heeft en nu al zijn verkeer in de gaten houdt.

De aanvaller is bovendien slordig. In de tapdata zien agenten van het Team High Tech Crime dat hij de VPN-verbinding gebruikt om naar Facebook te gaan. Het gebruikte ip-adres komt overeen met een eerdere vondst in de data van de Engelse server. Daar heeft de aanvaller één keer vanaf zijn eigen computer ingelogd. Een fatale fout. De politie legt de twee ip-adressen naast elkaar: ze gebruiken dezelfde browser (Firefox), dezelfde versie van de browser en dezelfde taalinstellingen (Perzisch). De politie ziet ook bij welk Facebookprofiel de aanvaller inlogt: dat van een Iraanse jongen van in de twintig. Het achterhalen van zijn naam en adres is in een handomdraai gebeurd.

Een eenling, denken de onderzoekers eerst. Ze geven zijn naam en adres aan de Amerikaanse FBI en Israëlische diensten: ook in die landen zijn bedrijven door dezelfde dader gehackt. Het profiel lijkt te passen. Onder een schuilnaam heeft de dader eerder zijn verantwoordelijkheid opgeëist. Hij zei dat hij alleen handelde. In de systemen van DigiNotar liet hij ook een Perzische tekst achter: 'Ik zal mijn ziel offeren voor mijn leider.'

Maar als de onderzoekers het ip-adres in Iran opzoeken, zijn ze niet meer zo zeker van hun zaak. De hacker werkt vanuit een gebouw aan de Imam Khomeinistraat in het centrum van Teheran. Dit gebouw staat niet op het universiteitsterrein of in een woonwijk maar, zo ontdekt de politie, op het terrein van de AJA – het Iraanse leger.

Meteen rijzen er nieuwe vragen. Handelde hij op instructie? Hoe komt een hacker in een gebouw van het Iraanse leger? De politie wil een rechtshulpverzoek sturen: Iran vragen om informatie over de dader. Maar het team High Tech Crime krijgt te horen dat het genoeg is. Een AIVD'er die het contact verzorgt tussen politie en geheime dienst gaat ervoor liggen. Deze W. is een sluwe en slimme oudgediende van de dienst. Zoon van verzetsstrijders, een zeer christelijke man. Hij zegt tegen het hoofd van de recherche, Wilbert Paulissen, dat hij niet wil dat de politie nog verder onderzoek gaat doen. 'Een absolute no-go,' volgens W., die niet vertelt wat de AIVD al weet.

Ook het ministerie van Buitenlandse Zaken wil op dat moment geen verder onderzoek. De naam van de dader zal niet openbaar gemaakt worden. Het stopt hier, is de kille mededeling. Is hun werk voor niets geweest? vragen onderzoekers van het Team High Tech Crime zich af. Een antwoord krijgen ze niet. Althans: voorlopig niet.

3

Het Zwitserland onder de geheime diensten

Normaal hangt mijn leren, donkerbruine laptoptas aan het stuur van de fiets, zit de iPhone in de binnenzak van m'n jasje en heb ik oordopjes in mijn oren. Nu niet. De tas ligt op de redactie van NRC *Handelsblad* aan het Rokin en de telefoon is weggestopt in een zijvak.

Ik ben op de fiets onderweg naar een bron. Het is iemand die ik twee keer eerder heb gesproken. De laatste ontmoeting eindigde nogal mysterieus. Hij zei dat hij de volgende keer iets zou kunnen uitleggen. Dan moest ik aan een aantal voorwaarden voldoen: geen telefoon mee, geen contact via sms of mail, afspreken op dezelfde plek en dezelfde tijd, geen aantekeningen maken en als er twijfelachtige types zouden komen, zouden we opbreken.

We drinken spa rood en icetea. Elke keer als de bediening in de buurt komt, stopt het gesprek abrupt. Hij kijkt schichtig om zich heen en buigt zich daarna weer naar voren. Hij wil iets vertellen over de AIVD. Die heeft de Iraanse ambassadeur in Nederland afgeluisterd, zegt hij op fluistertoon. Overal in de ambassade hingen microfoons. 'We wisten zelfs wanneer de beste man naar het toilet ging.'

Ik voel een zekere onrust. Het is de eerste keer dat iemand over een geheime operatie vertelt. Zo werkt het dus: als iemand je vertrouwt, kun je ook achter geheimen komen. Ik bedank hem en zeg toe zijn naam nooit ergens te noemen.

Het is een kleine stap. Door de NSA-documenten is de techniek wat begrijpelijker geworden. Een mail gaat via zeven plekken van zender naar ontvanger, dit netwerk wordt steeds voller en onoverzichtelijker en de overheid weet lang niet altijd waar de zwakke plekken zitten. Dat verklaart een deel van onze kwetsbaarheid. Een logische volgende vraag is of geheime diensten die kwetsbaarheid uitbuiten of bestrijden. Dat uitzoeken is een hachelijke onderneming, want vind maar eens iemand die erover wil praten.

Het gesprek met de bron geeft hoop. Het is blijkbaar toch mogelijk om een geheime operatie te onthullen. Dan doet zich een volgend probleem voor: het journalistieke principe dat één bron geen bron is. Hoewel ik niet twijfel aan de onthulling van de bron, kan het niet in de krant. Iemand anders moet het eerst bevestigen. Iemand die net als deze bron gebonden zal zijn aan geheimhouding. Die weet dat op het schenden ervan hoge gevangenisstraffen staan.

Wekenlang probeer ik het bij allerlei personen. Hier wreekt zich dat geheime diensten met compartimenten werken: een medewerker krijgt alleen toegang tot het eigen onderwerp. Zo wordt het risico op uitlekken voorkomen. Lukraak zoeken in systemen van de dienst is voor medewerkers al helemaal uitgesloten. Elke handeling wordt vastgelegd.

Ik nodig mezelf weer uit bij personen die bekend zijn met inlichtingendiensten. Drink koffie in wegrestaurants en bij tennisverenigingen. Vooraf garandeer ik de mensen anonimiteit: hun naam zal nooit in de krant staan. Het is de enige manier om überhaupt een gesprek te beginnen. Frustrerend, maar het kan niet anders. De mensen die ik spreek, durven nauwelijks te praten. Ik probeer het ijs te breken door over mijn onderzoek te vertellen en druk ze op het hart dat ik weet wat de gevolgen van dit gesprek voor hen kunnen zijn.

Na wekenlang vruchteloze gesprekken lukt het eindelijk. Iemand die het kan weten, lijkt het verhaal te bevestigen. Hij doet dat alleen op zo'n omslachtige manier dat ik eraan twijfel. Hij spreekt in hypotheses: 'Stel dat de AIVD zou willen weten wat de Iraanse ambassadeur uitspookt, dan zou dit een prima methode zijn.' Het is verwarrend. Ik besluit naar hem terug te gaan om het gesprek over te doen. Weer dezelfde formuleringen. Met chef Jan Meeus overdenk ik de opties. Zijn conclusie: 'Het is een manier om de informatie te bevestigen *zonder* het daadwerkelijk gezegd te hebben.'

Dat moet het zijn. Zo bevestigt hij de informatie en neemt er meteen afstand van. Op deze manier kan hij er nooit op gepakt worden. Als ik het andere bronnen vraag, lachen die: het blijkt een veelgebruikte truc te zijn. Eindelijk kan het artikel de krant in. 'AIVD luisterde Iraanse ambassadeur maandenlang af', luidt de kop. Jaren later kom ik erachter dat er meer speelt rond Iran. Dat er een groter, onzichtbaar conflict gaande is. En dat het alles te maken heeft met de inbraak bij DigiNotar en het politieonderzoek dat zo abrupt eindigde.

*

Voordat er in de zomer van 2011 in Nederland een nationale crisis uitbreekt rond het bedrijf in Beverwijk, spelen twee zaken die er op het eerste gezicht niets mee te maken hebben, maar achteraf van groot belang blijken.

De eerste is een uiterst geheimzinnige aanval op een nucleaire fabriek in Iran. Tussen 2007 en 2009 manipuleert een geavanceerd computervirus de aansturing van Iraanse ultracentrifuges nabij de stad Natanz, zo'n 300 kilometer ten zuiden van Teheran. De druk in de centrifuges, bedoeld voor het verrijken van uranium, loopt onverklaarbaar hoog op. Iraanse technici snappen er niets van: nergens geven hun systemen een fout aan. Ze staan met de handen in het haar te kijken hoe honderden centrifuges zichzelf kapotdraaien: ze gaan stuk voor de ogen van de verbaasde technici. Meerdere Iraanse experts worden ontslagen en het kernwapenprogramma loopt naar schatting jaren vertraging op.

De digitale aanval is een gezamenlijke operatie van Amerikaanse en Israëlische geheime diensten. Ze hebben er jaren aan gewerkt. Zij bedachten en schreven het sabotagevirus, dat van onderzoekers die het naderhand bestuderen de naam Stuxnet krijgt. Stuxnet is, voor zover bekend, het eerste offensieve digitale wapen. Het is het begin van een nieuwe fase in de digitale strijd: zonder dat ook maar één Amerikaanse of Israëlische soldaat voet op Iraanse bodem heeft gezet, is een precisieaanval uitgevoerd die net zo schadelijk is als bommen uit een vliegtuig. Later raakt het virus op drift in het wild en besmet het duizenden computers.

De aanloop naar de aanval is een stuk ingewikkelder geweest dan tot nu bekend is. De Verenigde Staten en Israël zijn niet de enige landen die zich interesseren voor de fabriek in Natanz. Praktisch alle westerse diensten hebben in de jaren na de eeuwwisseling hun aandacht gericht op de nucleaire faciliteit die verstopt zit in ondergrondse gebouwen in rotsachtig woestijnterrein. Ook de Nederlandse AIVD en MIVD zijn betrokken, zo vertrouwen bronnen me in het geheim toe.

De AIVD en MIVD hebben andere rollen. De AIVD houdt zich bezig met de nationale veiligheid, de MIVD verzamelt inlichtingen voor militaire operaties en de verdediging door Defensie. Cultureel verschillen de diensten nogal, wat regelmatig tot botsingen leidt. Wantrouwen over en weer zorgt ervoor dat ze terughoudend zijn in het delen van informatie. Op enkele terreinen werken ze samen, zoals bij het verzamelen van nucleaire inlichtingen.

Nederland heeft een lange geschiedenis wat betreft nucleaire informatie. De Pakistaanse atoomgeleerde Abdul Qadir Khan bekwaamde zich in de jaren zeventig in Nederland in de kernfysica. Hij werkte jaren bij een onderzoekslaboratorium in Amsterdam, vestigde zich met zijn Zuid-Afrikaanse vrouw in Nederland, had Nederlandse vrienden en sprak de taal goed. Hij kwam ook weleens in de uraniumverrijkingsfabriek van het Brits-Duits-Nederlandse consortium UCN in Almelo, waar men werkt met de ultracentrifugemethode. Die methode is uniek, andere landen kennen het procedé niet. Het is daarom verboden de techniek te exporteren. Er is strenge controle op maar er zijn even hardnekkige pogingen om die te omzeilen.

Khan keerde in 1975 plotseling niet meer terug van een bezoek aan Pakistan. Drie jaar later bleek Pakistan in staat de atoombom te kunnen maken. Later heeft Khan zijn atoomkennis ook verkocht aan Noord-Korea, Libië en Iran. De halve Nederlander had zich tegen het Westen gekeerd – de Nederlandse diensten stonden voor een raadsel.

Door de Nederlandse kennis van ultracentrifuges hebben de AIVD en MIVD al decennia ervaring met het proces van uraniumverrijking en de apparatuur die daarvoor nodig is. De AIVD houdt de inkoopbedrijven daarom nauwlettend in de gaten, vertellen bronnen. Dit zijn de transportbedrijven die soms met valse papieren materiaal verschepen naar landen als Pakistan en Iran. De dienst werkt samen met partners: de CIA, de Duitse BND, de Britse MI5 en de Israëlische Mossad.

Ziet de AIVD dat zo'n bedrijf – die vaak onder de tap staan – probeert materialen te verschepen, dan attendeert een medewerker het bedrijf op de echte bestemming van de goederen. In sommige gevallen verstoort de AIVD de toelevering. Veel producten gaan namelijk langs Schiphol of de Rotterdamse haven en een vracht of een container is simpel op te houden. Zo gebeurt het dat aluminiumbuizen die door Iran zijn gekocht in het Verenigd Koninkrijk via de Rotterdamse haven worden verscheept. De AIVD onderschept ze, maakt een minuscuul en niet waar te nemen gaatje in de buis en zendt ze door. Omdat de buizen vacuüm dienen te trekken, verliezen ze door dat minuscule gaatje hun functie. De Iraniërs komen daar pas achter als de buizen zijn geïnstalleerd.

Een andere truc is om peilbakens in de verpakking te stoppen, zodat de AIVD weet waar de spullen naartoe gaan. Dat gebeurt bijvoorbeeld bij luchtdrukmeters. Die zijn cruciaal voor raketten. Geen land in het Midden-Oosten is in staat die te maken. Als luchtdrukmeters bestemd voor bijvoorbeeld Syrië of Iran langs Schiphol of Rotterdam gaan, dan stopt de dienst er een onzichtbaar peilbaken bij. In uitzonderlijke gevallen manipuleert de geheime dienst ook de werking van die apparaten. Een precaire operatie want dit soort meters wordt ook in passagiersvliegtuigen gebruikt.

Nederlandse diensten die saboteren: ik had altijd het idee gehad dat alleen andere landen dat deden. De Amerikanen, Britten, Israëliërs, Fransen en ook de Chinezen en zeker de Russen. Maar Nederland doet het dus net zo goed.

Sabotage is niet het enige middel. De AIVD houdt Khan en zijn netwerk nauwkeurig in de gaten. Zijn dochter woont in Amstelveen. Bij de toeleveringsbedrijven in dit netwerk werken mensen die de diensten informeren als er een bestelling wordt gedaan. Ook de CIA is dit netwerk binnengedrongen en het lijkt erop dat westerse inlichtingendiensten vlak na de eeuwwisseling al weten wat er in Natanz staat te gebeuren.

Een incident in september 2003 zet een aantal zaken in beweging. Het schip BBC China wordt onderschept als het onderweg is vanuit Dubai naar Libië. Op het schip vinden Britten en Amerikanen duizenden onderdelen voor ultracentrifuges. Internationale media smullen van de zaak: een westerse inlichtingencoup voorkomt op het nippertje dat Libië een geheim kernwapenprogramma kan opstarten. De Libische leider Moammar Gadaffi is op heterdaad betrapt.

Maar onbekend is dat het aan een klein Europees land te danken is dat de smokkel nog net op tijd wordt ontdekt: de Nederlandse AIVD waarschuwt de Britten over de lading, waarna het schip met een smoes naar een haven in Zuid-Italië wordt geleid. Wat er daarna met de lading gebeurt is evenmin bekend.

De Amerikanen willen de ultracentrifuges in beslag nemen. Dit stuit op bezwaar van Nederland. De kennis van dit proces van uraniumverrijking mag niet geëxporteerd worden. Ook niet naar bondgenoot de Verenigde Staten. Nederland heeft alleen geen mensen ter plekke en dat wreekt zich: de Britten delen de Nederlandse zorgen niet en laten de Amerikanen de spullen meenemen.

Een paar maanden later komt een verzoek van de Amerikaanse CIA en de Israëlische Mossad binnen bij de AIVD in Leidschendam. Dit soort verzoeken gaat via officiële kanalen, via zogeheten 'liaisons' op ambassades: contactpersonen van de diensten in Den Haag. CIA en Mossad zijn partnerdiensten van de AIVD: hun profielen zijn grofweg hetzelfde waardoor de lijntjes kort zijn. De CIA- en Mossad-liaisons hebben een vraag: kunnen de Nederlanders misschien helpen met een fabriek ten zuiden van Teheran? Of, zoals geheime diensten dat zeggen: kan de AIVD 'toegang genereren' tot Natanz?

*

Dat dit verzoek jaren later zal leiden tot kapotte ultracentrifuges in een ondergrondse fabriek in Iran kan dan nog niemand voorzien. Het is 2004. De Amerikanen zijn onder president George Bush Irak binnengevallen. Ze doen dat met conventionele middelen: bommen en tanks. Maar de Amerikaanse inlichtingendiensten zijn met een metamorfose bezig. Vlak voordat de bommen op Bagdad vallen, dringen Amerikaanse hackers de computers van het Iraakse leger binnen om de aanval voor te bereiden.

De metamorfose begint eind jaren negentig wanneer de geheime diensten het internet ontdekken. De Amerikaanse NSA richt in 1997 – nog geen 2 procent van de wereldbevolking heeft dan toegang tot internet – het eerste hackteam op. Niet veel later volgen andere wereldmachten. Een jaar later slagen hackers uit de voormalige Sovjet-Unie erin om de computersystemen van het Pentagon, NASA en andere Amerikaanse organisaties binnen te komen. Ze sluizen duizenden gevoelige documenten weg. De operatie heet Moonlight Maze en vindt plaats in hetzelfde jaar waarin Nederlanders tegen documentairemaker Frans Bromet zeggen dat ze zich geen voorstelling kunnen maken van een leven met een mobiele telefoon.

Ook de AIVD zet eind jaren negentig de eerste stappen in de digitale wereld. De dienst doet dat schoorvoetend: medewerkers hebben weinig affiniteit met de nieuwe mogelijkheden. Het zijn buitenstaanders die de dienst op sleeptouw nemen. De jonge en onstuimige Ronald Prins bijvoorbeeld. Hij komt in 1998 bij de geheime dienst werken.

Prins is vergroeid met het opkomende internet en computers. Hij heeft een fascinatie voor scanners, afluisteren en gecodeerde berichten. Als student wiskunde luisterde hij eind jaren tachtig nachtenlang met zijn eigen scanner politiekanalen af in de regio Den Haag. Hij ving ook versleutelde communicatie op van de AIVD. Zo wist hij welke criminelen de politie op het spoor was en hoorde hij over geheime operaties.

Als de boomlange Prins in 1998 – inmiddels afgestudeerd cryptograaf en een expert in versleuteling – naar de AIVD gaat, schrikt hij van de achterstand. De dienst zet net de eerste stappen op het internet, er werken drie man op zijn afdeling. Dat jaar plaatst de geheime dienst voor het eerst een internettap: bij een terrorismeverdachte in Zeeland. Prins is technisch al in staat om de mailboxen van doelwitten van de dienst binnen te halen, maar juridisch blijkt dat nog niet te mogen. Een wet voor inlichtingendiensten is in de maak; Prins adviseert er een passage over hacken in op te nemen. Dat kan weleens belangrijk worden, zegt hij tegen collega's.

Prins houdt het echter niet lang vol bij de AIVD. Na een jaar is hij al weg. Toch heeft zijn komst iets in beweging gezet. De dienst realiseert zich dat er een nieuwe tijd is aangebroken. De AIVD is ingedeeld in directoraten, zoals democratische rechtsorde, staatsveiligheid, bijzondere inlichtingen. Onder bijzondere inlichtingen vallen weer verschillende teams, zoals speciale operaties en techniek. Interceptie of afluisteren is onderdeel van het team techniek. En bij 'techniek' vindt de grootste verandering plaats.

Voorheen rekruteerde de AIVD nieuwe mensen vaak direct vanuit de studiebanken, in het tweede of derde jaar. De truc was om bijna-afgestudeerden een riant starterssalaris te bieden. Zo committeerden ze zich aan de dienst en zouden dat de rest van hun leven blijven doen: een financieel aantrekkelijkere baan zouden ze toch niet meer krijgen. Vanaf 1998 komen er enkele personen met een afgeronde studie binnen. Erik Akerboom – de latere terrorismecoördinator en korpschef van de Nationale Politie. Ook Inge Bryan – die later naar de top van de politie zou trekken om daarna het team Cyber Risks bij Deloitte te leiden. Zij is eerder betrokken bij 'techniek' en leidt later het team nucleaire proliferatie. Anders dan de bijna-afgestudeerden die zich makkelijk voegen in de bedrijfscultuur, stellen de buitenstaanders zich onafhankelijk op. Zij durven ingesleten gewoontes ter discussie te stellen.

De AIVD is op computerterrein hopeloos naïef en ouderwets. Er staan rond de eeuwwisseling zestien pc's met de zoekmachine Altavista erop. Medewerkers gebruiken ze om in open bronnen te zoeken. Ook staat er één computer die de dienst van de CIA heeft gekregen. Sommige medewerkers willen hem het liefst zo snel mogelijk het pand uit gooien. Zij vertrouwen dat ding niet. Uiteindelijk laten AIVD'ers er alleen nutteloze info op staan voordat hij definitief verdwijnt.

Om de computerkennis wat op te schroeven, neemt de AIVD na lang intern beraad – en op voorspraak van Inge Bryan – hacker en internetdeskundige Roland Vergeer in dienst. Hij laat de AIVD'ers anders nadenken. Denk niet vanuit de directoraten en top-down, zegt hij, maar meer vraaggestuurd: welke informatie dient de AIVD in theorie allemaal te hebben?

Gevolg is dat de dienst rond 2000 begint met het 'afschrapen' van het internet: websites, formulieren, open webfora: alles slaat de AIVD op. De informatie wordt thematisch ingedeeld. Ook begint de dienst dan al met het maken van virtuele identiteiten: fictieve personen met een specifieke culturele achtergrond die een online geschiedenis krijgen. Bijvoorbeeld een Koerdische vrouw van middelbare leeftijd. Als die ineens zonder referentie opduikt in een webforum is dat verdacht. Daarom wordt vast een internetgeschiedenis aangemaakt. Tientallen fictieve personen krijgen zo een bedacht leven. Heeft de AIVD voor een operatie een online infiltrant nodig, dan staat er altijd iemand klaar.

Ook doet de geheime dienst aan *datamining*: het samenvoegen van gegevens uit de telefoongids, tapdata, informatie uit chatrooms, de Kamer van Koophandel en het Kadaster. Zo krijgt de AIVD inzicht in allerlei verbanden. Niet langer luisteren medewerkers enkel naar een afgeluisterd gesprek, ze combineren die gegevens nu ook met andere data. Terwijl er in de samenleving vrees is voor computerstoringen door de *millenniumbug*, ervaart de AIVD al de waarde van *metadata*. Ondanks het aarzelende begin hoort de AIVD bij de geheime diensten die rond 2000 digitaal vooroplopen, samen met de Israëliërs, de Chinezen, Russen, Amerikanen en Britten.

*

Deze transformatie is bij de AIVD aan de gang als de CIA en Mossad met hun verzoek om 'toegang' tot Natanz komen. Dat ze uitkomen in Nederland is niet vreemd. De Nederlandse dienst staat bekend als klein maar fijn. Het Zwitserland onder de geheime diensten: op het oog redelijk neutraal. Nederland is nu eenmaal geen grote machtsfactor. De Britten gebruiken het land graag als uitvalsbasis en hebben er meerdere safehouses.

De Nederlanders hebben als voordeel dat ze wat meer onder de radar kunnen opereren. Amerikanen en Israëliërs vallen op in Iran. De Nederlanders krijgen bovendien de ruimte om naar eigen inzicht te handelen en worden door collega-diensten geroemd om hun inventiviteit.

Iran is vaak een doelwit van de AIVD. Het lukt medewerkers al rond 2000 om vanuit Leidschendam in de mailsystemen van het Iraanse defensieapparaat te komen. Dat levert nuttige inlichtingen op over de Iraanse nucleaire plannen. Het verklaart waarom westerse diensten – CIA en Mossad voorop – zo goed weten wat er in Natanz gaat gebeuren. Dat Iran IR-1-centrifuges gebruikt, een variant die gebaseerd is op het gestolen model voor de Pakistaanse P1-centrifuges. Dat die centrifuges worden aangestuurd met hardware van Siemens. Terwijl Iran nog aan het bouwen is aan de 2,5 meter dikke muren en 22 meter aarde boven op het complex in aanbouw stort, schrijven Amerikaanse en Israëlische computerdeskundigen aan een sabotagevirus. Ze willen het diplomatieke steekspel dat tussen Iran en het internationale atoomagentschap IAEA zal ontstaan niet afwachten. Ze willen kunnen ingrijpen wanneer zíj dat nodig achten.

De onderschepping van het schip BBC China in 2003 is een geschenk uit de hemel. Op het schip ligt de apparatuur voor duizenden ultracentrifuges – dezelfde techniek die Iran ook gebruikt. Het is precies wat de Amerikanen nodig hebben om hun sabotagevirus te testen. Dat zet de boel in beweging. Er is alleen nog één obstakel: toegang tot de fabriek zelf. Iran heeft Natanz namelijk hermetisch afgesloten van de buitenwereld en laat de gevoeligste netwerken géén verbinding maken met internet.

Mensen rekruteren is een vak apart. Het kost tijd, overredingskracht en soms wat geld. Er moeten valse identiteiten worden opgezet, net als valse bedrijven. Het kan jaren duren. Daarom is het niet verwonderlijk dat de CIA en Mossad al in 2004 aankloppen bij de AIVD. Zo begint de voorbereiding die moet leiden tot de inzet van het eerste digitale wapen. Twee jaar later geeft de Amerikaanse president George Bush officieel groen licht voor operatie Olympic Games, die moet leiden tot de lancering van Stuxnet.

Over de periode daarna is publiekelijk weinig bekend. Maar feit is dat Stuxnet toeslaat in Natanz en dat de AIVD een tot nu toe onbekende bijdrage levert. De dienst zet twee valse bedrijven op met een gerekruteerde werknemer. Eén spoor loopt dood. Het lukt de werknemer niet om bij Natanz te komen. Het andere is succesvoller: een Iraanse ingenieur die doorgaat voor monteur. Onder die dekmantel weet de door Nederland gerekruteerde man meerdere keren in Natanz te komen, de eerste keer voor de zomer van 2007. Die ingenieur verzamelt gegevens van het interne netwerk. Daarna zijn meerdere updates van het Stuxnet-virus nodig voordat het wapen kan werken zoals de bedoeling is. De ingenieur komt om de paar weken of maanden terug, verzamelt gegevens en probeert uiteindelijk Stuxnet op de computers in de ondergrondse fabriek te krijgen. Hij zegt dat dit is gelukt. De Iraanse ingenieur was 'de belangrijkste manier om het virus in Natanz te krijgen,' zegt een bron. En als daarna de eerste berichten binnendruppelen over problemen met centrifuges in Natanz, zijn ze bij de Nederlandse dienst allerminst verrast. De AIVD heeft met hún ingenieur geholpen het eerste offensieve digitale wapen ter wereld te lanceren.

Dit alles gebeurt voordat een Iraanse hacker zich in de zomer van 2011 meldt bij DigiNotar in Beverwijk. Dat is geen toeval: na de Stuxnet-aanval reageert Iran. Iran wordt een van de actiefste landen op internet: het lanceert aanvallen op verschillende westerse doelen. Met succes. Zo neemt het in New York de besturing van een stuwdammetje over, valt het digitaal de Verenigde Naties aan en universiteiten in onder meer Nederland. Door het sabotagevirus los te laten op Iran heeft het Westen een ongekende digitale wapenwedloop in gang gezet.

*

De tweede ontwikkeling die van belang is om DigiNotar te begrijpen, heeft te maken met de AIVD.

Dat ik dit verhaal nu kan reconstrueren, is het resultaat van een jarenlange investering om het vertrouwen van inlichtingenbronnen te winnen. Jaren vol frustratie, waarbij het soms even goed leek te gaan waarna bronnen tijden onbereikbaar waren of niet wilden afspreken. En er is onbegrip – want weinig mensen begrijpen hoe de geheime diensten werken en waarom ze zo gesloten zijn. Zelfs collega's niet. Dat is bij *de Volkskrant*, waar ik in 2015 ben gaan werken, niet anders dan bij NRC of *Nieuwsuur*.

Ik herinner me een gesprek met hoofdredacteur Philippe Remarque. Het was na lange tijd gelukt om bevestiging te krijgen voor een onderzoek van de AIVD naar Geert Wilders. De dienst had navraag gedaan naar zijn contacten met de Israëlische ambassade.

Opgetogen liep ik naar Remarque en deelde mijn bevindingen met hem. 'Oké,' reageerde hij terughoudend, 'en wat heeft dat onderzoek precies opgeleverd?'

'Dat wil ik ook wel weten, maar dat zeggen mijn bronnen niet.'

'Is het dan mogelijk om dat onderzoek in te zien?' vroeg hij.

Ik moest hem weer zeggen dat dit niet mogelijk zou zijn. Documenten ontvangen uit het hoofdkantoor van de AIVD is zo goed als onmogelijk. Ik las de teleurstelling op zijn gezicht.

Natuurlijk wilde ik ook meer bewijs, nog meer informatie. Maar dat zou niet lukken. Het is al ingewikkeld genoeg om een gesprek met één bron te krijgen, laat staan met een tweede. En niemand is zo gek om stiekem documenten mee te nemen. Alles wordt bijgehouden.

Bij de zijingang van het AIVD-pand in Zoetermeer stuiten werknemers op een irisscan. Smartphones mogen niet naar binnen. Die vormen een te groot risico. Willekeurig worden medewerkers gecontroleerd. Eens in de zoveel tijd gaat een alarm af en wordt alles binnenstebuiten gekeerd: tas, jas, schoenen. Dit overkomt een AIVD'er gemiddeld zo'n vijf keer per jaar.

AIVD-medewerkers gebruiken twee computersystemen: één voor intern gebruik, één voor extern gebruik. Technisch experts hebben meerdere systemen. Om op het internet te zoeken maken AIVD'ers gebruik van anonieme webbrowsers. Een computer kan alleen opgestart worden met een pasje en een wachtwoord. Alle documenten zijn gecompartimenteerd, wat betekent dat je geen toegang kunt krijgen tot een document waarvoor je niet de vereiste bevoegdheid hebt. Zoeken naar alle documenten kan ook niet zomaar: sommige documenten zijn zo gevoelig dat ze niet in overzichtslijsten staan.

Wat de gevolgen zijn als je documenten meeneemt, heeft Edward Snowden aangetoond. In 2015 heb ik samen met journalist Eelco Bosch van Rosenthal en cameraman Joris Hentenaar van *Nieuwsuur* een met veel geheimzinnigheid omgeven afspraak met hem. Via een tussenpersoon is het ons gelukt een ontmoeting te regelen. Een zeldzaamheid: Snowden spreekt bijna nooit fysiek met journalisten af. Hij laat ons een hotel kiezen. Daar bereiden we ons een paar dagen voor en aan onze contactpersoon geven we een kamernummer door. Een uur voor de afspraak belt Snowden de telefoon in die hotelkamer. Hij vraagt of hij een hotelpasje nodig heeft voor de lift. We wachten hem in de lobby op. Eelco aan de voorzijde, ik houd de achteringang in de gaten. Dan staat Snowden tot onze verbazing ineens in vermomming in de hotellift. Als een illusionist die uit de lucht komt vallen.

In de hotelgangen laat hij ons voorgaan, hij praat nauwelijks en lijkt nerveus. Amerikaanse en Europese diensten maken jacht op hem, elke onachtzaamheid kan hem fataal zijn. Eenmaal in de hotelkamer ontdoet hij zich van de vermomming en ontspant hij. We praten vier uur lang. Daarna doet hij zijn bril af, z'n haar een andere kant op, mutsje op en verdwijnt weer in de lange gangen van het hotel – zijn zelfverkozen verbanning tegemoet: hij kan Rusland nooit verlaten. Dat is de tol van het openbaar maken van staatsgeheimen.

Dat maakt gesprekken met inlichtingenbronnen zo gecompliceerd. Als ze al willen afspreken, bedienen ze zich van allerlei trucs om geen directe informatie te lekken: bijvoorbeeld over een situatie praten alsof die zich zou kunnen voordoen. Een andere truc is om nooit over de diensten zelf te spreken: 'Zoetermeer' is de AIVD, de 'Frederikskazerne' of kortweg 'Frederik' de MIVD. Of nog korter: 'A' en 'M'. Andere handigheden zijn om niet te specifiek te zijn. Nooit 'ja' of 'nee' zeggen maar eerder 'dat zou kunnen' of 'misschien moet je daar nog eens op doorvragen'.

*

Daarom kost het jaren om erachter te komen wat de AIVD precies in handen heeft als de DigiNotar-crisis uitbreekt. Pas als het incident allang achter de rug is, willen bronnen voorzichtig meer vertellen.

De Nederlandse geheime dienst runt samen met de Amerikaanse CIA een Iraanse bron. Met een gelukje is hij in Nederlandse handen gekomen: op een dag is hij zomaar de Nederlandse of Amerikaanse ambassade in een land in het Midden-Oosten binnengelopen en heeft hulp gevraagd. In Iran had hij een strafbaar feit gepleegd en hij was bang voor vervolging. Daarom wilde hij er zo snel mogelijk weg.

Inlichtingenbronnen benadrukken dat het om een hoge Iraanse vertegenwoordiger gaat. Hij weet veel van de Iraanse Revolutionaire Garde (IRG), het militaire elitekorps van Iran. De IRG is onder meer verantwoordelijk voor de nucleaire plannen en de Iraanse geheime dienst; toegang tot de top van de IRG krijgen is een unieke prestatie. De bron weet ook veel van Iraanse hackersgroepen. Bij de AIVD krijgt hij een schuilnaam – een verwijzing naar een bekende kustplaats. De AIVD geeft bronnen codenamen en in die tijd gebruikt de dienst daar plaatsnamen voor.

Vanaf het moment dat de AIVD besluit hem een bron te maken, trekt de dienst samen op met de CIA. Een oudere CIA'er, H., die in Nederland is gestationeerd, is aanwezig bij de urenlange gesprekken met de Iraanse bron. Namens de AIVD woont een jongere operateur de gesprekken bij.

De samenwerking met de CIA heeft naast een strategische reden – de AIVD geeft de CIA af en toe informatie in de hoop ook wat terug te krijgen – vooral een financiële reden. De Amerikanen betalen nu eenmaal makkelijker en meer voor bronnen. De AIVD gelooft niet in het 'kopen' van informatie omdat het de betrouwbaarheid niet ten goede komt.

De bron krijgt een paar duizend euro per maand van de CIA. Hij wordt uiteindelijk voor zijn veiligheid ondergebracht in een ander westers land, dat toestemming geeft voor de Nederlands-Amerikaanse operatie op haar grondgebied met als voorwaarde dat gespreksverslagen ook naar de veiligheidsdienst van dat land gaan.

Vóór de hack van DigiNotar heeft de AIVD dus al een troef in handen. En dat is niet de enige. De AIVD is, zoals eerder geschetst, al langer geïnteresseerd in Iran. De AIVD had zich daarom in 2000 – Iran heeft zich dan net aangesloten op het wereldwijde web – digitaal in Iraanse overheidssystemen gewurmd.

Maar Iran keert zich na 2005 langzaam naar binnen. Het maakt een eigen, meer gesloten, internet om pottenkijkers buiten te houden en uit vrees voor buitenlandse inmenging via het wereldwijde internet. Na 'Stuxnet' komt deze omslag in een stroomversnelling. Ook gebruikt het land steeds minder satellietverbindingen; een nadeel voor de MIVD die in het Friese Burum satellietcommunicatie afvangt.

De AIVD heeft minder last van de Iraanse omschakeling. De dienst is immers afhankelijk van menselijke bronnen en hackers om op afstand computersystemen binnen te komen. Iraans internet aftappen is een heilloze weg: dat kan alleen in Nederland maar het is nauwelijks te voorspellen welk Iraans internetverkeer uiteindelijk een weg vindt naar Nederland. Bovendien is het kostbaar en bewerkelijk.

Dus richt de AIVD zich op hackoperaties. Die zijn gerichter en minder kostbaar. De AIVD kijkt vooral naar inlichtingendiensten die onder de IRG vallen en op het buitenland gericht zijn. De Nederlandse dienst weet regelmatig door te dringen tot het computer- of mailsysteem van een hackersgroep.

Als DigiNotar wordt aangevallen, heeft de AIVD dus twee ijzers in het vuur: de Iraanse bron, die alles weet van Iraanse hackgroepen, én de eigen inlichtingen. Het betekent niet dat de AIVD meteen de puzzel weet te leggen. 'Het was een grote crisis in Zoetermeer,' zegt een betrokkene.

Er ontstaat ook flink wat chagrijn tussen AIVD en MIVD. De MIVD beschikt niet over de inlichtingen die de AIVD heeft en de AIVD weigert deze te delen. De relatie tussen de Nederlandse diensten is verre van toegeeflijk.

De AIVD ziet dat de aanvaller gebruikmaakt van het 'wetenschappelijke' deel van het Iraanse internet. Iran kent twee soorten internet: een streng gereguleerd publiek gedeelte en een wat vrijer 'wetenschappelijk' gedeelte. Dat is voor overheidsdiensten. Ook heeft de dienst zicht op de omgeving van de aanvaller. Een betrokkene: 'Er was bij ons geen twijfel dat DigiNotar het werk was van de Iraanse geheime dienst.'

Dat betekent niet dat de AIVD denkt dat méér personen DigiNotar aanvielen dan de twintigjarige die door de politie werd gevonden. Of dat de dader van de Iraanse geheime dienst zelf is. Iran wil stappen maken op het internet en gebruikt daarvoor allerlei hackers en criminele hackgroepen. De AIVD ziet een soort vriendengroepje rond de dader – die in verbinding staat met de Iraanse overheid.

Dat verklaart waarom AIVD'er W. niet wil dat de Nederlandse politie informatie gaat opvragen in Iran: hij is bang dat deze unieke toegang verpest zal worden. Als ook politieonderzoekers digitaal de speurneus gaan uithangen, komen ze in het vaarwater van de AIVD. Geheime diensten houden liever controle over een operatie dan dat ze die verstoren: het kan nuttige extra inlichtingen opleveren. Vandaar dat W. dit een 'absolute no-go' vindt.

Dat Buitenlandse Zaken vervolgens de identiteit van de man niet wil openbaren, valt eveneens te verklaren: Nederland en Iran hebben geen uitleveringsverdrag en Iran zou de man dus nooit uitleveren. Het publiceren van zijn naam zou hem in problemen kunnen brengen. Het Iraanse regime zou de man publiekelijk kunnen 'straffen' om net te doen of hij op eigen initiatief handelde.

Al met al vormt DigiNotar dus in veel opzichten een markante casus. De zaak toont de kwetsbaarheid van het internet en van een overheid die daar geen zicht op heeft. Maar het laat ook zien dat geheime diensten die kwetsbaarheid benutten voor eigen gewin. En dat westerse diensten, met de AIVD op kop, de aanjagers zijn van deze digitale wapenwedloop. DigiNotar, denken ook sommige medewerkers van de AIVD, kan weleens de Iraanse vergelding voor Stuxnet zijn.

Eén vraag blijft mij na DigiNotar bezighouden: hoe is het mogelijk dat één jongeman met een laptop voor maatschappelijke ontwrichting kan zorgen?

4

Code Rood

José Robbe loopt net revalidatiecentrum Rijndam uit als een man en een vrouw op haar afstappen. Robbe werkt hier enkele jaren als verpleegkundige. Elke dag fietst ze negen kilometer vanaf haar huis in Barendrecht naar de Westersingel in Rotterdam, een tocht van drie kwartier. Ze staat met de fietssleutels in haar hand als de man en vrouw haar aanspreken. Het is dinsdagmiddag 20 maart 2012, tien over één.

'Bent u mevrouw Robbe?'

Ze knikt.

De vrouw, gekleed in een spijkerbroek en zwart windjack, zegt dat ze van de politie is. 'Ik wil u even spreken. Het betreft uw zoon Edwin: we gaan hem aanhouden.' Verstijfd blijft Robbe staan. De politieagent vraagt of ze mee wil komen. Ze stemt schoorvoetend toe, laat haar fiets staan en loopt mee.

Bij de politieauto vraagt de agent of ze haar huissleutel wil afgeven. De politie wil haar zoon thuis overvallen en meteen arresteren. Zodra Robbe achter in de donkere Volkswagen zit, vraagt de mannelijke agent: 'Waar is de kamer van Edwin?' Haastig legt ze uit dat deze op zolder is en niet van binnenuit op slot kan. Dat lijkt belangrijk te zijn voor de agenten. Die knikken. Robbes gedachten schieten alle kanten op. Dus toch iets met die computer, gaat het door haar hoofd.

De politieagent zegt dat ze niet moet schrikken straks. Er zullen veel agenten zijn. En die zullen ook nog wel een tijd in haar huis blijven. Ze vraagt of Robbe getuige van de aanhouding wil zijn. 'Nee,' zegt ze bedrukt. Natuurlijk niet, denkt ze. Ze heeft het gevoel dat ze haar zoon heeft verraden. Ze wil niet ook nog toekijken hoe hij wordt afgevoerd. En dus rijden de agenten naar het Muziekplein voor de Dirk van den Broek in Barendrecht, op 500 meter van haar huis. Zodra ze aankomen, loopt een vrouw met blond krullend haar in spijkerbroek en eenzelfde zwart windjack op de auto af. Het is fris buiten, de vrouw heeft de mouwen van haar jas over haar handen getrokken. Ze vraagt vriendelijk of ze de voordeursleutel mag hebben. Robbe kan niet anders maar voelt zich ellendig als de agenten op weg gaan naar het huis waar haar zoon op zolder zit. Hij is haar oudste zoon. Een zeventienjarig kind met zorgen.

Zeven agenten posteren zich voor een twee-onder-een-kapwoning aan de Menuethof in Barendrecht. Nog eens twee agenten stellen zich op bij de schutting aan de zijkant. Een politieman in een onopvallende Volkswagen aan de overkant van de straat filmt hoe de zeven naar binnen sluipen en er even later drie agenten met Edwin tussen zich in naar buiten komen. Hij verzet zich niet. Een buurman filmt het tafereel vanuit zijn slaapkamerraam.

Edwin wordt naar het arrestantencomplex in Houten gebracht. Dan betreedt José Robbe de woning. Verdoofd neemt ze plaats op de bank in de woonkamer. Een uur geleden wilde ze nietsvermoedend op de fiets stappen. Nu kijkt ze toe hoe agenten in kastjes graaien, de trap op lopen en usb-sticks, cd-roms en telefoons in plastic zakken stoppen. Haar zoon is inmiddels onderweg naar het politiebureau.

*

Jaren later zit ik met José en haar man Ruud Robbe in hun doorzonwoning in Rotterdam. Ze vertellen over Edwin. Hij is er niet. In de boekenkast steekt één boek opvallend uit: het is *Tonio*, de roman van A.F.Th. van der Heijden over zijn overleden zoon.

Ik had Edwin opgespoord via een bron, kreeg zijn telefoonnummer en was na meerdere pogingen met hem in contact gekomen. Eerst reageerde hij niet op mijn WhatsApp-berichten, totdat hij via een ander nummer een bericht terugstuurde. Ik wilde van hem horen waarom hij KPN had aangevallen en in crisis had gestort. Waar hij z'n kennis vandaan had. En hoe het verder was gegaan na zijn arrestatie.

Het contact verliep stroef. De ene keer was hij uitbundig en innemend, dan weer afstandelijk. Soms antwoordde hij dagenlang niet op WhatsApp. Hij bleek in Azië te zijn. Eén keer hadden we contact via Skype. Ik wilde hem graag ontmoeten. Dat wilde hij ook, zei hij.

Het zou er nooit van komen. De crematie van Edwin vond een paar maanden geleden plaats. Ik spreek nu voor de tweede keer zijn ouders. Het verdriet over hun geadopteerde zoon dringt zich tijdens het gesprek af en toe schokkerig op. Vader Ruud worstelt met gewetensvragen: hij is de laatste die Edwin heeft gezien.

*

Edwin is nog geen jaar oud als hij wordt weggehaald bij zijn biologische moeder. Ze is minderbegaafd, alleenstaand en kan niet goed voor hem zorgen. Ze raakt hem maandenlang niet aan. José en Ruud Robbe nemen hem op als pleegzoon. Zij werkt in de zorg, hij als chemisch technoloog bij een bedrijf dat pigment uit erts haalt. Ze hebben zelf geen kinderen en willen hem een liefdevolle plek geven.

Maar Edwin is een kind met zorgen. 'Ik heb altijd gedacht dat zijn angsten al vroeg zijn ontstaan. Hij heeft zich nooit aan mensen kunnen hechten,' zegt José. Hij klaagt vaak over buikpijn. Zijn ouders bezoeken talloze keren de huisarts en het ziekenhuis. Telkens volgen er medische onderzoeken. Een glutenallergie wordt als mogelijkheid gegeven. 'Ik denk dat het eerder psychisch is geweest. Edwin was vaak angstig, maar artsen zochten naar lichamelijke oorzaken,' zegt José.

Edwin is anders. Dat zien zijn pleegouders en ook zijn leerkrachten. Een mentor vraagt op een ouderavond: 'Wat is er toch met hem? Hij heeft bijna geen vrienden.' Hij is vaak alleen. Zijn broertje, ook een pleegkind, is expressiever en socialer. Als er al een keer vriendjes komen spelen bij Edwin, dan gaan ze uiteindelijk met z'n broertje spelen. Edwin verkrampt bij mensen, wordt stil en trekt zich terug.

Sporten of buiten spelen doet hij nauwelijks. Liever zit hij op zolder achter de computer. José en Ruud laten het toe: ze zijn blij dat hij iets heeft dat hem interesseert. Zelf hebben ze geen enkele ervaring met het apparaat. Ja, ze gebruiken het af en toe om een mail te verzenden. Of om naar een vakantie te zoeken. Dat is het wel.

Na de technische leergang op het plaatselijke vmbo begint Edwin in de zomer van 2010 een ICT-opleiding aan het Albeda-college in Rotterdam. Hij wil 'iets' met computers gaan doen. Hij mag een computer uitzoeken die hij zelf bij de bekende pc-shop Alternate in Ridderkerk samenstelt: zware geheugenkaart erin, krachtige processor. Het apparaat komt op zijn slaapkamer te staan. 'Dat is misschien wel onze grootste fout geweest,' zegt José.

Edwin gaat volledig op in zijn nieuwe aanwinst. Alleen voor het eten komt hij naar beneden. Af en toe vangen zijn ouders een glimp op van wat hij aan het doen is: vooral spelletjes waarin mensen met grof geweld worden afgemaakt. Pretparken bouwen en dan mensen vanaf de attracties naar beneden gooien. Ook veel spellen waarin geschoten wordt. 'Op zijn opleiding besteedden ze ook aandacht aan ethiek,' zegt Ruud. 'We dachten dat het wel goed zou komen.'

In het najaar van 2010 krijgen ze een brief van internetprovider KPN: hun internet wordt geblokkeerd. KPN heeft 'malicieuze activiteiten' waargenomen via het ip-adres van de familie Robbe.

Edwin doet het af als onzin. José probeert door te vragen. Hij strooit met technische termen: zijn 'WPA2-sleutel' zou door onbekenden gestolen zijn waarna die misbruik hebben gemaakt van de internetverbinding. José begrijpt het niet en laat het erbij. Het is moeilijk om tot Edwin door te dringen.

KPN is vasthoudender. Het 'abuseteam' van het bedrijf gelooft de uitleg van Edwin niet en doet zelf onderzoek. Edwin heeft met een gehuurde server een aanval op bakabt.com uitgevoerd. Deze website biedt films- en programmadownloads aan. Zijn verklaring: hij mag de beheerders van de site niet.

Edwin heeft zoveel datapakketjes naar de site gestuurd dat

die overbelast raakte en niet meer functioneerde. Het is een zogenaamde DDoS-aanval, die het beste te vergelijken is met het ontstaan van een file: een weg kan maar een maximale hoeveelheid auto's aan. Worden het er nog meer, dan loopt het verkeer vast en staat iedereen stil. Dat geldt ook voor internet, alleen is de weg dan digitaal en gaat het verkeer erover naar een website.

Het uitvoeren van een dergelijke aanval is strafbaar. 'Edwin is erg actief op het internet, samen met wat vrienden. In sommige gevallen worden zij omschreven als een groepje hackers,' mailt een KPN-medewerker aan Ruud. 'Wij vragen ons af of hij zelf ziet wat de gevolgen van zijn acties kunnen zijn. We verzoeken u het gesprek met hem hierover aan te gaan.' Dat doet Ruud. 'Ik heb een indringend gesprek met hem gehad. Hij is een gevoelige jongen en begint langzaam in te zien dat hij zich schuldig heeft gemaakt aan een ernstig vergrijp,' mailt hij terug. Hij spreekt af dat Edwin zijn computer drie maanden niet mag gebruiken en dat hij het apparaat verplicht laat opschonen door een expert. 'Ik ben computeranalfabeet,' besluit Ruud zijn mail. 'Hebben jullie een suggestie wie me kan helpen met het opschonen van zijn computer?' Daar antwoordt KPN niet op.

Z'n ouders merken dat er iets broeit. Edwin is geërgerd, komt nauwelijks van zijn zolderkamer af. Als de computerverbanning voorbij is, zit hij meteen weer tot wel twaalf uur per dag achter de pc. Hij lijkt onverschillig, weigert uit te leggen wat er is. Op de opleiding kan hij zijn draai niet vinden. Veel gebeurt er klassikaal en in groepjes: dat is niets voor hem. Hij werkt liever zelfstandig. Over de leraren is hij laatdunkend. 'Ik heb meer verstand van computers dan al mijn docenten bij elkaar,' zegt hij op een avond tegen zijn ouders. Ook heeft hij weer last van buikpijn. Hij slikt oxazepam, een angstremmer, om rustig te worden en te kunnen slapen.

In de zomer van 2011 stapt hij met instemming van zijn pleegouders over naar een ICT-opleiding op het Zadkinecollege in Rotterdam. Daar krijgen studenten meer vrijheid: ze kunnen zelfstandig aan opdrachten werken. Maar ook daar gaat het niet goed. Edwin wordt steeds neerslachtiger. Hij ligt veel op bed en bestelt online diazepam, chemische en natuurlijke oliën om zichzelf te verdoven. Een geraadpleegde arts adviseert zijn ouders om hem zo veel mogelijk te laten rusten als hij moe is.

Wat hij precies doet, weten ze niet. Ze denken dat hij online goede contacten heeft. Hij vertelt weleens over iemand uit Engeland of Australië. 'Eindelijk sociaal contact,' verzuchten ze. Maar toch zien ze geen vreugde bij hem. Ze vertellen elkaar dat hij ruimte nodig heeft. Dat hij heus plezier heeft en goed is met computers. Maar als hij weer eens een volle dag achter de computer heeft gezeten, zijn ze de wanhoop nabij. 'Zullen we de stroom eraf halen?' vragen ze 's avonds meer dan eens aan elkaar.

*

Waar de computer voor zijn ouders puur een gebruiksartikel is, is het voor Edwin de toegangspoort naar avontuur, begrip en vooral erkenning. Hij kan ermee doen wat hij wil. Wil hij spellen spelen, dan start hij Windows op. Maar vaker kiest hij voor Linux, het besturingssysteem waaraan hij verknocht is. Hij opent er verschillende virtuele machines waardoor hij meerdere rollen kan aannemen. Hij komt op fora in contact met gelijkgestemden: jongeren van over de hele wereld die de hele dag achter de computer zitten en online de aanspraak hebben die ze in het dagelijkse sociale verkeer niet hebben. Het zijn veelal teruggetrokken en stille types. Zich verschuilend achter zelfbedachte identiteiten spreken ze over computers, meisjes, uitgaan, en verzinnen ze trucjes om andermans computernetwerk binnen te komen.

Edwin is online xS of YUI – een verwijzing naar de Japanse zangeres Yui, op wie hij erg gesteld is. Als YUI is hij anders. Brutaler, zelfverzekerder. De stille Edwin met zijn verlegen lach komt achter de computer tot leven. Gedurende 2011 ontmoet hij op chatkanalen de Australische 'Dwaan' en Amerikaanse 'Sabu'. Ze praten over hackacties en de jongens laten Edwin zien waar ze binnen kunnen komen.

Vooral Sabu is een grote jongen in de digitale wereld. Hij runt hackerscollectief Lulzsec, een groep van zes mensen die in 2011 diverse organisaties onder vuur neemt. Lulzsec dringt websites van grote bedrijven binnen om de gebrekkige beveiliging aan de orde te stellen. Soms is het lichtvoetig en pesterig, maar soms heeft de baldadigheid serieuze gevolgen. De groep maakt de gegevens buit van ruim 70.000 Amerikaanse deelnemers aan het populaire tv-programma *X-Factor*, nadat de zwarte rapper Common er volgens Lulzsec is beledigd. Ook valt Lulzsec – een samenvoeging van Lulz, ofwel 'lol,' en 'security' – het netwerk van Sony's Playstation en de website van de CIA aan.

Diverse opsporingsdiensten zitten achter Sabu aan. Maar hij houdt, net als Edwin, zijn werkelijke identiteit verborgen. In de chatkanalen – bij sommigen is een wachtwoord nodig – hebben alle jongens aliassen. Ook gaan ze niet rechtstreeks met hun thuisverbinding naar het chatkanaal toe: daarvoor gebruiken ze een VPN, een beveiligde verbinding. Edwin verbindt eerst met een VPN-server, waarna hij anoniem het internet op gaat. Het vergt enige discipline: één keer vergeten om de VPN aan te zetten en zijn ip-adres in Barendrecht is voor iedereen zichtbaar.

Gaandeweg komt hij op de chatkanalen terecht waar de grote jongens zitten. Het is belangrijk om eerst het vertrouwen van de hackers op het kanaal te winnen: politiediensten proberen ook onder valse namen mee te praten. Edwin, dan 16, schuurt tegen Lulzsec en het lossere hackersverband Anonymous aan: hij maakt er geen deel van uit maar hangt wel rond op hun chatkanalen. Het is een boeiende tijd in hackersland: Anonymousleden vallen de ene na de andere organisatie aan. Ze verklaren zich solidair met WikiLeaks, dat honderdduizenden diplomatieke berichten van de Amerikaanse overheid publiceert. De klokkenluiderssite van oprichter Julian Assange wordt door de betaaldiensten PayPal, Mastercard en VISA geblokkeerd. Het leidt tot een terugloop van donaties aan WikiLeaks. Daarop legt Anonymous met een DDoS-aanval de websites van PayPal en Mastercard plat. Geschatte schade: 5,5 miljoen dollar. Een van de leden moet er later in Engeland achttien maanden de cel voor in.

Edwin voelt zich steeds zelfverzekerder door zijn buitenlandse contacten. Urenlang chat hij met mensen over de hele wereld over hoe een site te hacken. Rond het middaguur is de Australische Dwaan vaak online, bij wie het dan middernacht is. De twee jutten elkaar op. Bijvoorbeeld om deel te nemen aan de bekende hackersconferentie Defcon in Las Vegas.

Dwaan: '*Go to Defcon next year*'

xS: '*Lol, why?*'

xS: '*I'll go each year*'

xS: '*From now on*'

Dwaan: '*I wanna try to go*'

Dwaan: '*Because in 2013*'

Dwaan: '*It will be on like a week after I turn 18. And it's fucking epic*'

Waarna ze verder praten over alcohol, feesten, games en computers. Geregeld geeft Edwin af op het 'normale' leven en op de westerse maatschappij. Hij hekelt het materialisme en het vluchtige bestaan. 'Het enige wat je nodig hebt, is water en voedsel om te overleven, maar iedereen lijkt enkel geïnteresseerd in materiële zaken,' schrijft hij.

Maar het gaat vooral over hacken. Dwaan schept weleens op over de plekken waar hij binnen is geweest. De jongens zien het als kattenkwaad: even laten zien dat je de beveiliging kunt omzeilen en dan weer weg. Ze stelen niet, dat doen de grote jongens. Zij kijken alleen. Zoals hangjongeren die even een gebouw binnengaan als ergens een deur openstaat. Langzaam kruipt ook Edwin uit z'n schulp. Hij wil zich bewijzen. Laten zien dat hij ook zelf wat kan.

Heel technisch onderlegd is hij niet. Dat compenseert hij met bluf en logisch redeneren. In december 2011, Edwin is zeventien jaar, spreekt hij online met 'Phed'. Die laat hem iets zien: een zogeheten *exploit*. Het is een stukje code dat beveiligingsgaten in netwerken benut om ergens toegang te krijgen, als een sleutel die op verouderde sloten past. Computernetwerken, zeker van grote bedrijven, steunen op vele soorten software. En in elk daarvan zitten wel fouten of gaten. Soms ontdekt, vaak nog onontdekt. Kent de maker van de software de gaten, dan zal hij die zo snel mogelijk proberen te dichten en een update aanbieden. Hackers speuren ondertussen naar dezelfde gaten en maken snel een sleutel, een exploit, om via het ontdekte gat naar binnen te komen.

Edwin heeft nu iets in handen. Als een kwajongen die 's avonds op zoek gaat naar een openstaand raam, speurt hij het internet af. Hij 'scant' netwerken om te zoeken wie de software met de gaten – in dit geval HP Data Protector – gebruikt. Dat doet hij door via Google handmatig op sites te zoeken: zoekterm 'Data Protector' en dan een specifieke website of specifiek ip-adres. Begin december 2011 is het raak. Edwin ziet dat een universiteit in Noorwegen de software gebruikt en de update, die de gaten moet dichten, nog niet heeft uitgevoerd.

Hij pakt zijn exploit erbij, voert die uit en binnen een mum van tijd is-ie binnen. Hij kijkt nu rond in het netwerk van de Noorse universiteit NTNU en heeft zo de controle over zes computerservers. Opgewonden vertelt hij Dwaan over zijn verovering. Die reageert instemmend.

Edwin gaat door. Hij krijgt ook de controle over een 'supercomputer' van de Universiteit van Tromsø. Hij kijkt er rond maar neemt niets mee. Het binnendringen is al spannend genoeg. Als hij eenmaal binnen is, voert hij een trucje uit. Hij installeert een zogeheten *backdoor*: een programma waardoor hij altijd van afstand toegang tot de computerserver blijft houden. Die software heeft hij van een website geplukt. Met een beetje slim googelen zijn dit soort middelen voor iedereen beschikbaar.

Het gaat makkelijk en het levert Edwin in zijn nieuwe vriendenkring credits op. Dwaan reageert met enthousiaste uithalen op Edwins zegetocht: 'Looooooolll' en 'OMG!' Edwin heeft de smaak te pakken. Op dezelfde manier als in Noorwegen zoekt hij ook in andere landen naar slachtoffers. De Universiteit Twente is de volgende, daarna een website in IJsland en vervolgens een universiteit in Japan. Edwin gaat de hele wereld over. Niemand houdt hem meer tegen. Zolang hij eerst keurig verbindt met de VPN-server die in Rusland staat, kan geen mens zien waar hij werkelijk vandaan komt.

Edwin is niet zoals andere jongens die slordig zijn en foutjes maken. Die vergeten hun VPN-server aan te zetten. Nee, hij denkt goed na. Daarom snapt hij de zorgen van zijn ouders ook niet. Wanneer zijn vader Ruud hem een keer een artikel laat zien over een jonge hacker die is opgepakt, reageert Edwin korzelig: 'Dat is gewoon hartstikke dom. Alleen de domme hackers laten zich pakken.' Maar hij vertelt niet wat hij op zolder doet. Dat zouden zijn ouders nooit goedkeuren.

Dat hij online op het net waardering krijgt voor zijn kunsten, vindt hij meer dan terecht. 'Droppy', een 'vriend', vraagt of hij de beveiliging van diens website wil doen. Droppy handelt in gestolen creditcards. xS hoeft alleen de opzet van zijn site in de gaten te houden en te controleren of alles loopt zoals het moet. Droppy zal hem er af en toe voor betalen. Hij doet het.

'Naomi', een chatvriendin uit Singapore die hij dagelijks spreekt, vraagt of YUI misschien haar werkgever lastig kan vallen. Ze is net ontslagen bij Singapore Press Holdings. Kan YUI de website aanvallen? YUI kan alles, dit is een klusje van niks, hij zal het laten zien.

Een tegenslag in Noorwegen. Edwin kan niet meer inloggen op 'zijn' servers. Hij is eruit gegooid. '*I got detected*,' laat hij zijn online vrienden weten. Die lachen om de mededeling. Al snel praten ze weer over andere zaken. Maar Edwin wil meer. En dan, begin 2012, stuit hij op een goudmijn.

Via een nieuwe scan ziet Edwin dat ook KPN verouderde software heeft. De grootste telecomprovider van Nederland gebruikt HP Data Protector en heeft de update niet uitgevoerd. Er staat een raam open. Zal hij de gok wagen? Even binnenkijken op het netwerk van zijn eigen internetprovider? KPN is een grote vis. Het zal 'm vast veel credits opleveren. Edwin neemt de sprong.

Hij voert een willekeurig ip-adres van KPN in, voert zijn exploit uit en via computers van de Japanse universiteit belandt hij zo, hop, in het netwerk van KPN.

Hij zit nu in een klein hoekje van het netwerk. Hij is binnen, maar moet nog wat deuren door. Hij kan bijvoorbeeld geen directe commando's geven vanaf zijn computer naar KPN. Ook heeft hij geen volledige rechten op het hele netwerk. Hij kan niet zomaar doorlopen: een firewall verhindert dat. Maar dat is kinderspel. Edwin omzeilt de beperking door een programma van zijn computer naar de KPN-computer te verplaatsen. Vervolgens kan hij alles doen.

Dom, dom, dom KPN, denkt hij. Alles staat open. Edwin scant vanaf de ene KPN-computer de rest van het netwerk en ziet de verouderde software op honderden plekken. Bijna alle computerservers van het gigantische KPN-netwerk hebben 'een raampje openstaan'. De jongen uit Barendrecht wandelt onbezorgd door en kijkt verbaasd rond. 514 computerservers kan hij aansturen. Hij komt zelfs op de *core router:* de ruggengraat van het KPN-netwerk. Hij kan de gegevens van 2,1 miljoen klanten van KPN zien, hij kan voor honderdduizenden klanten de verbinding naar een 112-server stopzetten, hij kan internetverkeer omleiden zodat mensen die naar bijvoorbeeld NU.nl gaan ergens anders uitkomen. Edwin kan alles en KPN weet van niets.

Opgewonden vertelt hij Dwaan over zijn verovering. Die gelooft hem eerst niet, waarna Edwin vanaf het KPN-netwerk inlogt op het chatkanaal en 'bewijst' dat hij controle over KPN heeft. 'WTF!' reageert Dwaan. Edwin vertelt hem hoe hij binnen is gekomen. Dwaan gaat zelf kijken en, verrek, ook hij is even later binnen. Rustig aan, maant Edwin hem, maar Dwaan is door het dolle heen. Wat nou, oppert hij, als ik de KPN-computers met elkaar en ons laat communiceren? Edwin ziet het niet zitten, maar Dwaan is al bezig: hij installeert een *bot*, waardoor de computers precies doen wat hij wil.

Edwin is in z'n nopjes met zijn nieuwe status. De ICT-opleiding volgt hij niet meer. De spanning in huis lijkt te verminderen. Zijn moeder mailt opgelucht naar een vriendin: 'Edwin voelt zich steeds beter. Hij is ontheven van de leerplicht dit jaar en doet nu thuis voor de LOI Engels op havo-niveau.'

Edwin buit ondertussen op zolder zijn nieuwste vangst uit. *'I'm hacking my ISP*,' zegt hij tegen de Koreaanse student 'Combasca'. ISP staat voor internetprovider. Combasca gelooft hem niet en vraagt om bewijs. Ook nu gaat Edwin weer het chatkanaal op vanaf het KPN-netwerk. *'U should become a hacker too*,' spoort hij Combasca aan.

*

Terwijl Edwin online furore maakt, kijken mannen en een enkele vrouw in een flatgebouw naast de A12 bij Den Haag elkaar ontredderd aan. Boven de studio van radiozender Fresh FM hebben tientallen mensen hun intrek genomen in een leegstaande kantooretage. Er zijn bureaus neergezet, netwerkkabels getrokken en laptops geïnstalleerd. Voor wie niet weet wat er gaande is, is het een vreemd gezicht: vroeg in de ochtend haasten mensen zich naar deze bovenste etage om er pas na middernacht weer te vertrekken. Koeriers bezorgen elke avond eten. De mensen die naar boven gaan, spreken geheimzinnig over 'project Victor'.

Tachtig tot honderd medewerkers lopen er al dagen rond. Veel technici van KPN en onderzoekers van Fox-IT. Ook Ronald Prins, de baas van het bekende beveiligingsbedrijf, is er weer. Na een melding van ene Combasca uit Zuid-Korea is de bal gaan rollen. Combasca vertelt dat hij chatte met een jongen die zich YUI noemde en die beweerde KPN gehackt te hebben. Hij toonde het bewijs. Combasca liet de opschepperige YUI maar praten en zocht contact met KPN. Hij verraadt de jongen. Via Twitter en de webcare-afdeling komt het bericht uiteindelijk bij een beveiligingsmedewerker van KPN terecht. Die herstart enkele servers in de hoop dat het daarmee voorbij is.

Maar de problemen met computerservers houden aan. En nu,

ruim twee weken na die eerste melding, is de paniek compleet. Het is duidelijk dat iemand in het netwerk van KPN zit. Het kan een eenling zijn, maar ook een buitenlandse staat. Niemand die het weet. KPN en Fox-IT hebben nog geen idee van de schade. Ze moeten voorzichtig te werk gaan: computers onderzoeken terwijl de systemen doordraaien zodat de miljoenen klanten er geen last van hebben.

Eerst kijken ze naar de buitenste lagen. Maar hoe verder ze komen, des te meer ze zien. Bij het scannen van het internetverkeer blijken honderden punten in het KPN-netwerk een verbinding naar buiten te maken. Overal staan ramen en deuren wagenwijd open. Op 20 januari 2012 schaalt KPN op naar Code Oranje: er is een serieuze dreiging voor de bedrijfsvoering.

Een week later, op 27 januari, volgt een nóg grotere ontdekking: de inbreker zit ook op de core router, de machinekamer van KPN. Hij heeft feitelijk de controle over het hele netwerk en kan doen wat hij wil: internetverkeer inzien, tv uitschakelen, 112 platleggen. Daarop volgt Code Rood: het voortbestaan van de Nederlandse telecomprovider staat op het spel. KPN informeert het Nationaal Cyber Security Center (NCSC), de opvolger van GovCERT van Aart Jochem, en het Team High Tech Crime van de nationale politie. Een KPN-directeur doet de volgende ochtend aangifte van computervredebreuk.

Net zoals bij DigiNotar, waarbij het complete bedrijf geïnfiltreerd bleek en de hackers zelf certificaten konden uitgeven, is ook nu de schrik groot. Opnieuw is de broosheid van een netwerk waarop miljoenen mensen vertrouwen zichtbaar. En ook nu komt dat door simpele fouten en onachtzaamheid. De update van HP Data Protector, die al sinds juni 2011 beschikbaar was, is een half jaar lang door niemand bij KPN uitgevoerd. Nog opvallender is dat de externe firewall uitgeschakeld blijkt. Door een verkeerde configuratie heeft die maandenlang opengestaan en kon iemand van buitenaf zo naar binnen lopen.

De crisis bij KPN legt systeemfouten bloot. KPN-topman

Eelco Blok zit in de Cyber Security Raad, een adviesorgaan voor de overheid, maar vertelt daar niet dat zijn eigen netwerk is gehackt. Terwijl het de taak van de raad is om te adviseren bij landelijke crisissituaties. Pas als KPN weken later aangifte doet, weten de collega's van Blok wat er aan de hand is. Het NCSC van Aart Jochem kan nauwelijks van nut zijn: hij heeft nog geen mandaat om op te treden. De boel overnemen zoals bij DigiNotar is een uiterste noodgreep die de overheid in kan zetten. Hoewel er flinke paniek heerst, is het daarvoor nog te vroeg. Het is nog niet bewezen dat buitenlandse hackers KPN hebben overgenomen en kwade bedoelingen hebben.

De commerciële belangen van KPN botsen met de opsporingstaak van de politie. Het hoofd van het Network Operations Center van KPN wil geen computerservers uitschakelen of het complete netwerk laten scannen. Dat kost geld, mankracht en kan storingen voor klanten veroorzaken. Voor het politieonderzoek is dat wel nodig.

Onduidelijk blijft wat de impact is als KPN écht is overgenomen door een buitenlandse staat. Kan de overheid dan nog functioneren? Wat is de impact voor de AIVD en de MIVD, wier communicatie deels via het KPN-netwerk loopt? Wekenlang weet niemand het.

Het politieteam, Fox-IT en KPN volgen de digitale kruimels die de aanvaller heeft achtergelaten. Het spoor leidt naar de computerserver waar hij binnenkwam. Dan wordt de puzzel ingewikkelder: de aanvaller verschuilt zich achter VPN-verbindingen. Het politieteam vliegt ondertussen naar Zuid-Korea om met Combasca te praten en later naar Japan waar hij een universiteit heeft gehackt. Het levert weinig nieuwe inzichten op. Ook nu stuit de politie op fysieke grenzen: de aanvaller verschuilt zich achter servers in allerlei landen, van Oekraïne tot Engeland, van Tsjechië tot de Verenigde Staten. Telkens moet de politie eerst een rechtshulpverzoek indienen, waarna het wachten is op een kopie van een server.

Dat is tijdrovend. Als de aanvaller zich nu terugtrekt en zijn sporen wist, is bewijs verzamelen nagenoeg onmogelijk. Maar de onderzoekers hebben geluk: de aanvaller blijft maar terugkomen, zelfs als KPN de hack op 8 februari 2012 in een persbericht wereldkundig maakt. Nota bene via een gehackte KPN-server gaat de aanvaller opnieuw een chatkanaal op. Hij noemt zich daar 'KPN'.

Die actie zet het onderzoeksteam op het juiste spoor: ze zien dat de aanvaller een Russische VPN-server gebruikt. Het ip-adres van die server komt vaker voor in het KPN-netwerk. Het lastige is dat de onderzoekers daar alleen niets mee kunnen: een VPN-server maskeert de identiteit van de gebruiker. Toch hebben ze nóg een kans: via de VPN-server gaat verkeer naar een specifieke computer in het KPN-netwerk.

Het is een website waar een klant van KPN gedownloade films deelt, ndsmovies.com. Op de server waarop de website draait, blijken ook hackbestanden te staan. Precies het soort dat de gaten in de software van HP Data Protector uitbuit, waardoor de aanvaller binnen kon komen.

De beheerder van de site ndsmovies.com gebruikt het e-mailadres teqnology@live.com. En als de onderzoekers dat opzoeken, ontdekken ze nóg iets opvallends: hetzelfde e-mailadres werd eerder gebruikt voor correspondentie met KPN vanwege een geblokkeerd ip-adres. In 2010 is een ip-adres dat toebehoort aan teqnology@live.com vanwege 'malicieuze activiteiten' een tijdje geblokkeerd geweest. Dit ip-adres is gekoppeld aan een woonhuis aan de Menuethof in Barendrecht.

Eindelijk een spoor naar de dader. Maar voor hard bewijs hebben de onderzoekers meer nodig: een directe link van de aanvaller naar KPN. Het liefst willen ze hem pakken als hij 'live' via zijn computer in het KPN-netwerk zit. Het onderzoek duurt inmiddels bijna een maand en de problemen bij KPN houden aan. De druk is hoog. Terwijl KPN beweert dat de hacker geen klantgegevens heeft gestolen, verschijnen er berichten in de media dat dit wel het geval is. 'Wachtwoorden KPN-klanten gepubliceerd', kopt NU.nl. De NOS schrijft: 'Hoogste alarmfase na hack KPN'.

Onbekenden publiceren een lijst met honderden gehackte KPN-mailadressen. De telecomprovider, die eerder beweerde dat er niets gelekt was, neemt een drastische maatregel: hij legt de maildienst voor 2 miljoen klanten plat. Zij kunnen dagenlang hun e-mail niet gebruiken. De ingreep van KPN leidt tot ernstig verstoorde communicatie bij klanten. Bedrijven kunnen hun producten niet leveren, geen bestellingen doen of facturen verzenden.

De onderzoekers voelen de aanhoudende druk. En daarom doen ze iets wat niet mag. Ze weten dat de aanvaller een virtuele server in Rusland huurt en dat de kopie van die server pas over een aantal weken in Nederland zal zijn. Op die kopie zullen niet alle gegevens staan. Dat komt door de manier van kopiëren: gegevens van het werkgeheugen komen niet mee. Daarom dringen ze vanuit Nederland de server in Moskou binnen. Op het werkgeheugen van de server vinden de onderzoekers chatgesprekken, waaronder dat van twee jongens over de KPN-hack.

Swordfish: '8 o'clock on NOS Journaal op 1'

Swordfish: 'KPN bevestigt het'

xS: 'Naja boeiend'

xS: '*I really gotta truecript my shit now*'

Swordfish: '*I'm pretty safe if they come*'

Dit ogenschijnlijk nietszeggende gesprek levert twee nuttige inzichten op: de aanvaller komt kennelijk uit Nederland én hij is bezig om zijn computer te versleutelen met TrueCrypt, een onder hackers populair programma om documenten af te schermen zodat buitenstaanders er niet bij kunnen. Dat betekent dat als de politie hem wil pakken, ze dat moet doen voordat hij z'n computer uit kan zetten. Anders gaan zijn gegevens verloren.

Stap voor stap komt de politie dichterbij. Dat is ook aan de geestdrift van de aanvaller te danken: die weet van geen ophouden en blijft maar in het KPN-netwerk dolen. Als hij via zijn Russische VPN-server nog een keer het netwerk van KPN scant op nieuwe kwetsbaarheden, blokkeert KPN het Russische ip-adres. Dan maakt de aanvaller een cruciale beginnersfout: hij verbindt rechtstreeks met zijn thuisverbinding naar een gehackte computerserver van KPN. Zijn thuisadres is zichtbaar.

Ondertussen kijkt de politie al via een tap op het thuisadres met de aanvaller mee om de laatste bewijsstukken te verzamelen. Maar ook dat verloopt niet helemaal soepel: de tapsoftware Replay van Fox-IT blijkt niet van alle internetdata bruikbare informatie te kunnen maken. Op een dag vallen zelfs alle internetgegevens weg: de politie staart naar een zwart scherm. Er komt niets meer binnen, terwijl er toch echt een tap is aangesloten in Barendrecht. Na wat heen-en-weergebel tussen politie en KPN wordt het euvel duidelijk: KPN heeft per abuis het internet van de jongen in Barendrecht geblokkeerd.

Iets meer dan twee maanden na het bericht van de Koreaanse Combasca is er genoeg bewijs en maakt een politiemacht in Barendrecht zich op om Edwin achter zijn computer vandaan te trekken. Twee agenten zullen zijn moeder opwachten en haar om de huissleutel vragen. Daarna sluipen ze naar Edwin toe, die nietsvermoedend op zolder als xS online furore maakt. ‘Politie! Meekomen! Niet aan je computer zitten!’

*

José Robbe legt een spritskoek op een schoteltje en schenkt koffie in. Vader Ruud zit naast me. Tijdens het gesprek heeft hij een paar keer een zakdoek uit z’n spijkerbroek gehaald en z’n ogen onder zijn bril drooggedept.

Na de aanhouding in Barendrecht zit Edwin eerst 42 dagen vast. Hij wordt schuldig bevonden aan computervredebreuk en krijgt een voorwaardelijke gevangenisstraf van 240 dagen en een taakstraf. In die taakstraf heeft hij geen zin en dus moest hij alsnog de cel in.

Daarna wordt hij nog ongrijpbaarder voor zijn omgeving. Hij neemt kalmeringsmiddelen en experimenteert met diverse drugs. Komt z'n vader thuis, ligt de woonkamer bezaaid met bladeren en planten omdat Edwin een psychedelisch brouwsel aan het maken is. Ook stopt hij eens stiekem lsd in de wijn van zijn vader. Die ziet het plafond van zijn slaapkamer veranderen in een lichtshow en heeft een urenlange trip. In de ochtend moet hij zijn werk afbellen omdat hij nog steeds hallucineert. Als het spul eenmaal is uitgewerkt, begrijpt Edwin niet dat zijn vader boos is: hij heeft hem slechts een verrijkende ervaring willen geven.

Edwin heeft waanideeën en verzet zich tegen alles. Zijn ouders worden er moedeloos van. Zelfs voor de professionals van verslavingskliniek De Bouman in Rotterdam waar Edwin naartoe gaat, is het te veel: na een week wordt hij er weggestuurd wegens onmogelijk gedrag. Vervolgens klopt hij weer aan bij zijn vader Ruud. Maar die kan de strijd met zijn inmiddels 22-jarige zoon niet langer aan.

Met pijn in het hart zegt hij bij de voordeur dat Edwin niet bij hem kan wonen. Edwin dringt aan. 'Toe nou.'

Maar Ruud kan het niet meer. 'Het gaat niet, sorry.' Edwin vertrekt met een rugtas, z'n ouders weten niet waarheen.

Na een paar weken niets van hem gehoord te hebben probeert Ruud contact te krijgen. Hij stuurt WhatsApp-berichten en mails. Op één daarvan reageert Edwin. 'Ja, alles goed hoor. Ik zit in Pyongyang, Noord-Korea,' mailt hij. Edwin heeft een fascinatie voor Azië, en specifieker Japan en de Korea's. Maar dat hij werkelijk in Noord-Korea zou zitten, gelooft zijn vader niet.

Er zit een foto bij de mail: Edwin draagt zwarte kleren en opvallende kettingen over z'n jas. Naast hem staat een Koreaanse militair. Met zijn toegeknepen ogen en kleine postuur heeft Edwin iets Aziatisch. Hij poseert voor een afbeelding van Pyongyang met de Noord-Koreaanse leider Kim-Jong Un. Het is waarschijnlijk een toeristische attractie in Zuid-Korea. Edwin sluit de mail af met: 'WhatsApp en telefoons en dergelijke worden in de gaten gehouden. Computers hebben ze wel gelukkig.'

Het is een van zijn laatste berichten. Ruud buigt het hoofd. 'Had ik hem dan weer in huis moeten nemen?' vraagt hij. 'Had ik het nog één keer moeten proberen?' Met spijt in z'n stem: 'Ik kon niet anders, ik was op.'

Het was vooraf niet mijn plan om de ouders van Edwin te spreken. Ik wilde zíjn verhaal horen, maar dat was niet gelukt. Toen we elkaar kort via Skype spraken, zat hij op een hotelkamer in Zuid-Korea. Na acht minuten sloot hij af met een glimlach en een peaceteken. Daarna hadden we sporadisch contact via WhatsApp. In z'n laatste berichten klonk wanhoop door. Het waren korte teksten zonder enige context. Warrig en onduidelijk. 'Het bevalt slecht', 'ze hebben guns' en 'ik wil snel weg'. Op vragen over KPN reageerde hij ditmaal niet.

Een paar dagen daarna kreeg ik een bericht van een bron. 'Heb je het gehoord over Edwin?' Hij was dood aangetroffen in een bad in een hotel, niet ver van de internationale luchthaven van Seoul. De deur van zijn kamer, nummer 801, was van binnenuit gebarricadeerd met meubels en kussens.

Het duurde vervolgens een poos voordat ik contact opnam met zijn ouders. Ik wilde ze niet lastigvallen voor mijn verhaal, maar realiseerde me ook dat zij vragen zouden hebben als ze hoorden dat een journalist hem een paar dagen voor zijn dood nog had gesproken.

José Robbe reageerde instemmend op een verzoek om af te spreken. Zij en Ruud laten foto's van Edwin zien en vertellen over zijn gecompliceerde jeugd. De pijn is zichtbaar. Ze vragen ook naar mijn laatste contact met hem. Ruud: 'Dat is vlak voor zijn dood geweest.'

Als vanzelf komen we op de hack van KPN. Ik leg uit dat het me fascineert hoe een zeventienjarige jongen de belangrijkste telecomprovider van Nederland bijna ten val kan brengen en toegang heeft tot miljoenen klantgegevens. Volgens hen zijn de aanhouding en gevangenisstraf een keerpunt geweest: daarna is het bergafwaarts gegaan met Edwin. Zijn zelfdoding is een litteken dat ze altijd met zich mee zullen dragen. Ze hebben nog tal van vragen. Was Edwin wel zo schuldig als justitie deed voorkomen? KPN had toch zelf de ramen open laten staan? Als het zo makkelijk is om ergens binnen te dringen, is er dan niet een veel groter maatschappelijk probleem?

Wat niet helpt, is dat ze amper begrijpen wat Edwin precies heeft gedaan. De technische termen waar justitie tijdens de rechtszaak tegen Edwin mee komt, zijn een raadsel voor hen. Volgens de officier van justitie is het 'een van de belangrijkste hacks in de Nederlandse geschiedenis'. Het werk van Edwin is 'ingenieus' en de 'impact op KPN en daarmee ook op de samenleving immens'. KPN heeft naar eigen zeggen '3 miljoen euro schade' geleden. De officier prijst het bedrijf voor de openheid. 'Het is vrij zeldzaam dat een bedrijf als KPN zoveel gevoelige gegevens prijsgeeft. De commerciële belangen zijn immers groot en het risico voor reputatieschade is immens.' Na de hack neemt KPN maatregelen om de beveiliging van de systemen te verbeteren. Hoewel Edwin in verhoren direct alles bekent en ook meewerkt aan het justitiële onderzoek, oordeelt de officier van justitie hard over hem. Zijn handelen was 'kwaadaardig en opzettelijk' en zorgde voor 'direct levensgevaar'.

Dat de onderzoekers de VPN-server van Edwin in Moskou hackten, staat niet in het dossier. Het is 'witgewassen' via de Criminele Inlichtingen Eenheid, een afdeling binnen de politie die informatie over ernstige misdrijven verzamelt en die de identiteit van bronnen mag afschermen. Omdat de bron niet hoeft te worden prijsgegeven, valt het niemand op – ook de advocaat van Edwin niet.

De rechters gaan deels mee in het verhaal van het OM. Ze betreuren het dat Edwin 'zijn talenten op negatieve wijze heeft ingezet'. Toch zijn er ook verzachtende omstandigheden. 'Het relatieve sociale vermogen van verdachte en zijn lijden onder het mislukken op school en in sociaal opzicht', zo oordeelt de rechter, 'hebben een rol gespeeld in het toevlucht zoeken op internet en grensverleggend gedrag aldaar.' De Kinderbescherming adviseert een taakstraf. De rechtbank veroordeelt Edwin tot 100 uur taakstraf en een voorwaardelijke gevangenisstraf.

'We hadden echt geen idee wat er op die zolder gebeurde,' zegt Ruud. Het heeft hem doen realiseren dat de risico's in de digitale wereld volstrekt anders zijn dan in de echte wereld. 'Als je er een verhaal over wilt maken,' zegt José ineens, 'dan werken we mee. Ook als waarschuwing voor andere ouders: we hadden er nooit bij stilgestaan dat hij dit zou kunnen veroorzaken.'

Ruud: 'Ik ben angstiger geworden voor de computer.' Als hij zijn belastingaangifte doet en het wil even niet lukken, schiet hij in de stress. 'Ik ben soms bang dat iemand misbruik maakt van mijn identiteit. Ik ben afhankelijk van technieken die ik niet kan doorgronden, dat maakt me onzeker.'

Dat is er dus aan de hand: door het internet zijn nieuwe risico's ontstaan die nauwelijks te overzien zijn. Het zou niet lang duren voordat de betekenis daarvan echt zou doordringen.

DEEL II
Wat zijn de gevolgen?

5

Bom op een simkaart

Ze is blond, lang en zal straks naar Spanje vliegen. Dat is alle info die ik heb als ik om half zeven 's avonds bij de rood-wit geblokte kubussen in de aankomsthal van Schiphol sta. De vrouw heeft een mail gestuurd over een bizar voorval in Engeland en we hebben een afspraak gemaakt. Plots staat ze voor me. 'Jij bent Huib, toch?'

Als we in Café Rembrandt op Schiphol Plaza zitten begint ze meteen te vertellen. Ze wil anoniem haar verhaal doen; ik noem haar Robin. Een aantal jaren geleden woonde ze in Engeland. Ze zocht daar werk, ging via internet op zoek naar een klus en zag een advertentie voor vertaalopdrachten bij het Australische bedrijf Appen. Dat zoekt freelancevertalers uit verschillende landen – ook mensen die Nederlands spreken – om software die spraak omzet in tekst te verbeteren.

Robin gaat naar de website en vult een online-sollicitatieformulier in. Daarop krijgt ze een mail van een contactpersoon, ene Alan. Ze moet eerst een test doen en als dat goed gaat, krijgt ze een klus, belooft hij haar. Ze zal per opdracht worden betaald via PayPal. De test bestaat uit luisteren naar korte audiofragmenten en woord voor woord uitschrijven wat ze hoort.

Robin slaagt. Als er een nieuw 'project' klaarstaat, krijgt ze een mail van Alan. '*You should now see the following project available.*' Ze logt in, leest de instructies en gaat naar het project '*Dutch free speech transcription*'. Ze ziet een hele lijst met fragmenten. En als ze die aanklikt hoort ze Nederlanders praten. Ze moet letterlijk opschrijven wat ze hoort in de fragmenten die tien tot twintig, soms dertig seconden duren.

Ze hoort taxichauffeurs, maar de fragmenten zijn zo kort dat ze niet de context begrijpt. Andere mensen kunnen tegelijkertijd aan hetzelfde project werken. Ze hoort mensen praten over privézaken. Een man en een vrouw spreken over hun vakantie naar Turkije. Ze vertaalt de gesprekken en denkt er verder niet over na. Weken gaan zo voorbij. Ze schrijft zich in voor het ene na het andere project en wordt er steeds behendiger in. Duizenden fragmenten vertaalt ze. Telkens volgt keurig de betaling via PayPal.

Geleidelijk krijgt ze een beeld van de mensen die ze beluistert. Het merkwaardige is dat de gesprekken behoorlijk actueel zijn: ze hoort over politieke gebeurtenissen of nieuws van de laatste weken. Ook opvallend: ze hoort veel jongeren met een Turkse of Marokkaanse achtergrond. En het zijn voornamelijk taxichauffeurs. Ze spreken met de centrale of onderling met elkaar. Hoe meer fragmenten ze vertaalt, des te duidelijker wordt het dat de taxichauffeurs uit de regio's Den Haag en Amsterdam komen.

Ze begint zich af te vragen hoe dit kan. Hoe komt een Australisch bedrijf aan hun communicatie? Soms werkt ze een gesprek uit dat duidelijk een chatgesprek is: korte berichtjes die door een computerstem worden voorgelezen. Ook dat bevreemdt haar: weten die mensen dat zij naar hun gesprek luistert?

*

Het contact met Robin komt tot stand op het moment dat ik vastloop als onderzoeksjournalist. Ik begrijp hoe aantrekkelijk internet is voor geheime diensten. Zonder een grens over te steken, is het mogelijk om in een ander land te spioneren. Zonder dat iemand het ziet; verborgen achter een valse identiteit of een VPN-server. Het is alleen lastig om duidelijk te maken wat daarvan de gevolgen zijn: de artikelen die ik erover schrijf zijn vaak abstract en theoretisch.

Het taboe op afluisteren is weggevallen, dat is duidelijk. De Amerikaanse NSA zit in 2012 al in meer dan 50.000 computersystemen wereldwijd. Een speciale hackeenheid van de dienst, de Tailored Access Operations, dringt via internet de routers van een organisatie binnen en installeert software op het computernetwerk. Zo heeft de NSA altijd toegang en kan de dienst data wegsluizen of een heel computernetwerk platleggen. De methode wordt steeds populairder, blijkt uit gelekte gegevens van de NSA. Binnen een paar jaar loopt het aantal geïnfecteerde computernetwerken op tot enkele miljoenen.

De techniek biedt meer mogelijkheden. Data uit glasvezelkabels filteren is praktischer dan ergens buiten een richtmicrofoon plaatsen. Per maand slaat de NSA volgens een eigen presentatie ('huidige aantallen en limieten') 312 miljard internetgegevens en 135 miljard telefoongegevens op. Dat zijn de gegevens van 19 miljard telefoongesprekken per maand. Oftewel ruim 600 miljoen per dag.

Inlichtingendienst AIVD trekt hele webfora leeg, inclusief de gegevens van mensen die geen doelwit van de dienst zijn. En wat voor de geheime dienst geldt, geldt ook voor bedrijven en overheidsinstanties: de techniek maakt een nieuw soort opsporing mogelijk die voorheen ondenkbaar was. De Belastingdienst krijgt zoveel parkeergegevens, betaalgegevens en kentekenregistraties binnen dat medewerkers automobilisten zo goed als live kunnen volgen. De politie laat misdaad voorspellen door allerhande data te combineren. Online zoeken gaat bij de politie geautomatiseerd dankzij het programma iColumbo. Rechercheurs hoeven alleen maar een zoekterm in te vullen (een e-mailadres, kenteken of gebruikersnaam) en het programma gaat automatisch aan de slag.

In de krant probeer ik duidelijk te maken *waarom* deze onderwerpen ons allemaal raken, maar betwijfel of ik daarin slaag. Dat komt ook omdat de gevolgen tot nu toe nog hypothetisch zijn: de KPN-hack door de zeventienjarige Edwin krijgt zoveel aandacht omdat de aanvaller bij de gegevens van miljoenen klanten kan. En hij *had* die toegang kunnen misbruiken (maar deed dat niet). De invoering van een nieuw Elektronisch Patiëntendossier is risicovol omdat het *mogelijk* tot privacyschendingen leidt (maar of dat zo is, is onbekend). Het kopen van WhatsApp door Facebook *kan* betekenen dat Facebook een greep in de data van WhatsApp gaat doen (wat dan nog onbekend is). Het verzamelen van metadata door Nederlandse inlichtingendiensten is kwestieus omdat het *misschien* in strijd is met de wet (maar ook dat is onduidelijk). Dit alles verklaart waarom veel mensen onverschillig zijn over de gevaren.

Mijn worsteling wordt versterkt als uit onderzoek van *NRC Handelsblad* blijkt dat er een zekere 'Snowden'-moeheid optreedt. Lezers zijn de verhalen over de NSA-klokkenluider die honderdduizenden geheime documenten meenam meer dan zat, laat een presentatie van *NRC*-hoofdredacteur Peter Vandermeersch zien. Fanatiek stuurt Vandermeersch dagelijks een top 25 van best gelezen stukken naar de redactie, vaak voorzien van commentaar welke stukken beter hadden gekund. Nu heeft hij de trends over een langere termijn in kaart gebracht. De conclusie is helder: zet 'Snowden' in een kop en lezers slaan het bericht massaal over.

De oorzaak is tweeledig. Snowden is in zekere zin een mediahype. En zoals dat gaat bij mediahypes zakt de aandacht na een tijd weer weg. Maar er speelt ook iets wezenlijkers: het is voor veel mensen niet duidelijk *waarom* de artikelen over afluisteren en hacken belangrijk zijn. En dus haken ze op een bepaald moment af. De artikelen gaan vaak over wetten, samenwerkingen of incidenten, en te weinig over de achterliggende systematiek en de directe gevolgen voor burgers. Wat zegt het dat de NSA in 50.000 computersystemen is binnengedrongen als je je daar geen voorstelling van kunt maken? En ook de gevolgen ('leidt tot privacyschendingen') zijn vaak niet tastbaar. Voor wie? En hoe? En wat houdt dat concreet in?

Het is tijd voor een volgende stap. Ik moet nóg dichterbij zien te komen. Wat betekent het voor een samenleving als overheden en geheime diensten toegang hebben tot steeds meer data? Precies op dat moment krijg ik een mail van een vrouw die een 'ervaring wil delen'. Soms is journalistiek gewoon geluk hebben.

*

Robin bestelt een cola light en vertelt verder. Maandenlang werkt ze de gesprekken uit van tientallen onwetende Nederlanders. Haar ongemak neemt steeds verder toe. Op een dag hoort ze iemand vanuit een auto een voicemail inspreken. Het gaat over een zakelijke deal. Ze schrikt. 'Ik hoorde de stem van mijn ex-vriend, ik wist het zeker.' Even denkt ze dat ze gek wordt, maar dan krijgt ze een overduidelijke bevestiging: in een volgend fragment belt hij een vrouw en gebruikt hij een koosnaampje dat hij ook voor haar gebruikte. Robin: 'En dat is geen alledaags koosnaampje. Ik viel zowat van m'n stoel.'

Ze belt hem op. Ze wil weten of hij meewerkt aan dit project. 'Zo naïef was ik kennelijk.' Hij reageert onthutst. Eerst wil hij haar niet geloven, maar ze kan details geven uit de gesprekken die ze zojuist heeft gehoord. Gesprekken die een paar weken eerder plaatsvonden. Hij begrijpt het niet: nooit heeft hij iemand toestemming gegeven om mee te luisteren. Hij belt via Vodafone maar kan zich niet voorstellen dat zijn provider zomaar privécommunicatie doorspeelt aan een Australisch bedrijf.

Na deze ervaring stopt Robin met de vertaalklussen. Het zit haar niet lekker. Duizenden, zo niet tienduizenden privégesprekken heeft ze gehoord van mensen die daar niet van op de hoogte zijn. Ze piekert zich suf hoe dat kan. Ernaar vragen bij Appen durft ze niet: ze vertrouwt ze voor geen meter. Robin doet wat eigen onderzoek maar komt niet ver. Jaren laat ze het liggen, maar vergeten doet ze het niet – en als het NSA-afluisterschandaal begint, moet ze er iets mee doen.

Als ze mij bij *De Wereld Draait Door* ziet in een item over afluisteren, besluit ze een mail te sturen. Ik vraag haar tijdens ons gesprek om zo veel mogelijk details, om bewijzen dat ze écht bij Appen werkte en daarvoor ook betaald kreeg. Ze laat mails en rekeningafschriften zien. Ze geeft me het nummer van haar ex-vriend. Als ik hem bel, bevestigt hij Robins verhaal. Hoewel het inmiddels jaren geleden is, staat het hem nog helder voor de geest. Hij heeft nog altijd geen idee waarom juist hij is afgeluisterd.

Dit zijn twee hoogopgeleide mensen met een goede baan. Geen complotdenkers maar nuchtere personen die zorgvuldig formuleren. Ze hebben er geen enkel belang bij om de zaak te overdrijven: ze koesteren geen wrok tegen Appen, ze zijn vooral verbaasd. Ze vertellen erover omdat de gebeurtenis indruk maakt. In de maanden na onze afspraak op Schiphol hebben we geregeld contact. Ze stuurt me allerlei bewijzen door: de inschrijving bij het bedrijf, de vertaalopdrachten die ze deed, nieuwe opdrachten die binnenkomen. Ik kan het allemaal controleren en gebruiken, op voorwaarde dat ze anoniem blijven. Wat is hier in hemelsnaam aan de hand?

*

Doorgaans werkt het zo na het krijgen van een tip: je vraagt als journalist eerst de tipgever het hemd van het lijf en gaat vervolgens aan de slag met die informatie. Wat is er al bekend? Wie kan me er meer over vertellen? En hoe en waar is bevestiging te vinden voor het nieuws? Maar de nieuwe techniek maakt dit journalistieke onderzoekswerk anders. Tegenwoordig valt of staat een verhaal met de juiste interpretatie van *hoe* de techniek werkt.

Als de NSA-affaire uitbreekt, probeer ik uit te vinden waar buitenlandse geheime diensten in Nederland afluisteren. Een logische plek zou de AMS-IX zijn, het Prins Clausplein van het internet in Amsterdam. Iedere persoon die ik spreek, heeft een andere theorie. 'Je moet nét buiten de datacentra kijken, dat is de makkelijkste plek om te tappen,' zegt de een. 'Ik zou zeker bij de kasten kijken waar de verbindingen worden gemaakt. Daar wil je zitten,' zegt een ander.

Eén iemand weet te vertellen dat AMS-IX een perfecte afluisterplek zou zijn én dat het knooppunt al vroeg is overgegaan op apparatuur van het Amerikaanse Glimmerglass. Dat zou mogelijk een aanwijzing kunnen zijn. Dan zie ik een folder van Glimmerglass opduiken in de *spyfiles* – gelekte spionagedocumenten –

van WikiLeaks. Daarin staat dat de apparatuur ook populair is bij Amerikaanse inlichtingendiensten. Hebbes. Totdat iemand me vertelt dat het gebruik van Glimmerglass op zich niets te betekenen heeft: het ligt eraan *hoe* de apparatuur is geïnstalleerd en wie er toegang toe heeft. Daarmee ben ik weer terug bij af.

Hoe ingewikkeld het is, blijkt als het gaat over de interpretatie van techniek. Of, in andere woorden: wat technologie kan. Want wat voor de een overduidelijk lijkt, hoeft dat voor een ander niet te zijn.

Zo schrijf ik een verhaal over een lek in besturingssysteem Android dat is ontdekt door onderzoekers van de Vrije Universiteit in Amsterdam. Miljoenen mensen gebruiken apparaten die op Android draaien, het is veel populairder dan iOS van Apple. Aan de Amsterdamse Boelelaan laat een onderzoeker van de VU me zien hoe hij binnenkomt: als hij toegang heeft tot iemands internetbrowser, kan hij diens Google-gebruikersnaam achterhalen. En omdat Google één gebruikersnaam hanteert voor allerlei applicaties – en dus ook voor de Android-telefoon – kan hij via de browser een app op de telefoon van het slachtoffer plaatsen. Vervolgens kan hij die app ongemerkt activeren om controle te krijgen over de telefoon. Daarna is alles mogelijk: camera aanzetten, apps vervangen door kwaadaardige versies, berichten onderscheppen, malware installeren. Op deze wijze kan hij zelfs iemands DigiD, ING Bankieren- en PayPal-account manipuleren.

Na publicatie krijg ik kritiek van deskundigen. Want hoe 'makkelijk' is het voor hackers om dit lek te misbruiken als onderzoekers al allerlei ingewikkelde stappen moeten zetten? Voor hen is het misschien niet zo ingewikkeld, maar voor hackers hoeft dat niet te gelden. En kun je het eigenlijk wel een lek noemen? Is het niet gewoon een kwetsbaarheid die samenhangt met de voorkeur van Google om één gebruikersnaam te hanteren voor alle services? Een woordvoerder van Google brengt ertegen in dat als een hacker iemands gebruikersnaam en wachtwoord heeft, je sowieso de klos bent. Dat is óók waar. En zo wordt het een definitiekwestie: wat voor de een evident een lek is, hoeft dat voor een ander niet te zijn.

Het wordt nog complexer als de techniek in handen is van geheime diensten. Berucht is een verhaal van persbureau Bloomberg dat claimt dat China middels chips ter grootte van een rijstkorrel bij minstens dertig grote Amerikaanse bedrijven zou spioneren. De chips zouden verstopt zijn in de printplaten van computerservers. 'The Big Hack' heet het artikel van Bloomberg, dat zich baseert op anonieme bronnen.

Het zou een gigantisch afluisterschandaal zijn, maar in de weken na de publicatie komen grote bedrijven als Apple en Amazon met opvallend harde ontkenningen. Volgens die bedrijven wijst niets erop dat het verhaal klopt. Onderzoekers hebben de printplaten eindeloos onderzocht en zijn nooit op geheime chips gestuit. Ook de Britse en Amerikaanse overheid weerspreken het verhaal van Bloomberg.

Als de NSA-documenten van Snowden in de openbaarheid komen, verschijnen de wildste afluisterverhalen. In verschillende Europese landen luisteren de Amerikanen op grote schaal het telefoonverkeer af, stellen media in Noorwegen, Spanje, Frankrijk. Maar klopt dat wel? Is het mogelijk om die conclusie te trekken op basis van de door Snowden gelekte data? De NSA-presentatie waarop de journalisten zich baseren – *Boundless Informant* – geeft geen definitieve antwoorden. Per land blijkt er een grafiek te bestaan met aantallen (voor Nederland 1,8 miljoen), het soort onderschepte informatie en welke techniek daarvoor is gebruikt. Nergens staat *wie* de communicatie onderschepte, om *welke* communicatie het gaat en *waar* precies.

Na maanden blijkt dat niet de NSA, maar de Europese landen zélf de gesprekken afluisterden en vervolgens aan de NSA doorgaven. Veel media blijken een verkeerd beeld te hebben en zelfs minister Ronald Plasterk – die in Nederland verantwoordelijk is voor de AIVD – weet ondanks de informatie die hem ter beschikking staat niet hoe het in elkaar steekt: hij zegt in actualiteitenprogramma *Nieuwsuur* dat het waarschijnlijk is dat Amerikanen

1,8 miljoen telefoongesprekken van Nederlanders hebben onderschept. In werkelijkheid heeft de Nederlandse MIVD 1,8 miljoen telefoongesprekken in Somalië afgetapt en aan de NSA doorgegeven.

*

Soms duurt het jaren voordat echt duidelijk is hoe het zit. Er blijkt namelijk een veel groter verhaal schuil te gaan achter die 1,8 miljoen telefoongesprekken die door de MIVD zijn afgeluisterd.

Het lijkt op het eerste gezicht simpel: de MIVD onderschept in het Friese Burum met de bekende, witte schotels satellietcommunicatie. En als Nederland in 2012 meedoet aan een antipiraterijmissie voor de kust van Somalië, haalt de MIVD in Burum ook Somalisch telefoonverkeer uit de lucht. Het Midden-Oosten en Noord-Afrika vallen binnen het bereik van de Friese schotels. Sigint heet dit: *signals intelligence*. In normaal Nederlands: inlichtingen verzamelen uit signalen.

De MIVD erkent dat ze de telefoongesprekken verzamelde, dat ze over Somalië gaan én dat ze aan de NSA werden gegeven. Toch liep dit niet via Burum. Als de Nederlanders het commando voeren over de NAVO-missie voor de kust bij Somalië wil de MIVD, zo lees ik in een NSA-document, vóór de kust Somalisch telefoonverkeer afluisteren. 'In het geheim werd een sigint-team op het Nederlandse schip HMS Rotterdam geplaatst', staat er in de vertrouwelijke Amerikaanse presentatie. Daar is gespecialiseerde apparatuur en software voor nodig. En die heeft de MIVD niet. Kunnen de Amerikanen die spullen misschien leveren? vraagt de MIVD.

Ja, luidt het antwoord. 'De NSA heeft geen toegang tot Somalische (...) communicatie', aldus een Amerikaans document. De NSA helpt de MIVD en in ruil voor de apparatuur geeft de MIVD de inlichtingen die het verzamelt op het schip door aan de Amerikanen. Zo werkt dat tussen geheime diensten: voor wat hoort wat.

De NSA is blij met de Nederlandse inlichtingen. De Amerikanen voeren namelijk geheime operaties uit in Somalië: met onbemande vliegtuigen waaronder bommen hangen, bestoken ze de terroristische organisatie Al-Shabaab. *Targeted killings* noemen de Amerikanen dat: in feite zijn het standrechtelijke executies. Zonder enige vorm van proces sturen de VS vanuit een onbemand vliegtuig een raket op een terrorismeverdachte af. Het Nederlandse regeringsstandpunt is dat deze executies buiten oorlogsgebied illegaal zijn. Nederland steunt ze dus niet.

De Amerikanen vertrouwen bij hun geheime acties vooral op inlichtingen uit computers en telefoons, sigint dus. Zeker in Somalië, waar vandaan de dichtstbijzijnde Amerikaanse luchtmachtsbasis op ruim 1000 kilometer ligt in het iets noordelijker gelegen land Djibouti. In documenten die de Amerikaanse website The Intercept publiceert, staat dat de Amerikanen in 2011 en 2012 niet voldoen aan de minimumvereisten voor het verzamelen van betrouwbare inlichtingen. Voordat de verdachte wordt geliquideerd moet hij eerst worden gevolgd door een drone met camera om zo de bevestiging te krijgen dat hij daadwerkelijk is wie hij is. Door een tekort aan onbemande vliegtuigen en afstand van de basis in Djibouti gebeurt dat niet.

Het ontbreken van betrouwbare inlichtingen ondervangen de Amerikanen onder meer met een programma dat Armada Sweep heet, '*a ship based collection system*'. En dat is precies wat de MIVD doet.

Slimme computers van de NSA verwerken die onderschepte gesprekken razendsnel en maken netwerkanalyses waarin te zien is wie met wie in contact staat. Amerikaanse inlichtingendiensten, vertelt een bron aan The Intercept, selecteren hun doelwitten vervolgens op basis van deze netwerkanalyses. Ze koppelen een simkaart of IMEI-nummer – het unieke nummer van een telefoon – aan een persoon en brengen vervolgens de locaties van die telefoon in kaart. Zo krijgen de Amerikanen terrorismeverdachten letterlijk in hun vizier.

Ze slaan toe als ze een geschikt moment vinden. De Amerikaanse bron tegen The Intercept: 'Als de bom landt (...), weten we dat de telefoon daar is. Maar we weten niet wie erachter zit of 'm vasthoudt.' Een bom op een simkaart. In Jemen en Somalië wordt in meer dan de helft van de gevallen via metadata een doelwit gekozen. Een Amerikaanse dronepiloot bevestigt dit. 'Dat wist ik omdat in de inlichtingenrapporten die ik na afloop van de executie las, stond: "Deze missie is gebaseerd op sigint."'

Zondag 26 januari 2014 vindt zo'n Amerikaanse aanval plaats. CNN onderbreekt er een nieuwsuitzending voor: 'We krijgen net details binnen van een aanval op een militante groep in het zuiden van Somalië,' zegt de presentator. Het doelwit zou een hooggeplaatst persoon van de terroristische groepering Al-Shabaab zijn. Barbara Starr, verslaggever van *CNN*, meldt telefonisch dat het Amerikaanse leger 'goede redenen' had om hem aan te vallen.

*

'Ik was die zondag 26 januari ook in het zuiden van Somalië,' vertelt een Somalische herder. Met *Volkskrant*-collega Maud Effting zit ik in een bedompt zaaltje ergens in het centrum van Amsterdam.

Ik had een tijd niet meer aan Somalië en het afluisteren door de MIVD gedacht, was met andere verhalen bezig, toen een bron belde. Hij vertelde dat twee Somalische mannen slachtoffer waren van een Amerikaanse drone-aanval en dat ze in contact waren gekomen met Nederlandse advocaten.

Ik wilde de Somalische mannen graag zelf spreken. Naar Somalië gaan bleek nagenoeg uitgesloten: het is een oorlogsgebied en *de Volkskrant* zou duizenden euro's kwijt zijn aan verzekeringen en beveiliging. Ook een videogesprek was moeilijk: daarvoor moesten de mannen van het zuiden van het land naar de hoofdstad Mogadishu. Een gevaarlijke reis die dagen duurde en waarvoor beveiliging nodig was. De enige optie was dat ze in een safehouse in de hoofdstad met een tolk en via Skype hun verhaal zouden doen.

De eerste man die we spreken, is Omar Mohammud Ali. Hij is een Somalische herder. Omar vertelt dat hij die bewuste zondag met zijn kudde van veertig schapen en geiten op een uitgestrekte vlakte rond de zuidelijke plaats Haaway liep. Zijn twee dochters Saharo (9) en Nimo (8) waren bij hem. De meisjes letten graag op de geiten.

Wanneer Omar vlak bij de weg tussen de steden Haaway en Baraawe is, hoort hij ineens auto's aankomen. 'Pick-ups,' vertelt hij. 'Het waren er veel. Minstens vijf of zes en ze reden heel hard. In de auto's zaten mannen met wapens. Ik had ze daar al vaker gezien.'

Het zijn leden van Al-Shabaab. Omar verbergt zich achter een boom op tien meter van de weg. Al-Shabaab terroriseert geregeld de lokale bevolking. De groep ontvoert jonge mannen of steelt geld en vee. 'Ga je verstoppen,' roept Omar tegen zijn dochters. De meisjes rennen richting de bomen. Ze zijn nog niet halverwege als Omar overeind komt. Hij wil naar zijn dochters toe.

Dan, vanuit het niets, klinken oorverdovende knallen. *Djoek. Djoek.*

De grond trilt. Omar wil opkijken als er nog een klap volgt.

'Papa!' gilt Nimo. 'Papá!'

Omar is geraakt. 'Het voelde alsof er een steen door mijn been ging,' zegt hij. 'En er was iets met mijn hoofd gebeurd. Ik kon niets meer zien.' Overal is rook, overal zijn grote wolken zand. Dan wordt het zwart.

Omar is met een bevriende herder in het gebied, Nuur Osman Gurey, die naast hem zit. Hij vertelt verder. Na de knallen ziet Nuur zwarte rook en hoge vlammen. Hij rent ernaartoe. Hij ziet terreinwagens branden en vindt Omar bewusteloos op de grond. In zijn hoofd zitten raketscherven, zijn been ligt open. Overal is bloed. Verderop liggen dode schapen, geiten en koeien.

Dan ziet hij tussen het dode vee de lichamen van Omars dochters. Nimo is getroffen in haar buik, maar ze leeft nog. Saharo is dood. Omars vriend Nuur pakt het lijkje op en draagt het al rennend kilometerslang naar de moeder. Andere leden van de stam zijn intussen toegesneld om de gewonden te helpen. Omar krijgt er niets van mee. Pas veel later ontwaakt hij in een ziekenhuisbed in het verderop gelegen stadje Merca. Daar hoort hij van zijn vrouw dat zijn beide dochters zijn omgekomen bij de aanslag. Nimo is overleden aan inwendige bloedingen.

Het been van Omar is er slecht aan toe. De dokters willen het amputeren, maar dat betekent dat hij geen herder meer kan zijn. Hij weigert dagenlang. Als het been uiteindelijk zwart ziet, geeft hij toe. Geld voor een prothese is er niet. Hij krijgt krukken mee.

Over het lot van getroffen herders als Omar is nauwelijks iets bekend in het Westen. Media kunnen geen onderzoek doen in het gevaarlijke Somalië. Ze zijn afhankelijk van wat bronnen bij het Amerikaanse leger ze vertellen. En als die al iets over hun geheime missies in Somalië loslaten – zoals tegen CNN – dan gaat het niet over burgerslachtoffers. Terrorismebestrijding is ook pr; je benadrukt de successen, niet de nevenschade.

Omar is het persoonlijke verhaal achter de inlichtingendeal tussen de Nederlandse MIVD en de Amerikaanse NSA. Zijn trieste relaas laat zien wat de gevolgen zijn van een heilig vertrouwen in de techniek. Op welke inlichtingen baseerden de Amerikanen zich toen ze hun raket afvuurden? Al-Shabaab-leider Godane, volgens Amerikaanse bronnen was hij het doelwit van de aanval, werd niet gedood. Het is zelfs de vraag of hij überhaupt in de buurt was. Deze kwestie roept ingewikkelde vragen op: is Nederland verantwoordelijk voor wat de Amerikanen met Nederlandse inlichtingen doen? Of, nog een stap verder: is Nederland medeverantwoordelijk voor de dood van Omars dochters?

Geheime diensten houden hun lippen stijf op elkaar. Als we naar de MIVD gaan voor weerwoord, is de reactie kribbig. Twee analisten zijn duidelijk geërgerd dat we documenten over interceptie bij Somalië in handen hebben. Die informatie is staatsgeheim en hoort niet bij ons, vinden ze. Wij op onze beurt vinden dat hun weerwoord belangrijk is – ook om te voorkomen dat we documenten publiceren waarop informatie staat die legitieme operaties kan verstoren.

Maar de MIVD-analisten willen niets kwijt. Ook niet welke informatie volgens hen te gevoelig is of mensenlevens in gevaar kan brengen. Zouden ze dat wel zeggen, zo is hun redenering, dan onthullen ze nieuwe staatsgeheimen. Het leidt tot een ongemakkelijke impasse, totdat de woordvoerder van Defensie een oplossing bedenkt: de journalisten moeten buiten wachten, de analisten vertellen hém welke informatie legitieme operaties verstoort, waarna hij het ons zal meedelen. Maar ook na deze truc blijft de spanning, want wij willen niet toezeggen dat we informatie gaan censureren. De MIVD is er niet gerust op. De volgende dag dreigen woordvoerders met een kort geding om publicatie tegen te houden. Uiteindelijk zet Defensie niet door.

Of er inderdaad Nederlandse inlichtingen gebruikt zijn bij de aanval waar Omar en zijn dochters slachtoffer van werden, zal onbekend blijven: geheime diensten vertellen elkaar niet wat ze met de inlichtingen doen. Zoals de Nederlanders hun methoden geheimhouden, zo doen Amerikanen dat ook. Om procedures te beschermen en omdat ze geloven dat het de veiligste manier van werken is. Als inlichtingen of methoden uitlekken, kan dat mensen in gevaar brengen en een tegenstander helpen. Het belang van de staat weegt zwaarder dan het belang van een individu.

Desondanks neemt de Tweede Kamer eind 2013 een motie aan waarin wordt verzocht om ‘expliciet als voorwaarde voor het delen van inlichtingen te stellen dat deze niet gebruikt worden voor illegale targeted killings’. Hiermee wil de Kamer verhinderen dat Nederlandse inlichtingen gebruikt worden bij een aanval zoals op Omar. Minister van Defensie Jeanine Hennis zegt toe de motie uit te voeren. Alleen: de Nederlandse overheid kán helemaal niet bepalen wat Amerikanen met hun informatie doen. Het staat de NSA volledig vrij de inlichtingen naar eigen inzicht te gebruiken. Dat weet Hennis, die politiek verantwoordelijk is voor de MIVD. Ook al zou de NSA vooraf beloven de Nederlandse inlichtingen niet voor targeted killings te gebruiken, is controle van die toezegging uitgesloten: de NSA geeft niemand toegang tot systemen. Zoals de MIVD of AIVD ook geen Amerikanen in Nederlandse systemen zou toestaan. Hennis' belofte is daarmee niets waard.

Toch is het voor de politiek de enige manier om een zekere mate van controle op het werk van geheime diensten te houden. In de jaren daarna zal de toezichthouder strenger toezien op het delen van informatie met buitenlandse partners. Er komen zogeheten 'wegingsnotities' om te bepalen of een land zich aan mensenrechtenverdragen houdt voordat er inlichtingen uitgewisseld worden.

Omar was de ongelukkige getuige van een afrekening door Amerikaanse geheime diensten. Zijn tragische lot is ook een gevolg van de voortschrijdende technologie. De Amerikanen zijn na 11 september wereldwijd de oorlog tegen terrorisme gaan opvoeren. Drones zijn daarbij onmisbaar geworden.

Ik heb de werking ervan met eigen ogen gezien. Amerikaanse piloten zitten in gekoelde containers op luchtmachtbases in Nevada en New Mexico en kijken naar beeldschermen. Met een joystick besturen ze een vliegtuig dat tienduizend kilometer verderop boven landen als Pakistan, Afghanistan, Jemen en Somalië vliegt. Het vliegtuig is niet zichtbaar vanaf de grond, maar de militairen in de containers in de Verenigde Staten die ze besturen kijken wél mee met het leven op straat beneden. De camera van de drone is zo scherp dat hij een voetbal tussen spelende kinderen kan herkennen.

De militairen zitten acht tot tien uur in hun stoelen. Met z'n tweeën besturen ze één drone: de een houdt het ding in de lucht, de ander hanteert de sensor die bepaalt waar een raket neerkomt. Via hun koptelefoons krijgen ze instructies van inlichtingenmedewerkers: 'ga nu naar die stad', 'blijf deze personen volgen' of 'nu uitschakelen'. Ze kennen deze inlichtingenmedewerkers, vaak van de CIA, niet en weten ook niet waar die zich bevinden. Met een druk op een knop kunnen ze een Hellfire-raket lanceren die in 15 seconden en met 1500 kilometer per uur naar beneden stort. Na hun shift stappen ze de gekoelde containers uit, de hete woestijnlucht in. Drinken ze met collega's een cola, halen kinderen van school en kijken thuis een Netflix-serie.

Het is geen wonder dat Amerikanen er dol op zijn: zonder gevaar voor Amerikaanse slachtoffers kunnen de onbemande vliegtuigen wereldwijd terroristen uitschakelen. President Barack Obama voerde het aantal aanvallen met drones tijdens zijn presidentschap enorm op. Volgens hem zijn de executies 'preciezer' en 'effectiever' dan wanneer Amerikaanse militairen ze ter plekke uit zouden voeren.

Maar er is ook een keerzijde. De CIA en het Amerikaanse leger die de aanvallen uitvoeren, doen geen mededelingen over de burgerslachtoffers. Een dronepiloot vertelt dat hij in Afghanistan een huis in de gaten moest houden. Na een paar uur krijgt hij de opdracht om te vuren. Er zou een hoge Talibanleider aanwezig zijn. Hij richt de sensor op de hoek van het huis, de raket suist naar beneden. Vlak voor de inslag ziet hij iets bewegen. Er rent iets rond het huis. De raket slaat in en als de rookwolk is opgelost staat er niets meer. Het huis is verwoest. 'Was dat een kind?' vraagt de piloot aan een inlichtingenmedewerker die ergens ter wereld meekijkt. Die antwoordt: 'Schrijf het rapport. Het was een hond.' De piloot weet zeker dat het een kind was. Zijn team doodt in zes jaar tijd 1626 personen.

Het internationale onderzoekscollectief The Bureau of Investigative Journalism probeert het aantal burgerdoden sinds 2004 door schattingen en ooggetuigenverslagen bij te houden. De laatste stand: 6786 bevestigde aanvallen met onbemande vliegtuigen, rond de 10.000 personen gedood, van wie tussen de 800 en 1700 burgerdoden en minimaal 253 gedode kinderen.

Vaak is onduidelijk of het doelwit überhaupt getroffen wordt. Zo ook bij de aanval waar Omar het slachtoffer van werd. Inlichtingen hadden uitgewezen dat Al-Shabaab-leider Godane in een van de terreinwagens moest zitten. Vervolgens drukten de piloten in de Verenigde Staten op de knop. Godane werd niet gedood – twee onschuldige meisjes wel.

*

Robin en ik sturen elkaar nu al tweeënhalf jaar berichten. De zoektocht verloopt moeizaam. Haast niemand in Nederland blijkt het Australische Appen te kennen. Op LinkedIn vind ik andere Nederlandse oud-medewerkers van Appen. Ze zijn huiverig om af te spreken met een journalist. Hoewel ze niet meer voor het bedrijf werken, kunnen ze niets zeggen omdat ze een geheimhoudingsverklaring hebben getekend.

Dan maar een andere route. Als niemand Appen kent of er iets over wil zeggen, kunnen deskundigen misschien een mogelijke verklaring geven waarom Nederlandse privégesprekken door Robin in Engeland zijn beluisterd en getranscribeerd. Eerst spreek ik *speech-to-text*-expert Ralph Biesbrouck, die met vergelijkbare software werkt. Hij vertelt dat hij nooit aan het soort ruwe databestanden kan komen waarover Robin vertelt. 'Waarom Appen dat wel kan, is speculeren.' Volgens hem zijn geheime diensten buitengewoon geïnteresseerd in het omzetten van spraak naar tekst.

Het is een voor de hand liggende gedachte: de techniek stelt inlichtingendiensten in staat om steeds meer gesprekken te onderscheppen, maar het beluisteren daarvan kost net zoveel tijd als vroeger. Teksten daarentegen zijn eenvoudig geautomatiseerd te doorzoeken op steekwoorden.

Een voorbeeld: als Nederland het leger naar de Afghaanse provincie Uruzgan stuurt, rekruteert de MIVD dertig personen die Dari-Perzisch spreken. Om ervoor te zorgen dat deze mensen, van wie sommigen asielzoekers, met vertrouwelijke informatie om kunnen gaan en ze zich écht aan de dienst binden, krijgen familieleden ook een verblijfsvergunning. En dit blijkt een troefkaart.

De NSA, een organisatie met een budget dat even groot is als dat van het hele Nederlandse ministerie van Defensie, kampt met een tekort aan goede vertalers. Nederland speelt daar handig op in: als de NSA afgetapte gesprekken aan Nederland doorgeeft, zal de MIVD de informatie in Nederland vertalen. Op deze manier krijgt de MIVD tijdelijk exclusieve toegang tot de inlichtingen van de machtige Amerikanen. Technici zorgen voor een beveiligde kabelverbinding op de bodem van de Atlantische Oceaan.

Maar machines vertalen sneller dan tolken en daarom proberen geheime diensten dit proces al langer te automatiseren. Als ik inlichtingenexpert Constant Hijzen met het verhaal van Robin confronteer, denkt hij meteen aan een geheime dienst. 'Grotere geheime diensten hebben moeite met het verwerken van data. Het is logisch dat zij software willen ontwikkelen om die data sneller te kunnen gebruiken.' Maar Appen is toch geen geheime dienst, werp ik tegen. Dat klopt, zegt Hijzen. 'Maar Britse en Amerikaanse diensten werken geregeld samen met het bedrijfsleven.'

Ik bel ook twee personen die bij grote telecombedrijven werken en bekend zijn met aftapverplichtingen. Zij mogen alleen anoniem hun verhaal doen en zijn eensgezind: gesprekken en data van hun klanten mogen onder geen beding aan derde partijen worden doorgegeven, *behalve* als het politie- of veiligheidsdiensten zijn. Zij kunnen onafhankelijk van elkaar maar één scenario bedenken waarom het gesprek van de ex-vriend van Robin bij Appen terecht is gekomen: een geheime dienst heeft ergens Vodafone-communicatie afgetapt en aan Appen verstrekt om de software die data omzet in tekst beter te maken.

Tot slot wend ik mij tot René Pluijmers. Hij is telecomexpert van het Nationaal Forensisch Onderzoeksbureau en wordt vaak geconsulteerd in rechtszaken. Digitaal bewijs wordt steeds belangrijker in de rechtszaal. Maar rechters zijn volgens Pluijmers mensen met veelal een alfa-achtergrond; ze hebben te weinig kennis om de techniek goed te doorgronden. Hij geeft een voorbeeld. Na een schietpartij pakt de politie een man op die door getuigen als dader is aangewezen. De man verklaart zelf tijdens het incident met een vriend gebeld te hebben. Een leugen volgens de politie: haar onderzoek wijst uit dat zijn telefoon geen contact heeft gemaakt met de dichtstbijzijnde telefoonmast. En dat hij dus niet heeft gebeld.

Pluijmers voert op verzoek van de advocaat een second opinion uit. 'Ik zag dat zijn telefoon ook met een andere mast contact kon hebben. Beide signalen waren even sterk. De meting van de politie was dus niet zorgvuldig.' Mede door Pluijmers' onderzoek wordt de verdachte vrijgesproken. 'Anders was hij zeker veroordeeld. Dat is een schokkende constatering.'

Ik leg Pluijmers alle details voor die ik van Robin heb gekregen. Ook hij denkt meteen aan een geheime dienst en heel specifiek aan de Britse. 'De Britse GCHQ tapt tientallen glasvezelkabels en heeft sinds 1981 ervaring met spraakherkenning,' vertelt hij. 'Zij hebben bovendien een groot belang om gesprekken en data geautomatiseerd te identificeren. Aan Appen kunnen ze getapte gesprekken geven om de software te verbeteren.' Het klinkt logisch: door een Australisch bedrijf te kiezen in plaats van een Brits, is er op het oog minder reden tot wantrouwen.

Daarna bel ik met Vodafone, de provider van de ex-vriend van Robin. De woordvoerder is stellig: 'Vodafone Nederland werkt niet samen met het bedrijf Appen, ook hebben we in het verleden niet met ze samengewerkt.' Appen zegt evenmin samen te werken met 'telecombedrijven', maar wil niet reageren op de vraag of dat ook geldt voor opsporingsdiensten. 'We kunnen geen details geven van het werk dat we voor onze klanten doen.' Appen zegt dat als het bedrijf data verzamelt, dat gebeurt met instemming van 'deelnemers'. 'Alles wordt gedaan met hun toestemming.' Maar de ex-vriend van Robin heeft nooit toestemming gegeven voor het delen van zijn gesprekken.

Zoals vaak blijven er ook nu vragen onbeantwoord. De deskundigen denken allemaal hetzelfde maar bewijzen kunnen ze het niet. Dichterbij kan ik niet komen: als dit het werk van de Britse geheime dienst is, zal de bevestiging waarschijnlijk nooit komen.

Toch levert de informatie een nieuw inzicht op. Dankzij techniek is het aftappen van communicatie wereldwijd makkelijker geworden. De Britse afluisterdienst GCHQ behoort tot de beste en machtigste diensten. Er gaan nóg meer data door hun systemen dan bij de NSA: dagelijks ontvangt GCHQ in 2011 het ongelooflijke aantal van 50 miljard stuks internet-metadata. Daar komen 600 miljoen stuks telefoon-metadata per dag bij. Oftewel de gegevens van bijna 100 miljoen telefoongesprekken. Op drie plekken tapt GCHQ structureel twintig belangrijke glasvezelkabels af.

Dat betekent dat als datapakketjes Nederland verlaten er een grote kans is dat ze door de zeef van de Britse geheime dienst gaan. Internet houdt zich niet aan grenzen of Kamermoties. Ook al mogen buitenlandse diensten in Nederland geen privécommunicatie onderscheppen, als Vodafone voicemailcommunicatie en telefoongesprekken via een datacenter in Engeland laat lopen, kan niemand verhinderen dat GCHQ meekijkt. Zelfs kan de Britse dienst naar Vodafone stappen en Nederlandse communicatie opvragen. Er is geen Nederlandse wet die dat verhindert.

Dát is een belangrijk gevolg van digitalisering: we zijn de controle over persoonlijke informatie kwijt. Een gebeurtenis in België maakt duidelijk waarom dat zorgwekkend is.

6

Een veelkoppige slang

Enigszins aangeschoten bel ik vanuit de Thalys mijn chef bij *de Volkskrant*. 'Het is rond. Het laatste puzzelstukje is gevonden.' Met een Belgische bron heb ik urenlang in een Brusselse kroeg gezeten terwijl de ene na de andere La Chouffe op tafel kwam. Bij elk nieuw glas werd de bron loslippiger en uiteindelijk vertelde hij over de spionage bij Belgacom.

Belgacom is het Watergate van de spionnenwereld: Britse en Amerikaanse geheime diensten die op heterdaad worden betrapt in het hart van Europa. Meer dan vier jaar houdt de zaak me bezig, ik schrijf er twee grote reconstructies over. Telkens komen nieuwe vragen op. Hoe kwamen de Britse en Amerikaanse spionnen eigenlijk binnen? Wat deed de Belgische overheid toen ze erachter kwam dat bondgenoten Groot-Brittannië en de Verenigde Staten het kleine België hadden aangevallen? En waarom nou juist Belgacom? Waarom is dat Belgische telecombedrijf zo cruciaal?

Niet eerder heb ik van zo dichtbij de gevolgen van digitalisering aanschouwd. De Britten en Amerikanen blijken diep in een Belgisch kroonjuweel te zitten. Jarenlang hebben ze toegang tot de grootste Belgische telecomprovider en daarmee ook tot alle klanten van het bedrijf: wereldwijd regelt Belgacom het telefoon- en dataverkeer voor 1100 bedrijven, waaronder maar liefst 500 mobiele 'operators' zoals KPN en T-Mobile. De spionnen kunnen overal bij: zelfs bij het telefoonverkeer van de NAVO, de Europese Commissie en het Europees Parlement.

Maar het is vooral de ingenieuze wijze waarop ze het doen, die kenners versteld doet staan. De mensen die het met eigen ogen zien, noemen het nog steeds het knapste wat ze ooit zijn tegengekomen. Zo verfijnd, zo moeilijk te vinden, zo goed. Jaren voor de grote aanval knutselen de beste technisch experts van de

Amerikaanse NSA en het Britse GCHQ al aan het aanvalswapen. Teams van beide diensten discussiëren urenlang over het aanvalsplan. Niets wordt aan het toeval overgelaten. Dit mag niet mislukken en het gaat ook niet mis: eind 2010 sluipen Britse en Amerikaanse digitale spionnen ongezien Belgacom binnen.

Eén ding kunnen ze niet voorzien: dat NSA-medewerker Edward Snowden alle details over de staatsgeheime operatie op een usb-stick zet en die aan journalisten doorspeelt. In het najaar van 2013 komen ze ook terecht bij de Schotse onderzoeksjournalist Ryan Gallagher. De bedeesde dertiger schrijft voor Britse en Amerikaanse media over nationale veiligheid en privacy als de NSA-discussie oplaait. Hij maakt al snel internationaal furore en voegt zich bij Glenn Greenwald, de journalist die van Snowden de NSA-documenten krijgt, en gaat schrijven voor diens onderzoekssite The Intercept. Ryan Gallagher behoort wereldwijd tot het handjevol journalisten dat toegang krijgt tot de honderdduizenden geheime documenten.

Ik ontmoet Ryan voor het eerst in Brazilië, tijdens een bezoek aan Greenwald. Belgacom heeft meteen onze interesse: het is de digitale roof van de eeuw en er is tastbaar bewijs van. In de Snowden-documenten staan prachtige details. Hoe de Britten bijvoorbeeld een systeembeheerder van Belgacom selecteren en via hem hun geavanceerde aanvalswapen het bedrijf binnen krijgen. Maar we weten allebei dat er meer nodig is: bronnen die bereid zijn te praten. Die de technische informatie van context en duiding willen voorzien.

Het reconstrueren van een inlichtingenoperatie van de machtigste diensten kan ik niet alleen. Met wat geluk zou ik misschien een Nederlandse bron kunnen vinden die iets over Belgacom kan vertellen, een Belgische bron is al een stuk ingewikkelder, laat staan een Britse of Amerikaanse. Dat kost jaren. Ryan heeft hetzelfde probleem: hij heeft toegang tot de documenten maar zal niet zomaar een bron in Nederland of België kunnen vinden. We geven elkaar een hand en spreken uit dat we zullen samenwerken.

Geheime diensten brengen onderscheid in informatie aan om de toegang zo veel mogelijk te beperken. Ze hanteren drie categorieën: *confidential* (vertrouwelijk) *secret* (geheim) en *top secret* (zeer geheim). Britse en Amerikaanse diensten rangschikken hun informatie nog hoger. De Britten doen dit door een zogeheten *strap*-niveau toe te voegen: *strap 1, 2 of 3*, waarbij 3 het meest gevoelig is en informatie van aftapsystemen of locaties bevat. De Belgacom-operatie is geclassificeerd als *top secret strap 2*, het op één na hoogste veiligheidsniveau dus. Op het onthullen ervan staat een jarenlange gevangenisstraf.

Ryan en ik sturen elkaar updates via goed beveiligde mails. De Belgische journalist Nikolas Vanhecke van *De Standaard* voegt zich later ook bij ons. Via korte chatsessies informeren we elkaar. Om documenten veilig uit te wisselen, nemen we bizarre voorzorgsmaatregelen. Ryan stuurt via een versleuteld chatkanaal een document dat beveiligd is met een lang wachtwoord. Op een later moment verstuurt hij een vercijferde mail met daarin een hint hoe het wachtwoord te vinden, bijvoorbeeld: hoofdstuk 3, eerste zin derde alinea. Via weer een ander versleuteld kanaal stuurt hij daarna de titel van het betreffende boek. Alleen als iemand al die communicatiekanalen aftapt en ook nog eens de versleuteling weet te kraken, kan hij bij het document komen. Het document zelf is slechts een week met het wachtwoord te openen, daarna is het voorgoed ontoegankelijk.

Na ruim een jaar publiceren we in 2014 gedrieën ons eerste verhaal: 'De Britten hadden de sleutel'. We denken dan dat het ons definitieve verhaal over Belgacom is. Maar het spionageschandaal blijft terugkeren in gesprekken. Telkens zijn er nieuwe details en daarmee nieuwe vragen. Waarom zegt Belgacom elke keer iets anders op de vraag wat er gebeurd is? Waarom houdt de Belgische overheid zich van de domme? En waarom blijven bronnen uit zichzelf op de zaak terugkomen? Ryan heeft hetzelfde ervaren, zo blijkt als we na drie jaar weer contact hebben. We spreken af er nog één keer in te duiken.

*

Ze zijn niet te missen: de twee pompeuze glazen torens van Belgacom pal naast station Brussel-Noord. Daarin bevindt zich het hoofdkantoor van een trots bedrijf met 13.000 werknemers en een winst van ruim 500 miljoen euro.

Maar begin juli 2013 heerst er op de 25ste verdieping – waar de glimmende torens middels een luchtbrug contact maken met elkaar – nervositeit bij de top van Belgacom. Al een tijdje zijn er hardnekkige problemen met een interne mailserver. Mails tussen werknemers komen niet aan of met veel vertraging. Na een update van Microsoft zijn de storingen verergerd. Microsoft, om hulp gevraagd door Belgacom, kan de oorzaak niet vinden.

Ivo Cools, *chief technology officer* van het telecombedrijf, heeft daarop Fox-IT-directeur Ronald Prins gebeld en gevraagd of hij naar het hoofdkantoor in Brussel wil komen. 'Goed,' antwoordde hij, 'maar is het oké als ik in korte broek kom?' Prins is voor een familieweekend in het Belgische Spa en heeft geen werkkleding bij zich. Cools: 'Geen probleem.'

Naast de bestuurskamer hebben onderzoekers van Fox-IT hun intrek genomen. Prins heeft zijn beste mensen naar Brussel gestuurd. Zelf rijdt hij regelmatig in een grijskleurige Maserati op en neer naar de Koning Albert II-laan voor overleg met Cools en CEO Didier Bellens.

Die gesprekken verlopen steeds grimmiger. Anders dan Microsoft, zien de specialisten van Fox-IT wél dat er iets mis is met de mailserver: ze vinden een bestand dat van Windows lijkt te zijn maar dat niet is. Zorgvuldig lopen de onderzoekers daarna systemen af op zoek naar meer sporen van een mogelijke indringer.

Cools en Bellens vinden dat te lang duren. Ze willen de besmette systemen opschonen en verdergaan. De kosten lopen op, dit heeft geen zin, zeggen ze tegen de Nederlander. Prins werpt tegen dat goed onderzoek nu eenmaal tijd kost. Hoe ingewikkelder het onderzoek, hoe groter het mogelijke probleem. Nu stoppen is bovendien niet zonder risico, zegt Prins. Kijk wat er gebeurde met Vodafone in Griekenland, houdt hij de bestuurders voor.

De Griekse casus is berucht. Ten tijde van de Olympische Spelen in 2004 bleken honderd Griekse politici te zijn afgeluisterd, inclusief de Griekse premier. Het afluisteren was mogelijk doordat legale tapsoftware bij Vodafone Griekenland onzichtbaar was gemanipuleerd. De manipulatie kwam aan het licht na een update van de tapsoftware, waarna sms-berichten niet goed aankwamen. Vodafone deed onderzoek, ontdekte de infiltratie en verwijderde onmiddellijk alle sporen. De Griekse opsporingsdiensten konden daardoor geen onderzoek meer doen naar de daders.

Kort daarop pleegde een netwerkmanager van Vodafone zelfmoord. Volgens Griekse onderzoekers hield dat direct verband met het afluisterschandaal. De man zou onder hoge druk hebben gestaan om het afluisteren te verzwijgen. Het 'Griekse Watergate', zo bleek later, was het werk van de Amerikaanse NSA. Vodafone kreeg van de Griekse privacywaakhond een boete van 76 miljoen euro vanwege nalatigheid in het beschermen van klantgegevens en het frustreren van het onderzoek.

Cools en Bellens stemmen morrend in: Fox-IT mag nog even doorgaan. Voorzichtig gaan de Nederlanders verder. In de systemen van Belgacom zijn boobytraps geplaatst: kleine bestandjes die, als ze worden geopend, de opdrachtgever alarmeren. Die weet dan dat ze ontdekt zijn. Hoe verder de onderzoekers komen, hoe groter het mysterie lijkt te zijn. Maar na twee weken weten ze één ding zeker: dit zit zo ingewikkeld in elkaar dat dit het werk van een buitenlandse staat moet zijn. Alleen zeer kundige specialisten kunnen zo diep binnendringen, net doen alsof ze Microsoft zijn, boobytraps plaatsen en zich vervolgens verstoppen.

Belgacom informeert meteen alle noodzakelijke instanties: de federale politie, cyberexperts en de Belgische geheime diensten. Allemaal snellen ze halverwege juli 2013 naar de glazen torens aan de Koning Albert II-laan. De gemanipuleerde software zit zo goed in elkaar dat de Nederlandse en Belgische specialisten het met de grootse zorgvuldigheid bestuderen. Onderzoekers kijken er met open mond naar. Frank Groenewegen van Fox-IT: 'Dit was veruit het beste wat ik ooit had gezien.' Een Belgische politieonderzoeker: 'Het was zó ingenieus allemaal.'

Anders dan bij de hack van DigiNotar of de KPN-hack, hebben de onderzoekers met een zeer professionele tegenstander te maken. Het aanvalswapen is zogeheten 'modulaire malware': het beweegt zich als een veelkoppige slang door de 26.000 IT-systemen van Belgacom, past zich aan de omgeving aan en laat her en der eitjes achter. Het is in staat zichzelf op computers te installeren die uitstaan en niet met internet verbonden zijn en net zo lang te wachten tot zo'n computer weer opgestart wordt, om dan ongezien documenten of andere data van die computer te versturen. Ook kan het screenshots maken, wachtwoorden kopiëren en gewiste onderdelen op de computer herstellen. De meeste malware heeft een paar unieke kwaliteiten, deze malware lijkt werkelijk alles te kunnen.

Na een paar dagen komt het doelwit in zicht: ze zien dat de 'slang' het actiefst is rond BICS, een zeer winstgevend onderdeel van Belgacom. BICS zorgt ervoor dat data tussen telecombedrijven worden verzonden. Het biedt wereldwijd een gigantisch datanetwerk aan waar honderden telecombedrijven op zijn aangesloten en koppelingen met elkaar maken. Wat het Amsterdamse internetknooppunt AMS-IX is voor internet, is BICS voor telefonie.

Telecombedrijven uit met name Afrika en het Midden-Oosten laten hun data via BICS lopen. Ook regelt BICS de *dataroaming* voor telefoonbedrijven. Als iemand vanuit het buitenland belt, gaat de verbinding via een andere provider dan in eigen land. 1,2 miljard telefoongebruikers bellen, appen en sturen sms'jes via het netwerk van BICS. Wie toegang tot BICS weet te krijgen, heeft in één klap toegang tot de wereld.

De specialisten zien dat de slang bij BICS informatie steelt. Hij stuurt tijdens kantooruren kleine brokjes informatie in diverse pakketjes naar ip-adressen over de hele wereld. Zo vallen ze niet op in de grote datastromen die dagelijks van en naar Belgacom gaan.

De onderzoekers denken beet te hebben, maar als ze de bestanden nader inspecteren, zien ze onbegrijpelijke reeksen cijfers en letters. De pakketjes zijn zo goed versleuteld dat ze er met geen mogelijkheid in kunnen. Ook de bestemmingen waar de pakketjes heen gaan, geven niets prijs: het zijn gehuurde computerservers in India, Roemenië, Indonesië en Nederland.

*

Waarom willen de Britse en Amerikaanse spionnen per se in Belgacom zitten? En waarom werken de twee landen nauw samen?

De antwoorden zijn te vinden op een geheime SDC-conferentie in 2009. Van 1 tot 5 juni – het is onbekend waar – komen de beste afluisterspecialisten van de Britse, Canadese en Amerikaanse geheime diensten samen. Deze drie diensten vormen samen met de Australische en Nieuw-Zeelandse geheime diensten een verbond, de Five Eyes. Een gezelschap dat tijdens de Tweede Wereldoorlog werd opgericht toen Engeland en de Verenigde Staten informatie uitwisselden over gekraakte Duitse en Japanse communicatie.

Daarna deelden ze satellietcommunicatie. Het probleem daarbij is dat het satellietbereik geografisch beperkt is: een grondstation in de Verenigde Staten kan geen satellietverkeer in het Midden-Oosten onderscheppen. Daarom zochten de Amerikanen meerdere bondgenoten en zo ontstond de Five Eyes: die vijf landen hadden samen genoeg bereik om de hele wereld af te luisteren. Het bondgenootschap bestaat nog steeds en is de machtigste inlichtingenclub ter wereld. Eens per jaar steekt men de koppen bij elkaar om nieuwe afluistertechnieken te bespreken. 2009 is een cruciaal jaar: de Five Eyes blijken steeds minder succesvol bij het afluisteren. Hun afluistertechnieken volstaan niet meer. Er moet iets veranderen.

Wat is er aan de hand?

Internet is enorm aan het groeien. Steeds meer landen sluiten zich aan op het wereldwijde verkeersnetwerk. Daardoor komen er ook steeds meer internetverbindingen en wordt het lastiger te voorspellen waar datapakketjes langsgaan: die kiezen graag de snelste en goedkoopste route. Hoe meer beschikbare routes, hoe onvoorspelbaarder het internetverkeer.

Een tweede ontwikkeling is dat telecombedrijven de datapakketjes zijn gaan versleutelen. Ze gebruiken een virtueel particulier netwerk (VPN) om de communicatie van hun klanten van A naar B te sturen. Geheime diensten die de datapakketjes ergens onderscheppen, kunnen ze door die versleuteling niet langer openen en lezen. Daarvoor hebben ze eerst een sleutel nodig van de telecomprovider.

Over deze ontwikkelingen gaat het op de conferentie in juni 2009. Hoe kunnen de geheime diensten de datapakketjes onderscheppen en openen? De Britse specialisten van afluisterdienst GCHQ hebben erover nagedacht en presenteren een plan.

Niet alleen de Five Eyes kampen met dit probleem, ook andere geheime diensten lopen tegen grenzen op. Nederlandse bronnen vermoeden dat Israël daarom een geheim wapen in stelling heeft gebracht. Het valt ze op dat oud-werknemers van de geheime Israëlische afluisterdienst Unit 8200 vanaf de jaren negentig tientallen hightechbedrijven oprichten die spionagesoftware leveren. Is dat omdat ze hun opgedane kennis inzetten om geld te verdienen of omdat ze daarmee op de perfecte plek zitten om af te luisteren? De bedrijven vestigen zich vaak buiten Israël omdat niet alle landen willen zakendoen met een Israëlisch bedrijf.

De bedrijven worden wereldwijd marktleider in het leveren van spionagesoftware. Zelfs de Amerikaanse NSA gebruikt de afluisterapparatuur van Israël. Ook Nederland maakt graag gebruik van Israëlische spullen. De MIVD gebruikt afluistersoftware van het Israëlische bedrijf NICE Systems, de nationale politie van Cellebrite en de tapkamers van de landelijke politie gebruiken afluisterapparatuur van het Israëlische Comverse (tot 2018). KPN vertrouwt op Verint – net als de Amerikaanse NSA.

Twee Nederlandse inlichtingenbronnen claimen dat de Israëlische bedrijven zo succesvol zijn omdat ze onder de marktprijs gaan zitten. Dat zou mogelijk zijn door financiële steun van de Israëlische overheid. Daardoor krijgen de bedrijven de ene na de andere aanbesteding. Eenmaal binnen zitten ze op de ideale plek om af te luisteren: voordat informatie versleuteld het internet opgaat. Of en hoe vaak 'Israël' die toegang gebruikt voor spionage, weten de Nederlandse bronnen niet. Nederland beschouwt Israël als bondgenoot en doet geen uitvoerig onderzoek naar Israëlische spionage.

Toeval of niet: Israëlische bedrijven zijn ook marktleider in het afhandelen van telefoonfacturaties. Elk telefoongesprek of WhatsAppje moeten telecombedrijven binnen 72 uur bij elkaar in rekening brengen. Het Israëlische MIND CTI en ook Amdocs leveren de software daarvoor. Onder meer KPN, Vodafone, ABN Amro en praktisch alle Amerikaanse telecompartijen gebruiken of gebruikten Amdocs.

Die facturaties zijn een goudmijn voor inlichtingendiensten: er staat wie met wie contact heeft en welke nummers belangrijk zijn. Dat Israël een bijzonder goede inlichtingenpositie heeft, blijkt uit een geruchtmakend boek van Gordon Thomas over de Israëlische Mossad. De onderzoeksjournalist beschrijft daarin dat Israël de telefoon van Monica Lewinksy afluisterde en hoorde hoe zij telefoonseks had met president Bill Clinton. De Israelische geheime dienst gebruikte vervolgens het onderschepte materiaal om Clinton onder druk te zetten een contraspionageoperatie tegen de Mossad te beëindigen. Onder ede verklaarde Lewinsky later dat Clinton haar had verteld dat een 'buitenlandse ambassade' inderdaad meeluisterde met hun intieme conversaties.

De Five Eyes kunnen deze wapens niet meer inzetten. Maar er zijn wel andere mogelijkheden. De Amerikanen willen niet afwachten totdat informatie over het verkeersnetwerk gaat, ze willen bij de bron gaan zitten: in het computernetwerk van een telecombedrijf of van een VN-organisatie. Om daarvoor te zorgen heeft de Amerikaanse NSA een speciale afdeling opgezet die apparaten op afstand kan binnendringen of deze al manipuleert voordat ze bij die organisatie geleverd zijn.

Een interne catalogus van de NSA, gepubliceerd door het Duitse weekblad *Der Spiegel*, laat zien hoe dat gaat. Computersystemen zijn opgebouwd uit lagen. Routers en firewalls zijn daarin belangrijke schakels: ze sturen de internetstroom de juiste kant op en kijken of er geen indringers zijn. Routers zijn de verkeersleiders in een computernetwerk. Net zoals bij iemand thuis gaat daar het internetverkeer langs en wordt het naar verschillende apparaten gestuurd: een iPad, smartphone of computer. Dat maakt routers een favoriete zwakke plek voor inlichtingendiensten.

De NSA kan onder andere routers van het Amerikaanse Juniper en het Chinese Huawei op afstand binnendringen en 'een zaadje' achterlaten. Daardoor heeft de dienst permanente controle over het apparaat. Ook als het apparaat gereset wordt of geüpdatet, blijft de NSA meekijken maar de eigenaar heeft niets door.

Hetzelfde geldt voor firewalls: die staan tussen een intern computernetwerk en het wereldwijde internet. Een soort milieuzone die is afgebakend met kentekencamera's rondom een stad: de camera's controleren wie naar binnen mag. De NSA manipuleert firewalls van alle grote merken, soms zelfs al voordat ze zijn geleverd. Speciale werknemers onderscheppen de levering, halen de spullen eruit, plaatsen extra componenten, plakken de doos weer dicht en sturen ze verder. Maar de firewall, die als een soort douane hackers moet controleren en tegenhouden, doet de slagboom juist open wanneer de NSA eraan komt.

De Britten zijn met een eigen plan naar de conferentie gekomen. Ze hebben goed gekeken naar het wereldwijde verkeersnetwerk en gezien waar de kwetsbare plekken zitten: bij telecombedrijven die voor heel veel partijen de communicatie regelen. Bijvoorbeeld Belgacom, en specifieker BICS, het onderdeel van Belgacom dat wereldwijd voor allerlei telecompartijen data verplaatst.

Er is nóg een reden om de aandacht op BICS te richten. Van de drie grootste telecomproviders die wereldwijd *roaming* van telefoonverkeer verzorgen, staat alleen BICS buiten de Verenigde Staten. Via nationale wetgeving hebben de Amerikanen al toegang tot roaming-providers op hun eigen grondgebied. BICS biedt de Britten, Amerikanen en hun inlichtingenpartners letterlijk toegang tot de rest van de wereld. De andere bondgenoten stemmen in met het Britse plan.

Nu komt de lastigste fase. Hoe kunnen ze ín Belgacom komen? Vanwege het grote belang van Belgacom is het bedrijf goed beveiligd. Alleen met een minutieuze voorbereiding en veel geduld kunnen de Britten en Amerikanen – die het initiatief voor de operatie nemen – hun missie ten uitvoer brengen.

Het begint met een inventarisatie van het slachtoffer. Hoe ziet het netwerk van Belgacom eruit? Waar zitten de zwakke plekken? Daarvoor gebruiken de Britten hun grote aftapnetwerk. Uit de voorbijrazende internetstromen filteren ze standaard de gegevens van systeembeheerders van telecombedrijven. Systeembeheerders beschikken over cruciale informatie over een netwerk. In al die data zoeken de Britten nu naar ip-adressen die bij Belgacom horen. Ze vinden drie geschikte systeembeheerders.

Daarna zoeken ze meer informatie over deze drie personen: bijbehorende e-mailadressen, het besturingsprogramma dat ze gebruiken, bezochte websites en LinkedIn-pagina's. Cookies – kleine bestandjes die op een computer worden gezet door advertentiebedrijven en die het zoekgedrag bijhouden – tonen het online-gedrag van de drie doelwitten. De Britten slaan dit soort cookies ook op en halen hieruit alle relevante informatie. Het blijken een Venezolaan en twee Belgen te zijn.

De voorbereiding duurt liefst twee jaar, dan weten de Britten alles van de drie: wanneer ze online zijn en met wie ze communiceren. GCHQ kan overgaan tot de aanval. Waar veel hackers een phishing mail sturen in de hoop een ontvanger te verleiden op een bijlage te klikken, werken de geheime diensten geraffineerder. De Britten en Amerikanen bouwen de LinkedIn-pagina's van hun doelwitten na. Wanneer de Venezolaan en Belgen LinkedIn bezoeken, wordt het internetverkeer ongemerkt en razendsnel omgeleid naar de vervalste versie van de Britse geheime dienst. Die heeft vanaf dat moment toegang tot hun computers en bekijkt zo het netwerk van Belgacom en de BICS-infrastructuur.

Als ze genoeg weten over het netwerk, laten ze hun aanvalswapen los: een virus dat zich door Belgacom heen een weg baant naar BICS. Eenmaal daar zal het opdrachten ontvangen: zoek dit telefoonnummer op en stuur alle informatie naar Groot-Brittannië. Het virus heet Regin en is gemaakt door de Britten en Amerikanen samen. Het is uiterst doeltreffend, geen geheime dienst ter wereld beschikt over een beter aanvalswapen.

In 2011 sluipt de veelkoppige slang BICS binnen en nestelt zich in de kern van het bedrijf. Het zal nog twee jaar duren voor iemand iets vreemds opmerkt.

*

De Belgische premier Elio di Rupo is woest. Hij zit eind augustus 2013 met het hoofd van de militaire veiligheidsdienst, politieonderzoekers en de ministers van Justitie en Overheidsbedrijven bijeen in een crisisoverleg. Hij heeft zojuist te horen gekregen dat een buitenlandse staat het belangrijkste telecombedrijf van België is binnengedrongen.

Hij vindt het een ongekende schending van de integriteit van zijn land. Voor het eerst krijgt België met deze nieuwe dreiging te maken en de premier wil meteen duidelijk maken waar hij staat. België veroordeelt de actie 'ten strengste', zegt hij publiekelijk. 'Indien de betrokkenheid van een ander land bevestigd wordt,' gromt Di Rupo, 'zal de regering gepaste maatregelen nemen.' De oplossing van de infiltratie krijgt de allerhoogste prioriteit. De hoge aanklager die normaal is belast met terrorismezaken, neemt het dossier onder zijn hoede. Dit is een zaak van staatsbelang, vindt Di Rupo.

Onderzoekers turen inmiddels al weken gefascineerd naar de slang in BICS. Ze zien allerlei bewegingen en activiteiten maar kunnen niet achterhalen wat hij nou precies doet. Het lijkt alsof hij signalen geeft aan zijn opdrachtgever. Maar wie is die opdrachtgever? Malware bevat meestal wel enige aanwijzingen van de daders: waar de gestolen bestanden naartoe gaan of sporen van een tijdszone waarin de code is geschreven, een verwijzing naar een land misschien. De onderzoekers vinden niets van dat alles. De bestanden gaan naar gehuurde servers, zoals die voor digitale spellen in India. Vandaar worden de pakketjes weer verder verzonden. Om te weten wie die server huurt, vraagt de Belgische politie informatie op. Maar een antwoord duurt maanden – in sommige gevallen kan het zelfs jaren duren.

Net als Belgacom, Fox-IT en de andere specialisten zich opmaken voor een grote schoonmaak van de systemen, gebeurt er iets vreemds. De slang trekt zich razendsnel terug. Een onderzoeker: 'Ik denk dat de aanvallers wisten dat we ze ontdekt hadden. Ze hebben op een grote knop met "vernietig" gedrukt.' In een mum van tijd wist de slang zijn sporen en vernietigt een deel van zichzelf. De onderzoekers zien het gebeuren maar kunnen het niet tegenhouden. De schoonmaak wordt uitgesteld.

Twee weken later doen honderden Belgacom-medewerkers, informatici van de militaire inlichtingendienst en onderzoekers van politie en justitie voor de tweede keer een poging om de systemen schoon te krijgen. Ze gaan alle plekken langs waar de slang is geweest, herstarten of verwijderen computers, routers en firewalls. Belgacom is na afloop tevreden. Het bedrijf denkt de aanvaller uit het netwerk te hebben geweerd en hoopt deze onzekere periode snel te kunnen afsluiten.

Maar Fox-IT heeft nog sensoren in het bedrijf staan en een paar dagen na de schoonmaak pikken die iets opmerkelijks op: twee datapakketjes die van buiten komen en door het Belgacom-netwerk gaan. Pakketjes die er niet horen. De slang is weer actief. En het verontrustende is dat de Nederlanders zien dat hij langs een cruciale router van het Amerikaanse bedrijf Cisco gaat.

Zo'n Cisco-router voor een groot telecombedrijf kost honderdduizenden euro's; wie in staat is die te hacken, kan een heel netwerk naar zijn hand zetten. Hoe kan dit? Zijn de routers bij BICS al vóór de aanval besmet of kunnen de Britten en Amerikanen ze hacken? In beide gevallen betekent dat groot nieuws. Belgacom vraagt Cisco om hulp. De experts van het Amerikaanse technologiebedrijf willen echter geen pottenkijkers bij het onderzoek. Dit ligt te gevoelig, de software is topgeheim. Fox-IT moet weg, eisen de Amerikanen.

Belgacom stemt in met het Amerikaanse verzoek. Niet iedereen begrijpt dat. Een onderzoeker: 'Dan wenst Belgacom dus kennelijk geen onafhankelijk onderzoek.' Maar anderen snappen de opstelling van Cisco wel. Het Amerikaanse bedrijf kent als enige de werking van de eigen routers en als die geïnfecteerd blijken en dat wordt bekend, heeft Cisco een gigantisch probleem.

De Nederlandse onderzoekers moeten geheimhoudingsverklaringen tekenen en hun spullen inpakken. Ze vertrekken terwijl de slang nog actief is. Het verwondert dan ook als Belgacom meldt dat de systemen schoon zouden zijn. 'Er zijn geen indicaties van een impact op het telefoonnetwerk van BICS', staat in een persbericht dat het bedrijf half september uitgeeft.

In de Britse documenten die Ryan en ik dankzij Snowden krijgen, staat zwart op wit dat de Britse dienst GCHQ toegang heeft tot de kern van BICS. 'We zitten diep in het netwerk,' schrijven de Britse spionnen. 'We blijken zeer productief.' Het doel van de aanval is bereikt; via BICS komen de Britten en Amerikanen bij honderden telecombedrijven terecht.

De verbazing neemt toe als topman Geert Standaert van Belgacom in het Europees Parlement doet alsof er niets aan de hand is. Hij noemt de jarenlange Britse spionage 'een zuiver intern probleem' van Belgacom. Ook zegt hij: 'Belgacom kan geen conclusies trekken over de daders van de recent ontdekte cyberaanval op haar IT-systemen.' Europarlementariër Sophie in 't Veld is na afloop stomverbaasd over de opstelling van Belgacom. 'Het was absurd. Iedereen voelde dat de vertegenwoordigers van Belgacom niet de hele waarheid vertelden,' zegt ze tegen Belgische media.

Ook de Belgische overheid verandert met een pirouette van standpunt als media de Britse en Amerikaanse documenten publiceren waarin de aanval minutieus staat beschreven. Premier Di Rupo, eerst witheet, is publiekelijk minder stellig. 'Het zou bijna verbazend zijn dat Brussel, als EU-hoofdstad en zetel van tal van burgerlijke en militaire internationale instellingen, aan cyberspionage zou zijn ontsnapt,' zegt hij eind november in het Belgische parlement. De Belgische minister van Telecomzaken Alexander De Croo werpt in 2016 zelfs de vraag op of België de Britse spionage niet heeft uitgelokt. 'Het is goed mogelijk dat de Belgische inlichtingendiensten hebben gezegd: "Alsjeblieft, ga je gang."' Naderhand wil De Croo niet toelichten waarom hij dat denkt.

*

Waarom doet Belgacom alsof er niets gebeurd is? En waarom ebt de woede weg bij de Belgische overheid als blijkt dat Britse en Amerikaanse spionnen voor de inbraak verantwoordelijk zijn?

Ik kan er met mijn verstand niet bij, totdat ik met Ryan aan de tweede reconstructie begin. Dat verhaal gaat over het strafrechtelijk onderzoek naar de Britse spionage en hoe het Belgische politieteam vakkundig wordt tegengewerkt. Bij elke stap vooruit moet het team twee stappen achteruit doen. Want telkens als ze denken dichter bij de opdrachtgevers te komen, gaat er een deur dicht.

Ze krijgen bijvoorbeeld de namen, adressen en betaalgegevens van de personen die computerservers in India, Roemenië, Indonesië en Nederland huurden waar de slang z'n gestolen bestanden naartoe stuurde. De personen blijken uit Duitsland en Denemarken te komen. De Belgen vragen de landen vervolgens om meer informatie. In Duitsland blijkt het adres dat bij de daders hoort een theater te zijn. Het spoor loopt dood.

Een volgende kans biedt het uitpluizen van de betaalgegevens. Sommige servers blijken gehuurd te zijn met creditkaarten die verstrekt zijn in Engeland. Maar als de politie die nader bekijkt, blijkt het te gaan om prepaidkaarten die anoniem zijn gekocht. Ook vinden de politieonderzoekers ip-adressen die in Groot-Brittannië uitkomen. Als ze bij het Britse ministerie van Binnenlandse Zaken om meer informatie vragen, is het antwoord resoluut: 'We hebben besloten deze hulp te weigeren. Het Verenigd Koninkrijk vindt dat dit onze soevereiniteit, veiligheid en publieke orde in het gedrang kan brengen.'

Uit wanhoop wendt het onderzoeksteam zich ook tot Europol. Die organisatie helpt EU-lidstaten om terrorisme en zware misdaad te bestrijden. Bovendien heeft zij een speciale cyberunit, die lidstaten helpt bij 'de opsporing in reactie op cybercriminaliteit binnen de EU'. Maar Europol wenst niet te helpen, omdat ze 'geen onderzoek wil doen dat gericht is tegen een andere EU-lidstaat'. Het hoofd van Europol is, toeval of niet, de Brit Rob Wainwright – die eerder bij MI5 werkte.

Zo lopen alle sporen dood. Het onderzoeksteam weet dat de Britse afluisterdienst achter de inbraak zit, maar kan het niet bewijzen. GCHQ gebruikt 'verhullende infrastructuur en tussenbedrijven' om z'n aanvallen uit te voeren, lezen Ryan en ik in een geheim document van de Britten. 'Alle hackactiviteiten,' schrijft GCHQ, moeten 'te ontkennen' zijn. Geen wonder dat de Belgen niet verder komen. Een Belgische politieman vertelt: 'We vochten tegen het cyberleger van Groot-Brittannië. We wisten dat we niet zouden winnen.'

Zelfs de documenten die Snowden heeft meegenomen en waarin de operatie tot in detail staat beschreven, kan het onderzoeksteam niet gebruiken. Ze willen de echtheid ervan controleren door de NSA-klokkenluider in Moskou te bezoeken. Maar de Belgische aanklager ziet dat niet zitten: het zou de Amerikanen weleens tegen het hoofd kunnen stoten.

Hierin schuilt de verklaring voor het Belgische gedraai: de Belgen hebben de Britten en Amerikanen harder nodig dan andersom. Dat wordt eens te meer duidelijk in de ochtend van 22 maart 2016 bij de aanslag op het Brusselse vliegveld Zaventem en in de Brusselse metro. 35 personen vinden de dood, 270 mensen raken gewond. Een terroristisch netwerk dat België al langer in z'n greep heeft, en óók toeslaat in Parijs, is er verantwoordelijk voor.

België heeft voor het bestrijden van terrorisme de hulp nodig van inlichtingendiensten van grotere landen als Frankrijk, Groot-Brittannië en de Verenigde Staten. Het schakelt de NSA in rond de begrafenis van een van de leden van het terroristennetwerk. Dankzij bulkinterceptie door de Amerikanen komt de leider Salah Abdeslam in beeld. In dit geweld is Belgacom slechts een detail. Een Belgische politieonderzoeker: 'De Britten en Amerikanen helpen ons in de strijd tegen terrorisme. Het gevoel was dat we dat met het Belgacom-onderzoek niet op het spel mochten zetten.'

Belgacom heeft zijn eigen motieven: het bedrijf wil de relatie met klanten en die met aandeelhouders onderhouden. Een keuze die veel bedrijven maken nadat ze zijn getroffen door spionage. En dus stelt Belgacom publiekelijk dat het allemaal wel meevalt, terwijl er intern stevige maatregelen worden genomen. De besmette infrastructuur wordt vernieuwd, in allerijl worden er ethische hackers gerekruteerd en het bedrijf wordt opgedeeld in aparte netwerken om toekomstige infiltratie te bemoeilijken. Het bedrijf raamt de schade op meer dan 15 miljoen euro. De investeringen om herhaling te voorkomen, kosten nog eens 46 miljoen euro. Belgacom verandert van naam: op de glazen kantoortorens prijkt nu de naam Proximus. Alle herinneringen aan de Britse spionage zijn weggepoetst.

De Britten kunnen jarenlang de communicatie van in potentie honderden miljoenen aftappen. Niemand kan of wil ze stoppen. De belangen zijn zo groot dat de Belgische overheid accepteert dat de Britten en Amerikanen het belangrijkste telecombedrijf bezitten. Belgacom is zelfs bereid erover te liegen.

Een technisch expert die in de zomer van 2013 de Britse spionage bij Belgacom bekeek, vertelt later dat hij ervan overtuigd is dat de Britten nog steeds in Belgacom zitten. Dat het onmogelijk is de systemen schoon te houden. Dat je een besmette Cisco-router kunt vervangen door een nieuwe, maar dat die nieuwe ook weer kan worden besmet. De expert: 'Als de Britten en Amerikanen het op je hebben gemunt, ben je kansloos.'

Dát is het verhaal van Belgacom: dat de Britten en Amerikanen zo goed en zo machtig zijn dat ze overal en op elk moment kunnen toeslaan. Regin, de veelkoppige slang die in Belgacom zat, werd naderhand ook gevonden bij een persoonlijk medewerker van de Duitse bondskanselier Angela Merkel. Het beest sloop ook bedrijven in Pakistan, India, Turkije, Iran, Argentinië, Noord-Korea, de Verenigde Arabische Emiraten, Ierland, Zuid-Afrika en Zimbabwe binnen.

Het grote telecombedrijf Belgacom en de nietige, armoedige Somalische herder Omar: allebei waren ze kansloos tegen het digitale geweld dat ze trof. Waar konden ze terecht om hun beklag te doen? Of om hun recht te halen?

Digitalisering verandert de aansprakelijkheid: Omar heeft de moordenaar van zijn twee dochters nooit gezien. Belgacom kent de spionnen niet die hun aanval op het bedrijf openden. Een spion die op heterdaad betrapt wordt, zet je het land uit. Digitale spionnen blijven anoniem. Die kunnen meer risico nemen, langduriger aanvallen, hoeven nauwelijks te vrezen voor vervolging. Ze leggen buiten het eigen land geen verantwoording af en staan zelden in de schijnwerpers. Zij kunnen individuen en bedrijven aanvallen, overrompelen en zelfs doen verkruimelen en ermee wegkomen.

En er is nóg een reden tot zorg: wat de Britten en Amerikanen doen, kunnen andere landen ook. En wel op hun eigen manier.

DEEL III

Waar gaat het naartoe?

7

Te dichtbij

Hier, achter de zwarte deur met antieke zilveren deurgreep die nog geen meter van mij vandaan is, zou de meest gezochte hacker ter wereld wonen. Een 33-jarige man die zich al jaren schuilhoudt voor de Amerikaanse FBI. Barack Obama plaatste hem op een sanctielijst, in een van zijn laatste daden als president. De Amerikanen hebben 3 miljoen euro over voor de tip die tot zijn aanhouding leidt – het hoogste bedrag ooit voor een hacker.

Ik sta in het voorjaar van 2017 op de 14de verdieping van een gelige woonflat in het Russische Anapa. Een badplaats voor jonge Russische gezinnen, met versleten kermisattracties en mannen die apen aan touwtjes rondsjouwen. Beneden voor de woontoren, net buiten de slagboom, staat een zwarte Jeep Grand Cherokee. Kenteken: O400YO. Precies het soort auto waarin de 1 meter 75 kale man rijdt volgens het FBI-opsporingsbericht. Een bescheiden exemplaar gezien zijn enorme inkomsten. Schattingen komen uit op honderden miljoenen dollars.

De man heet Jevgeni Bogatsjov. Meer dan 1 miljoen computers drong hij illegaal binnen en gebruikte hij voor digitale bankovervallen. Bogatsjov is gespecialiseerd in financiële fraude: hij haalt financiële gegevens uit computers en plundert daarmee rekeningen. ABN Amro was een van zijn eerste slachtoffers. Duizenden andere instellingen volgden, zoals een politiekantoor in Massachusetts, ziekenhuizen en honderden willekeurige individuen die online werden afgeperst met gijzelingssoftware.

Bogatsjov is niet alleen een slimme hacker, hij is ook een buitengewoon goede ondernemer die een omvangrijke organisatie leidt en zijn gestolen miljoenen investeert in vastgoed hier in Anapa. Door zijn macht en netwerk is hij een interessante partner geworden voor de Russische veiligheidsdiensten, die graag gebruikmaken van zijn kennis en vaardigheden. De Amerikanen beschuldigen hem van spionage.

Wie is deze mysterieuze Rus? En waarom is hij nog op vrije voeten? Het is stil in het halletje voor zijn huis, op het getik van een meter in een halfopen elektriciteitskastje na. Een kokervormige beveiligingscamera kijkt me vanaf boven strak aan; ik druk op de witte bel waarop met stift '223' is geschreven.

*

Dat ik in Anapa uit zou komen, had ik een paar maanden eerder niet gedacht. Ik lees veel over Russische spionage die aan alle kanten toe zou nemen, vooral digitaal. Daarbij valt één naam opvallend vaak: Bogatsjov. Waarom is hij zo belangrijk voor de Russen? Zoals altijd bij nieuwe informatie raadpleeg ik verschillende bronnen. Sommigen telefonisch, anderen in een fysieke afspraak.

Maar de oogst valt tegen. Mijn zicht op de geheime diensten is verslechterd. De stroom aan NSA-documenten die ik kon inzien, is opgedroogd. Bronnen die mij eerder konden inlichten, weten niets van nieuwe operaties. Dit soort perioden is vervelend: de krant geeft me de ruimte om onderzoek te doen en verwacht dus een onthullend verhaal. Dat dient zich in de winter van 2016 niet aan en het geeft me een rusteloos gevoel.

De beste bronnen zijn diegenen die net weg zijn bij een geheime dienst. Die weten veel en voelen zich minder gebonden aan geheimhouding. Het nadeel is dat hun kennis gelimiteerd is: ze horen niets over nieuwe operaties. Ik moet daarom permanent op zoek naar nieuwe mensen.

Het eerste dat daarvoor nodig is, zijn namen van inlichtingenmedewerkers. Namen die geheim zijn. Wekenlang volgen afspraken met oude bronnen en probeer ik nieuwe namen te achterhalen. Dat levert uiteindelijk drie nieuwe personen op. Oud-collega's vaak van mijn bronnen, die bij de AIVD of MIVD werken.

Daarna is het zaak hun adressen te achterhalen. De meeste

medewerkers van geheime diensten gebruiken geen sociale media, laat staan dat ze op Facebook foto's van hun huis plaatsen. Ze zijn zich bewust van de risico's. In één geval stuit ik op iemands LinkedIn-profiel. Maar er staat geen woonplaats bij of andere informatie die een adres verraadt. LinkedIn geeft suggesties welke andere profielen mensen nog meer bekijken als ze bij deze naam uitkomen. In dat lijstje staat één vrouw. Zou dat zijn vrouw zijn?

Ze woont, net als haar man, in Den Haag vermeldt haar profiel. Opvallend: haar cv laat zien dat ze in precies dezelfde periode in het buitenland was als hij. Door de naam van de vrouw plus haar woonplaats in het Kadaster in te voeren, krijg ik een adres. Hebbes.

Bij een ander persoon kom ik ook via zijn vrouw een adres op het spoor. Zij is op Facebook vriendschappen aangegaan met op het oog onbekende personen. Maar als ik die nader bekijk en hun adres invoer in Google Maps, blijkt dat ze vlak naast elkaar wonen en in een cirkel te plaatsen zijn. 'Buren' wellicht. Ja hoor: als ik later in de buurt ga kijken, staat op een van de naambordjes de naam van de persoon die ik zoek.

Wat zeg je vervolgens? De eerste zinnen zijn cruciaal. Ik werk niet undercover, dus maak mezelf altijd bekend als journalist. Maar zet je eerst een stap over de drempel of zeg je door de intercom al wie je bent? Mijn methode wisselt. Als iemand schrikt, is het beter om meteen ter zake te komen. Is iemand ontspannen en nieuwsgierig, dan kan het beter zijn om eerst naar binnen te gaan en dan de reden van het bezoek toe te lichten. Het volgende dilemma: wanneer bel je aan? Overdag zijn mensen niet thuis, 's avonds zitten ze niet te wachten op bezoek.

Met *Volkskrant*-collega Tom Kreling sta ik op een regenachtige avond voor het huis van de inmiddels overleden Gerard Bouman. Hij was hoofd van de AIVD en later van de Nationale Politie. We schrijven een verhaal waarin hij voorkomt en we willen hem de kans bieden op een weerwoord zonder tussenkomst van woordvoerders. Dan is hij vrij om ons *off the record* te woord te staan. Als we een woordvoerder benaderen, is die optie van tafel: ten minste één andere persoon weet dan dat Bouman met ons gepraat heeft.

Bouman woont nabij Rotterdam. Zijn huis ligt een stuk van de weg en is afgeschermd met een hek met intercom. Het is vanaf de straat niet te zien of hij thuis is. We proberen het via de intercom maar krijgen geen reactie, wachten een paar minuten en rijden dan terug naar Amsterdam.

Een dag later proberen we het weer. Ik meen licht in het huis te zien. We drukken op de bel. Geen gehoor. We lopen door, wachten even en lopen dan weer terug. Opnieuw bellen we aan. Eerst is het stil, dan klinkt er wat gekraak en duidelijk geërgerd: 'Ja?'

We hebben maar één kans. Nu moeten we het gesprek zien te openen en tegelijk ook duidelijk maken dat we journalist zijn.

'Dag meneer Bouman. Ik ben journalist van...'

Tuut, tuut. Hij verbreekt de verbinding. Shit.

In de auto sturen we hem een sms-bericht. Dat we hem graag de kans geven op weerwoord en dat we hem ook willen uitleggen waarover het gaat.

'Opdonderen,' sms't hij terug.

Als we op de A4 terugrijden, belt een woordvoerder van de Nationale Politie.

'Meneer Bouman vindt dat jullie hem lastigvallen. Ik verzoek jullie te stoppen hem te stalken.'

Later laat Bouman zijn voorlichters ook de hoofdredactie van *de Volkskrant* bellen om zich te beklagen.

Dat is het risico van huisbezoeken: zelden reageert iemand enthousiast. Ook werkgevers worden er soms buitengewoon kribbig van. Dat geldt zeker voor de AIVD. Na meerdere huisbezoeken bij werknemers van de dienst word ik ontboden in Zoetermeer. Daar is men woedend: ik zou de veiligheid van werknemers in gevaar hebben gebracht door hen thuis op te zoeken. Daar ben ik het niet mee eens: ik parkeer mijn auto niet voor iemands huis, let op of ik gevolgd word en laat mijn telefoon sowieso thuis. 'Bovendien,' werp ik tegen, 'is dit het enige wat ik als journalist kan doen: op iemand afstappen, mezelf kenbaar maken en vragen of iemand wil praten. Wil die persoon niet, dan houdt het op.'

De AIVD wil dat ik toezeg in het vervolg geen inlichtingenmedewerkers thuis te bezoeken. Ik weiger dat. Journalisten hebben het recht om vragen te stellen, net zoals ondervraagden het recht hebben om niet te antwoorden.

Met één van de drie personen die ik heb gevonden houd ik na een eerste kennismaking contact. We sturen elkaar via versleutelde chatapps berichten. Als er iets in het nieuws is of wanneer ik iets interessants zie, vraag ik wat hij ervan denkt. Na een paar maanden spreken we af te gaan lunchen.

Zulk contact ontstaat met meer mensen. Avondenlang zit ik met drie of vier personen te chatten. Met personen die technische informatie duiden en me soms onbegrijpelijke berichten sturen als: 'ik denk omdat ze daar Sneier electronic software gebruiken'. En met personen die meer van geheime diensten weten. Ik kan daarmee inschatten of een gebeurtenis nieuwswaardig is en ook hoeveel mijn bronnen weten.

Nu zit ik tegenover mijn nieuwe bron in een restaurant van een snelweghotel. Ik vertel wat over mezelf, we spreken af dat het een gesprek op achtergrondbasis is, waarna we een reeks van onderwerpen behandelen. Ik bedenk van tevoren over welke operaties de bron enige kennis zou kunnen hebben. Soms is het antwoord kort. 'Nee, nooit van gehoord.' Soms iets uitgebreider. 'Herken ik wel, daar zou je eens naar moeten kijken.' Hoe langer het contact standhoudt, hoe beter de bron in te schatten is. Geen bron is hetzelfde: bij sommigen kan een eenvoudig knikje al voldoende zijn, bij anderen is het belangrijk om nauwkeurig door te vragen. Sommigen zijn direct, anderen wollig. Sommigen overdrijven, anderen zijn secuur.

Soms is ijdelheid een motief om af te spreken. Vaker is het gedeelde interesse: de mystiek van geheime diensten. Door de vertrouwelijkheid binnen een dienst weten bronnen ook maar ten dele wat er speelt. Ze praten makkelijker als ik zelf af en toe laat blijken wat ik weet van bepaalde operaties. Wellicht stelt het hen gerust dat ze met een ingewijde spreken en dat ze klaarblijkelijk niet de enigen zijn die met een journalist praten.

Terwijl een clubsandwich tonijn arriveert, spreken we over Rusland. Rusland krijgt een steeds prominentere plek in de jaarverslagen van de inlichtingendiensten AIVD en MIVD. De Russische dreiging zou enorm zijn, vooral digitaal. 'Hoe zit dat? Hoe werken de Russen en wat weten de Nederlandse diensten van ze?' vraag ik in een poging ook meer van de Nederlandse informatiepositie te weten. Hij vertelt over een specifieke Russische hacker: Bogatsjov. Zijn reputatie is berucht. Hij is de Pablo Escobar van de digitale wereld. 'Misschien weet Nederland iets van 'm,' voegt hij toe.

Soms blijft het bij die informatie en probeer ik die bij andere personen te verifiëren. Vaak zonder succes. Tientallen beetjes informatie of subtiele leads gaan zo jaarlijks verloren. Nu gaat het opmerkelijk soepel. De ene na de andere persoon kent Bogatsjov. Hij blijkt een roemrijke geschiedenis te hebben. Na vier weken heb ik een beeld van deze beruchte Rus en is het verhaal praktisch rond.

*

Het verhaal van Bogatsjov verklaart ook waarom Nederland in het digitale domein een belangrijke plek inneemt. Al in 2007 begint de Nederlandse politie, dan nog onwetend over Bogatsjov, samen met onderzoekers van Fox-IT een zoektocht naar Russische criminelen.

In dat jaar verdwijnen bij ABN Amro grote sommen geld van de rekeningen van klanten. Het merkwaardige is dat alle signalen naar de klanten zelf wijzen: zij lijken het geld zelf te hebben overgemaakt. Hun gebruikersnaam is gebruikt, hun wachtwoord en zelfs hun ip-adres.

ABN Amro is niet de enige bank die kampt met digitale criminaliteit. Eind jaren negentig neemt het aantal online transacties in Nederland snel toe en criminelen bedenken allerlei trucs om bij dat geld te komen. Doordat Nederland snel internet omarmt – klein land, snelle verbindingen, overheidssubsidies om internet overal beschikbaar te maken – en de introductie van internetbankieren vlot volgt, hoort Nederland wereldwijd bij de snelst digitaliserende landen.

Dat trekt ook criminelen aan. ING-medewerkers ontdekken een zwart kastje onder het bureau. Het is vastgemaakt met tape. Maar omdat het zomers warm is, laat de tape los. Het kastje blijkt een zender te zijn: criminelen kunnen het toetsenbord overnemen en met een babyfoon – van de Kijkshop – meekijken met bankmedewerkers. Als die van hun plaats lopen, kunnen de criminelen op afstand geld overboeken.

Bij ABN Amro manipuleren Roemeense criminelen de chip in de *e.dentifier* die in winkels van de bank wordt gebruikt. Klanten stoppen hun bankpas erin, maken geld over en merken niet dat het apparaatje een kopie van de magneetstrip maakt. Eens per week komen Roemenen langs, doen een eigen smartcard in het apparaat, lezen de chip uit met informatie over magneetstrip en pincode en plunderen daarna bankrekeningen. De valse e-dentifiers worden op industriële schaal in een fabriek in Roemenië gemaakt.

Het raadsel in 2007 is een stuk groter. In de systemen bij ABN Amro is niets geks te zien, maar slachtoffers houden vol dat zij het geld níét van hun eigen rekening hebben gehaald. ABN Amro vraagt daarom Ronald Prins het mysterie op te lossen. Kan hij achterhalen wat er aan de hand is?

De technische kennis van Prins en zijn Fox-IT is steeds gewilder. De energieke Hagenees is de belichaming van de snelle digitalisering van Nederland: hij studeert af op e-cash bij het CWI in Amsterdam-Oost als wetenschappers daar pionieren met de eerste vormen van internet; hij kraakt midden jaren negentig gecodeerde Excel-bestanden van criminelen Johan V. en Etienne U.; hij zet de eerste internettap van de politie bij de boekhouder van Etienne U. en hij plaatst later bij de AIVD ook de eerste internettap bij een terrorismeverdachte.

Prins is niet de enige bij ABN Amro. Ook de Nederlandse politie kijkt met interesse naar de roof bij de bank. Sinds kort heeft Nederland een specialistisch politieteam dat zich richt op digitale opsporing: het Team High Tech Crime. Aan het hoofd staat de ambitieuze Martijn van de Beek, een tengere politieman met kwajongensachtige blik. Van de Beek is iemand die groot denkt, over grenzen heen. Digitale criminaliteit bestrijd je nu eenmaal niet alleen in Nederland, daarvoor heb je internationale contacten nodig, is Van de Beeks overtuiging.

De casus bij ABN Amro bewijst het gelijk van politieman Van de Beek. Maandenlang staan de technisch experts voor een raadsel, totdat ze in een laatste poging de computers van de rekeninghouders zelf bekijken. Dan zien ze het: ze blijken allemaal besmet met eenzelfde virus, door de makers ZeuS genoemd.

Dit virus is internationaal berucht bij onderzoekers en bekend bij criminelen: het is een meesterwerk. Het virus, gemaakt om informatie te stelen, zoals inlognamen, wachtwoorden en adresgegevens, sluipt naar binnen via bijlages bij mails waarop onachtzame gebruikers klikken. Eenmaal binnen haalt het een ingenieuze truc uit: het maakt de inlogpagina van een bank exact na precies op het moment dat een klant wil inloggen. Het schuift dat extra venster in feite voor de inlogpagina van de bank. De klant denkt dat hij zijn gegevens invult op de website van de bank, maar vult alles in op de webpagina van de hacker. Die kan ook, met tussenpozen, om extra informatie vragen, bijvoorbeeld veiligheidsvragen, telefoonnummers of codes die banken toesturen ter bevestiging. Die gegevens gebruiken de aanvallers om de rekeningen van slachtoffers leeg te halen.

Tegen deze vorm van criminaliteit is nauwelijks iets te doen: het virus is bijzonder effectief en de makers verschuilen zich achter anonieme internetbrowsers. Niet alleen ABN Amro, ook banken elders in Europa en in de Verenigde Staten zijn het slachtoffer, waarbij de schade in de honderden miljoenen euro's loopt. Ook al gaat veel van het internetverkeer door Nederlandse datacentra; de daders zitten ver weg. Wil Nederland buiten de eigen landsgrenzen naar ze op zoek, dan moet Martijn van de Beek iets verzinnen.

In het najaar van 2007 reist Van de Beek daarom naar Rusland. Een Toepolev brengt hem vanuit Moskou naar Chabarovsk, vlak bij de Chinese grens. Van de Beek bezoekt daar een congres van de Russische veiligheidsdienst FSB.

Nadat het hoofd van de FSB het congres heeft geopend en de Russische president Vladimir Poetin ook een kort welkomstwoord heeft gesproken, is het de beurt aan de Nederlander. Van de Beek heeft al gezien dat de zaal vol zit met vertegenwoordigers van buitenlandse inlichtingen- en opsporingsdiensten: de CIA, FBI, de Israëlische Mossad, de Duitse en Zuid-Afrikaanse geheime dienst. Ondanks de politieke geschillen komen veiligheidsdiensten geregeld samen. Over sommige onderwerpen, zoals digitale criminaliteit of terrorisme, zijn goede gesprekken mogelijk.

In Chabarovsk is het handen schudden en kaartjes uitwisselen – het routineuze conferentie-netwerken. Maar Van de Beek heeft meer in petto: hij wil met een gewaagd plan het vertrouwen winnen van de Russen.

Het echte digitale gevaar, zo weet hij inmiddels als hoofd van het specialistische THTC, komt namelijk uit Rusland. De aantrekkingskracht van het internet op jonge, werkloze Russen is gigantisch: het is hun snelle weg naar geld en macht. Daarom houdt Van de Beek een opmerkelijke toespraak. Eerst prijst hij de capaciteiten van de Russische FSB, daarna bedankt hij ze uitvoerig voor de 'geweldige' samenwerking. Want zonder de Russen is Nederland nergens in de strijd tegen hackers, zegt hij.

Terwijl Van de Beek zijn verhaal houdt, ziet hij verbaasde gezichten bij de tientallen vertegenwoordigers van andere landen. Heeft Nederland zo'n goede samenwerking met de FSB, lijken ze te denken. De truc werkt: in de pauze komen meerdere FSB-agenten naar Van de Beek toe. Ze bedanken hem voor de mooie speech en wisselen contactgegevens uit. Ze willen graag meer doen tegen digitale misdaad, zeggen ze.

De contacten die Van de Beek in 2007 in Chabarovsk legt, vormen het begin van een goede samenwerking tussen de Nederlandse politie en de FSB. Het helpt daarbij dat de Nederlandse politievertegenwoordiger in Moskou, Ludo Pals, de Russische mores kent: de auto pontificaal op de stoep zetten bijvoorbeeld. Harde, zwartkomische grappen vertellen. De Nederlandse Pals krijgt definitief het respect van de Russen als hij de elitetroepen van de veiligheidsdiensten, de Spetsnaz, verslaat bij een schietwedstrijd.

Maar kan de FSB Nederland ook helpen bij het opsporen van de criminelen die ABN Amro aanvallen?

*

Ronald Prins en Van de Beek denken dat de maker van ZeuS uit Rusland komt. Ze hebben alleen één probleem: ze kunnen het vooralsnog niet bewijzen. De twee broeden op een plan. De criminelen communiceren onderling via het chatprogramma ICQ. Dit chatverkeer gaat via de computerservers van het Nederlandse Leaseweb, dat in die tijd 27 procent van al het Europese dataverkeer afhandelt. 'Een zeer snelle internetverbinding, relatief goedkoop productaanbod en een grote mate van vrijheid en anonimiteit', zijn volgens een interne politienotitie redenen waarom veel klanten voor Leaseweb kiezen. Onder hen tal van criminelen.

Het ICQ-verkeer dat via Leaseweb gaat, is niet versleuteld. Het onderzoeksteam van de politie onder leiding van Martijn van de Beek wil daarom iets bijzonders doen: een korte periode al het ICQ-verkeer bij Leaseweb vanuit Rusland aftappen en onderzoeken. Misschien vinden ze daarin meer aanwijzingen van de criminelen achter ZeuS.

Om het onderscheppen van gegevens mogelijk te maken, schaft de politie voor 600.000 euro het aftapapparaat P10 aan. Dit systeem kan de inhoud van internetverkeer analyseren, zogeheten *deep-packet-inspection*. Het analyseert de voorbijrazende datapakketjes en kijkt naar specifieke kenmerken, zoals afzender, grootte, soort bericht. Het is een omstreden techniek omdat het razendsnel de privécommunicatie van tienduizenden mensen scant. Landen als China gebruiken het om het internet te filteren op onwelgevallige inhoud.

In het najaar van 2008 is het Team High Tech Crime er klaar voor. De Nederlanders vragen buitenlandse diensten om hulp bij het ontrafelen van het ICQ-verkeer. Het is immers een gezamenlijk probleem: ZeuS maakt overal ter wereld slachtoffers. De politie heeft voor de operatie de ICQ-nummers nodig van bekende criminelen. De Oekraïense geheime dienst reageert snel op het Nederlandse verzoek, gevolgd door de Duitsers en Engelsen. Pas twee maanden later volgt de FBI en als allerlaatste, drie maanden na het verzoek, levert ook de Russische FSB een lijst met unieke nummers. De toespraak van Van de Beek werpt zijn vruchten af. De Nederlandse politie ontvangt 436 unieke ICQ-nummers.

Als de vereiste handtekening van officier van justitie Lodewijk van Zwieten onder de tapaanvraag staat, kan de klus beginnen. De P10 zuigt de datapakketjes bij Leaseweb in Nederland op en de eerste chatgesprekken komen binnen. Politieonderzoekers die in Driebergen kunnen meekijken, lezen nieuwsgierig de berichten. Dag in, dag uit lopen de computers vol met chatgesprekken van criminelen. Op het oog is het een abracadabra aan informatie: vage gebruikersnamen, korte gesprekjes. Maar langzamerhand vormen de onderzoekers zich een beeld. Er blijkt één duidelijke leider te zijn. Iedereen spreekt over hem, hij is op allerlei fora aanwezig en stuurt anderen aan. De politie noemt hem 'Umbro', een van zijn vele aliassen. Hij gebruikt ook nog 'Lucky12345', 'Monster' en 'Slavik'. Hij communiceert in het Russisch, zegt in de gesprekken op de Seychellen te wonen, heeft een vrouw en kind, 'runt' een restaurant en is de leider van een omvangrijk crimineel netwerk. De belangrijkste ontdekking: deze man is de maker van ZeuS, het virus dat Europese en Amerikaanse banken treft. Hij heeft er drie jaar aan gewerkt, zegt hij in ICQ-gesprekken. Hij blijft bezig met het updaten ervan en verkoopt het virus ook aan anderen, ontdekt de politie.

Voor het eerst is er zicht op het netwerk achter ZeuS. De Nederlandse rol – dankzij de aanwezigheid van belangrijke datacentra – blijkt een cruciale: door het aftappen van het ICQ-verkeer krijgen ook buitenlandse diensten zicht op het criminele netwerk. Het succes vormt een aanzet tot meer samenwerking, waarbij elk land zijn eigen specialisme heeft: de FSB levert de identiteitsgegevens van bekende Russische criminelen, Nederland tapt communicatie af en de FBI is sterk in het infiltreren in criminele fora en helpt met de opsporing. Umbro, zoveel is iedereen duidelijk, zit achter de aanval op ABN Amro en talloze andere Europese en Amerikaanse banken. Nu moeten ze alleen nog zijn ware identiteit achterhalen en hem lokaliseren.

*

Geen gehoor. Het lijkt of de bel van nummer 223 het niet doet. Ik voel nog altijd de camera, die me als een arendsoog in de gaten houdt. De sfeer bij mijn tweede bezoek aan Rusland is anders dan bij het interview met Edward Snowden in Moskou. Gespannen. Russen die ik samen met de tolk aanspreek op straat, reageren ontwijkend op vragen over Bogatsjov. Wegwerpgebaren. 'Ik kan u niet helpen.' Toch moet hij hier bekend zijn: hij investeert zijn criminele miljoenen in vastgoed in deze regio. Maar de mensen willen duidelijk niet over hem praten.

In de ochtend ben ik met de tolk naar een jachthaven geweest, vijftien kilometer van het penthouse waar ik nu voor de deur sta. In die haven zou een van de kostbare jachten van Bogatsjov liggen. Het is er rustig. Een hek met camerabewaking houdt nieuwsgierigen op afstand. Met de tolk ga ik naar een nabijgelegen pier om zo een beter zicht te hebben. Vissers staren bewegingsloos en met toegeknepen ogen naar het water. Een vrachtwagen levert Coca-Cola-koelkasten met de opdruk SOTSJI 2014 af. Afgedankt na de Winterspelen.

Als we verder de pier oplopen, komt een man met zonnebril,

nette leren schoenen en polo achter ons aan. Hij houdt een afstand van dertig meter. Pal daarachter volgen van verschillende kanten plotsklaps nog drie mannen en een vrouw. De vrouw houdt een fotocamera voor haar borst en maakt foto's van ons. Ze blijven in een boog lopen, blik op ons gericht.

Ik reageer wat nerveus. Wie zijn dit? En waarom staan deze personen om me heen? Behoedzaam lopen we terug richting de haven, de pier af. De vier mannen en vrouw blijven ons aankijken en komen dichterbij. Langzaam sluit de kring zich en lopen ze op ons af. Als de tolk aan de man met zonnebril vraagt waarom hij hier is, antwoordt hij: 'We kunnen jullie ook meteen doodmaken.' Daarop volgt een grijns. Zwijgend blijven de vijf om ons heen staan. Als wij verder lopen, blijven ze ons achtervolgen totdat we van de pier zijn. Dan lopen ze naar een forse zwarte auto en scheuren weg.

Het signaal is duidelijk: wie in de buurt van Bogatsjov komt, krijgt met machtige tegenstanders te maken. Daarom wil ik nog een laatste haastige poging wagen. Op weg naar zijn huis komen we langs een internetprovider. De medewerkers staan ons, in tegenstelling tot voorbijgangers en de mensen op de pier, beleefd te woord en Bogatsjov blijkt er zelfs een aansluiting te hebben. Uit een laatje haalt een van de medewerkers een stapel papieren met rekeningen, waaronder een op naam van Bogatsjov. Een kopie van zijn paspoort zit erbij, zijn adres staat op het afschrift.

Als we naar de flat lopen, komen we een medebewoner tegen. In het Russisch vraagt de tolk naar de bekende kale hacker. De bewoner heeft weleens een kale man op de 14de verdieping gezien. 'Dat moet dan die hacker zijn geweest.'

Dit zou dus echt de woning van Bogatsjov kunnen zijn. Ik druk nogmaals op de bel. Het blijft opnieuw stil. Dan maar aankloppen. Het geluid van mijn knokkels op de houten deur echoot door de gang.

*

Nederland weet al vrij snel dat Bogatsjov achter de alias 'Umbro' schuilgaat, mede dankzij de samenwerking met de FSB. Met name het contact met één FSB-leidinggevende is bijzonder goed. Zijn naam: Sergej Michajlov, plaatsvervangend hoofd digitale criminaliteit. Hij komt geregeld voor overleg naar het hoofdkantoor van politie in Driebergen. Tijdens die gesprekken deelt hij informatie uit Russische dossiers, opgebouwd door ouderwets opsporingswerk. De Nederlanders zijn soms verbijsterd hoeveel persoonlijke informatie de FSB over criminelen weet te verzamelen. Alsof ze jarenlang bij hen thuis heeft gezeten.

Specialisten van het THTC kennen Michajlov als een analytisch sterke en kundige specialist. Hij is bovendien vriendelijk. Ze werken al jaren met hem samen en hij reist graag door Europa. Michajlov komt zo vaak naar Nederland dat hij weet hoe een stroopwafel het lekkerst smaakt: door hem eerst op te warmen boven een kop hete koffie.

Ook over Bogatsjov deelt Michajlov informatie. Maar telkens als de Nederlanders denken dat de FSB hem wel zal aanhouden, komt er iets tussen. Dan krijgt de Nederlandse politie later te horen dat het niet het juiste moment was of dat hij zich verplaatst had. Bogatsjovs imperium groeit ondertussen gestaag door. Hij verkoopt zijn virus via online-fora op het *dark web*, een internetdomein dat alleen toegankelijk is met een speciale internetbrowser waardoor gebruikers anoniem blijven. Bogatsjov verhandelt kant-en-klare pakketten waarmee hackers aan de slag kunnen om financiële gegevens en wachtwoorden te stelen. Voor duizenden euro's zijn die pakketten te koop.

Als echte zakenman weet Bogatsjov dat het belangrijk is om een goede relatie met klanten te onderhouden. Dus biedt hij tevens technische ondersteuning aan zijn afnemers en levert hij met regelmaat nieuwe versies van zijn software. Hij is bereikbaar voor vragen en geeft snel antwoord als klanten vastlopen.

In 2010 verandert hij van strategie. Zijn nieuwste versie van ZeuS stelt hij enkel nog beschikbaar voor een exclusief gezelschap: jonge Russen en Oekraïners die hij door en door vertrouwt. Ze noemen zichzelf de 'Business Club'. De leden leveren Bogatsjov specifieke technische kennis, zoals kennis over software, bankzaken, valse paspoorten, verspreiding van mails. Zo ontstaat een geoliede machine die over de hele wereld bankrekeningen van personen en bedrijven leeghaalt. Ze vallen Amerikaanse ziekenhuizen aan, precies op het moment dat de Payroll-betalingen verwerkt worden.

Om hun buit binnen te halen, hebben ze veel bankrekeningen nodig. Daar ronselt de Business Club personeel voor, zogenaamde katvangers: mensen die met valse paspoorten bankrekeningen openen, het geld eraf halen en doorsturen naar Bogatsjov en zijn vrienden.

Bogatsjov professionaliseert verder. Om katvangers te rekruteren heeft hij iets ingenieus bedacht. Net zoals hij inbreekt in computers van slachtoffers om de inlogpagina's van hun banken te manipuleren, kraakt hij vacaturewebsites, bijvoorbeeld CareerBuilder.com. Hij bewerkt de website zo dat zijn eigen vacature erop te zien is, zonder dat hij echt op de vacaturesite staat. Administratie functie, flexibele werktijden, startsalaris 2000 dollar per maand.

Het is een relaxed baantje. De werknemers krijgen een paar valse paspoorten, waarmee ze rekeningen openen waarop vervolgens duizenden dollars binnenrollen. Ze mogen er zo'n tien procent voor zichzelf afhalen en moeten de rest doorsturen naar bankrekeningen van de Business Club. Tientallen katvangers in verschillende landen werken op deze manier.

Dan, in 2012, verandert er iets. ZeuS gaat zich anders gedragen. Het virus zoekt nog steeds naar financiële informatie, maar ineens ook naar specifieke informatie over Turkse, Georgische en Oekraïense geheime diensten. Het scant systemen op documenten waar mailadressen van Georgische en Turkse inlichtingenmedewerkers in voorkomen. Ook doorzoekt het virus computers op bestanden waarin in het Turks bijvoorbeeld de woorden 'algemene directie van veiligheid' en 'huurlingen' voorkomen, of

'Russische soldaten' en 'Syrië'. Eenmaal binnen in een computer is het alsof ZeuS zich in tweeën splitst.

Vreemd, vindt het Nederlandse politieteam. Waarom gaat een hacker die jarenlang met zijn virus bezig is zo veel mogelijk geld binnen te harken op zoek naar informatie van geheime diensten? En hoe komt hij überhaupt aan de namen van medewerkers van buitenlandse inlichtingendiensten?

Het zijn er honderden. De zoekopdrachten vallen samen met belangrijke politieke momenten, zoals de inval in de Krim in 2014 en de toenemende spanning met Turkije. Voor Nederlandse onderzoekers en de FBI is er geen twijfel: Bogatsjov doet dit in opdracht van de Russische geheime dienst. Zou dat verklaren waarom de FSB Bogatsjov niet oppakt en uitlevert?

Op zeker moment komen de veiligheidsdiensten voor de keuze te staan: is het nationaal belang wel gediend bij de aanpak van een grote en slimme hacker? Of kun je hem beter voor je laten werken? Dezelfde afweging maken alle grote landen: van de Russen tot de Amerikanen, van de Israëliërs tot de Chinezen. De Nederlandse diensten zijn daarin zuiverder: ze sluiten geen deals met criminelen. De Russen hebben een geschiedenis op dit vlak: ze schromen niet vuile handen te maken en samen te werken. De hacker mag ongestoord geld stelen, in ruil voor inlichtingenwerk.

Het helpt daarbij dat de Russische FSB, net zoals de Amerikaanse FBI, een gecombineerde dienst is: politiewerk én inlichtingen verzamelen, opsporen én geheime dienst zijn. In Nederland zijn die rollen strikt gescheiden. De politie doet de opsporing, de AIVD en MIVD verzamelen inlichtingen. De politie arresteert, de AIVD kijkt waar dreigingen vandaan komen en wie spioneren.

Daarom is de AIVD niet dol op de Russische bezoeken aan Nederland. Wie zegt dat die Russen komen om criminelen op te sporen en niet om te spioneren? De AIVD krijgt er de zenuwen van. Hier botsen twee werelden: de politie die pragmatisch denkt en met de Russen wil samenwerken en de AIVD die contacten met de Russen veel politieker en op risico's beoordeelt.

Uit voorzorg worden de ruimten waar Nederlandse agenten hun FSB-collega's spreken na afloop binnenstebuiten gekeerd, waarbij het systeemplafond er zelfs even uit gaat. Een 'sweep-team' van het Korps Landelijke Politiediensten kijkt of de Russen niet stiekem spionage-apparatuur hebben achtergelaten. Na 2012 is de afspraak dat alle politiemensen die FSB'ers spreken, vooraf én naderhand langs de AIVD gaan om verslag uit te brengen.

De politieonderzoekers die met de Russen werken, vinden alle achterdocht onzin. De FSB'ers die zij kennen, zijn gewoon politiemannen. Die zijn niet geïnteresseerd in inlichtingen en spionage. Neem Michajlov, een echte agent die ervan geniet een mooi onderzoek te 'draaien'. En is de FBI zoveel betrouwbaarder dan de FSB? Dat is toch ook een geheime dienst? Als Russen 'ja' zeggen, dan is het ook 'ja', weet de politie. Die geven hun woord en houden zich daaraan. Amerikanen zijn achterbakser.

Een Nederlandse politieman heeft er zelf ervaring mee. Tijdens een overleg met de FSB en de FBI op het hoofdkantoor in Driebergen komt een Russische collega naar hem toe. Hij wijst naar de man van de FBI. 'Hij is jullie data aan het kopiëren,' waarschuwt hij. Als de onderzoeker gaat kijken, ziet hij inderdaad dat de Amerikaan een usb-stick in een politielaptop heeft zitten en Nederlandse informatie steelt.

Toch komt de samenwerking met de FSB onder politieke druk te staan. Na de Russische annexatie van de Krim in 2014 en het neerhalen van vlucht MH17 bekoelen de diplomatieke contacten. De politie besluit om de ontmoetingen met de FSB niet langer in Driebergen te houden. Daar vindt namelijk ook het strafrechtelijk onderzoek plaats naar MH17. Om te voorkomen dat FSB'ers letterlijk een deur verderop zitten, verplaatst de politie de ontmoetingen naar Amsterdam en Rotterdam.

Dat betekent echter niet dat het delen van informatie ophoudt. Over criminelen, ook Russische, zijn nog redelijk goede gesprekken mogelijk. Michajlov blijft langskomen om gegevens te delen. De persoonlijke banden zijn goed, ondanks de politieke spanningen. Een Nederlandse politieonderzoeker krijgt op de avond van de aanslag op MH17 zelfs een meelevend sms'je van een FSB'er. Wat erg en sterkte, is de teneur van het bericht.

De politieke spanning drijft de landen langzaam uit elkaar. Tweemaal treffen delegaties van FBI en FSB elkaar in Nederland voor gesprekken over bredere samenwerking. De eerste keer in Babylon Hotel in Den Haag, de tweede maal in februari 2016 in de Haagse Sociëteit de Witte. Michajlov spreekt er met FBI-vertegenwoordigers, maar de tweede keer is meteen ook de laatste: de relaties zijn bekoeld.

De status van Bogatsjov blijft ondertussen groeien. De Amerikanen en de Nederlanders zijn er inmiddels van overtuigd dat hij spioneert voor de Russische veiligheidsdiensten. Als de FBI 3 miljoen dollar uitlooft voor de tip die tot zijn aanhouding leidt, kunnen Nederlandse politiemensen het niet laten Michajlov daarmee te pesten. Gekscherend informeren ze bij hem of hij een idee heeft wat hij gaat doen met het geld als hij Bogatsjov verlinkt. Want Michajlov moet toch weten waar Bogatsjov zich schuilhoudt. 'Een luxejacht misschien, Sergej?' 'Een buitenhuis in Italië?'

*

Bogatsjov doet niet open. Nog een keer waag ik een poging door te kloppen.

Weer geen reactie. Zou hij even van huis zijn? Of is de meest gezochte hacker ter wereld ergens ondergedoken?

Ik wil tot slot naar een villa aan de rand van Anapa die op naam staat van het vastgoedbedrijf van zijn oude advocaat. Eerder heeft deze advocaat telefonisch verteld dat hij Bogatsjov twee jaar geleden voor het laatst heeft gezien in Anapa. Hij heeft geen flauw benul waar hij nu is. Voor de zekerheid gaan we toch even bij hem langs.

De ommuurde villa ligt hoog boven de kust. Honden blaffen

er onophoudelijk. De bel klinkt schel. Na een paar keer bellen doet een slaperige jongeman in trainingsbroek de deur open. Als ik naar de advocaat vraag, zegt hij vriendelijk dat hij die naam niet kent. Als ik daarna Bogatsjov bij naam noem, verandert de toon. Een ferm 'nee' en de deur slaat dicht.

Een taxi brengt me van Anapa naar het 160 kilometer verderop gelegen vliegveld van Krasnodar. Vandaar vlieg ik via Moskou naar Amsterdam. Als het vliegtuig op Schiphol richting de gate taxiet, ontvang ik allerlei sms'jes van de tolk: 'gaat alles goed?' en 'bel me snel svp'.

Over de telefoon zegt hij dat het hotel hem heeft gebeld. Net nadat we waren vertrokken, kregen hotelmedewerkers bezoek van politieagenten in burger. Die hadden foto's van ons bij zich. Ze wilden kopieën van onze paspoorten en informatie over ons verblijf. Gevraagd naar de reden van het politiebezoek, antwoordden de Russische agenten: 'We zoeken ze omdat het terroristen zijn.' Het hotel wilde ons waarschuwen en heeft daarom de tolk gebeld. Hij vertelt er vol opwinding over. Ik zeg hem dat ik veilig in Nederland ben.

Eind 2016 reageert Michajlov ineens niet meer op telefoontjes uit Driebergen. Wekenlang is hij onbereikbaar. Politieonderzoekers snappen er niets van, totdat ze in Russische media lezen dat hij is gearresteerd. Tijdens een bijeenkomst van de FSB kreeg hij theatraal een zak over zijn hoofd en werd hij afgevoerd. Hoogverraad, luidt de officiële aanklacht tegen hem volgens de media. Michajlov zou informatie over Russische operaties hebben gelekt aan westerse geheime diensten. Het zou het grootste schandaal zijn in de top van de FSB na het uiteenvallen van de Sovjet-Unie.

Politiemedewerkers in Driebergen zijn met stomheid geslagen. Bij sommigen is de schok zo groot dat ze er slecht van slapen. Zal Michajlov zijn kinderen nog kunnen zien? Zit hij in een strafkamp? In de maanden erna komen nieuwe FSB'ers een paar keer naar Nederland om kennis te maken. De sfeer is onwennig. Het onderlinge vertrouwen heeft een knauw gekregen. Hoewel er nog wel informatie wordt gedeeld, verloopt het contact niet meer zo persoonlijk als met Michajlov. Het aantal fysieke ontmoetingen tussen politie, FSB en FBI neemt in de jaren erna snel af. De politie blijft gissen naar de werkelijke reden van het verdwijnen van Michajlov.

Dat tegelijk met Michajlov ook Ruslan Stojanov – hoofd van de onderzoeksafdeling van het cybersecuritybedrijf Kaspersky Lab in Rusland – is gearresteerd maakt het mysterie alleen maar groter. Ook hij wordt beschuldigd van hoogverraad.

Bij de politie snappen ze er niets van. Ook voor de AIVD zijn de ontwikkelingen in Rusland moeilijk te duiden, maar anders dan de politie zijn medewerkers in Zoetermeer allerminst verrast. De AIVD is na 2010 de blik op het Oosten gaan richten. China en Rusland hebben het potentieel van het internet ontdekt en gebruiken dat op geheel eigen wijze.

8

Complot in Amsterdam

N. is bepaald geen techneut. Toch leidt ze in 2013 het 'Rusland en China-team', dat bij de AIVD onder 'digitale spionage' valt. 'Dispi,' zeggen ze bij de geheime dienst in Zoetermeer. N. (dan 53) is een carrièrevrouw: gestaag werkt ze zich op. Ze begon als vertaler, kreeg daarna bureaufuncties, is een paar keer uitgezonden – onder meer naar een land in het Midden-Oosten – om ten slotte teamleider te worden. Ze specialiseert zich in contraspionage: achterhalen hoe en waar andere landen Nederland bespioneren. Aan haar de taak om in 2013 de digitale dreiging uit het Oosten in kaart te brengen.

Ze is een zakelijk type leider: risicomijdend, afwachtend en gericht op de inhoud. Kom bij haar niet aan met allerlei privésores. Al leren mensen die door haar pantser heen weten te dringen ook haar sociale kant kennen.

Ze leidt ongeveer een jaar het Ruslandteam als er een Amerikaans verzoek binnenkomt in Zoetermeer. De FBI wil een zogeheten '*surreptitious entry*' doen, heimelijk toegang krijgen tot een doelwit. De CIA in Nederland zal de operatie uitvoeren omdat het technisch vrij complex is en die vraagt of de AIVD kan assisteren. Het betreft een spionageklus in het centrum van Amsterdam.

Het moment voor het verzoek is pikant: op hoog niveau lopen er gesprekken over de doorgaans juist zo goede Amerikaans-Nederlandse relatie. Edward Snowden heeft honderdduizenden geheime documenten van de Amerikaanse NSA in handen waaruit blijkt dat de NSA overal ter wereld op grote schaal afluistert. Politici en de Nederlandse geheime diensten willen weten waar ze aan toe zijn: wordt er in Nederland ook afgeluisterd? Welke stukken zijn de Amerikanen precies kwijt? En wat staat daarin over Nederlandse operaties?

Op 11 oktober 2013 ontvangt minister Ronald Plasterk – geflankeerd door de bazen van de AIVD en MIVD – de hoogste man van de NSA, Keith Alexander. Hij probeert de kou uit de lucht te halen. Nederland, zo houdt hij de Nederlanders voor, is géén *target* van de NSA. '*We don't collect on the Netherlands*,' zegt hij. De reden, volgens NSA-baas Alexander: de Nederlanders leveren wat de Amerikanen vragen. De AIVD en MIVD hebben weinig geheimen voor de Amerikanen. De relatie is zo dat de Nederlanders delen, ongeacht wat ze ervoor terugkrijgen. De in zichzelf gekeerde CIA deelt niet veel, met name briefings en inlichtingenrapporten. De NSA deelt meer, ook ruwe data.

De AIVD en MIVD vragen Alexander om een overzicht van de kwijtgeraakte documenten. Ze willen inschatten wat de consequenties zijn voor Nederlandse operaties. De kalende Amerikaanse generaal reageert begripvol, biedt zijn excuses aan en vertelt dat de Amerikanen nog bezig zijn met een inventarisatie. 'We sturen een lijst zodra die af is,' stelt hij gerust. Maar die belofte zal hij nauwelijks nakomen: in de jaren erna ontvangen de Nederlanders stukjes en beetjes informatie. Langzamer en minder gedetailleerd dan gehoopt.

Dan zegt Alexander dat hij door het lek besloten heeft dat de NSA minder zal gaan delen met bondgenoten. De AIVD en MIVD zijn met stomheid geslagen. Door een Amerikaanse blunder liggen honderdduizenden documenten op straat en nu wil de NSA-baas hén daarvoor straffen? Wat is dit voor onzin? Het is typerend voor de Nederlands-Amerikaanse relatie: de Amerikanen stellen zich arrogant en belerend op. Fouten toegeven doen ze niet graag. Ze beschouwen zichzelf als *centre of the universe*.

Die opstelling leidt wel vaker tot ferme botsingen met Nederlandse diensten. De AIVD werkt bijvoorbeeld bij het monitoren van wapentransporten jarenlang intensief samen met de CIA. Dat is een uitvloeisel van internationale afspraken: westerse landen controleren of er geen landen zijn die stiekem hun wapenarsenaal uitbreiden of aan nucleaire ontwikkeling doen.

Praktisch werkt het zo dat geheime diensten elkaar op de

hoogte houden over de afzenders en ontvangers van wapens. Maar na 11 september 2001 is er iets veranderd. De Amerikanen zijn na de aanslagen op de Twin Towers en het Pentagon Afghanistan binnengevallen en beschouwen Pakistan als bondgenoot in de *War on Terror*. Als AIVD'ers de CIA om informatie vragen over het eindstation van nucleaire materialen in Pakistan krijgen ze geen reactie. Van de ene op de andere dag verstrekken de Amerikanen geen gegevens meer. Na meerdere pogingen, wachten en aandringen volgt uiteindelijk een summier Amerikaans bericht: '*We don't report on allies.*' In een handomdraai en zonder overleg hebben de Amerikanen besloten een decennia oud verdrag niet langer uit te voeren omdat ze de Pakistanen zoet moeten houden. AIVD'ers zijn woest: de Amerikaanse CIA-liaison is maandenlang niet welkom.

Ook de militaire inlichtingendienst heeft aanvaringen met de Amerikanen. Als de MIVD in Afghanistan actief is, bellen Amerikanen naar de Frederikskazerne in Den Haag. De MIVD zou door een fout een Amerikaanse bron hebben onthuld. Een kwalijke zaak, de Amerikanen zijn *not amused*. De MIVD-leiding besluit het incident te onderzoeken en komt erachter dat het niet de Nederlanders maar juist de Amerikanen zelf zijn geweest die de identiteit van een bron hebben geopenbaard. Er volgt een minzaam '*Oh sorry.*'

De Amerikanen kunnen simpelweg meer maken en meer vragen. Het is groot tegen klein. Zijn ze ontevreden dan laten ze dat luidruchtig weten – zeker als het terrorisme betreft. Als blijkt dat een terrorist voor de aanslag op het Brusselse vliegveld Zaventem ook op Schiphol was, komen de Amerikanen meteen naar Nederland. Zonder overleg met Nederlandse diensten gaan ze naar de luchthaven en adviseren ze Amerikaanse vliegmaatschappijen hoe die hun beveiliging kunnen opschroeven. Als op Amsterdam CS een Afghaan twee Amerikanen verwondt met een mes, komt de Amerikaanse ambassadeur Pete Hoekstra een paar dagen later met kritiek. Nederlandse inlichtingendiensten hadden 'meer en sneller' informatie moeten delen met hun Amerikaanse collega's, zegt hij tegen *De Telegraaf*. 'Als een schoolmeester die een leerling terechtwijst', zo typeren Nederlanders deze bemoeienis.

Ondanks de onderlinge agitatie en hoogopgelopen spanning vanwege de NSA-affaire reageert N. gewillig op het Amerikaanse verzoek. Meedoen met een Amerikaanse operatie is ook een kans: het biedt toegang tot nieuwe informatie. Bovendien kunnen de Amerikanen technisch soms net wat meer, waar AIVD'ers van kunnen leren. En ze doen nooit lullig over geld, waardoor ze duurdere operaties kunnen uitvoeren.

Het doelwit van de operatie is Kaspersky. Volgens de CIA komen de beste experts van het Russische beveiligingsbedrijf in oktober samen in Amsterdam. Kaspersky levert antivirussoftware aan 400 miljoen gebruikers wereldwijd. Deze software moet computers schoonhouden van virussen en indringers. Het is een gewild product: Kaspersky staat goed aangeschreven. De technische specialisten van het bedrijf doen eigen onderzoek naar spionage en leggen daarbij ook Amerikaanse spionageoperaties bloot – zoals de Stuxnet-aanval op Iran en een uiterst geraffineerde opvolger die huishoudt in het Midden-Oosten. En omdat het hoofdkantoor van Kaspersky in Moskou staat, zijn de Amerikanen wantrouwig. In de oplaaiende digitale strijd met Rusland wil de FBI weten of Kaspersky een risico is voor de Amerikaanse veiligheid. Hoort Kaspersky bij de lange arm van de Russische overheid?

*

Dat N., afkomstig uit een katholieke familie, instemt heeft een reden. Ze heeft ervaring met het onderkennen van spionage door andere landen. Ze kent de kwaliteiten van met name China, Iran en Rusland. Maar internet heeft spionage veranderd, de ontwikkelingen zijn de laatste jaren ontzettend snel gegaan. Het valt nauwelijks nog bij te benen. Ook de grootte van de AIVD speelt mee: onder de 1300 medewerkers van de dienst zijn maar een paar hackers. De NSA (50.000 man), GCHQ (6000) zijn een stuk groter. China zet dagelijks meer dan honderdduizend hackers in.

Nieuw is de langdurige spionage: geheime diensten dringen organisaties binnen en blijven vervolgens jarenlang zitten. Ze gebruiken op maat gemaakte virussen, zoals Regin bij het Belgische telecombedrijf Belgacom. Zo'n lange spionageaanval heet een *Advanced Persistent Threat*, kortweg APT. N. verwart de term regelmatig met ATP – de internationale benaming voor de club van proftennissers.

Het is ongelooflijk ingewikkeld om dit soort spionage te bestrijden: de aanvallers doen er alles aan om hun afkomst te verbergen. Bepaalde afdelingen van geheime diensten specialiseren zich in de langdurige spionage. Alle grote landen doen eraan mee. China, Iran, Noord-Korea en Rusland zijn berucht in het Westen. Vooral de Chinezen leiden vanaf het begin van de 21ste eeuw spectaculair veel mensen op voor digitale spionage.

In 2013 dringt langzaam in het Westen door wat de Chinezen aan het doen zijn. Dat komt door een zeer gedetailleerd rapport van het Amerikaanse beveiligingsbedrijf Mandiant. Niet eerder publiceerde een bedrijf zo specifiek over de langdurige spionage van een hackgroep en werd het gedrag van een groep staatshackers zo minutieus vastgelegd.

Honderden Chinese militairen, zo laat Mandiant zien, werken in een twaalf verdiepingen hoog wit flatgebouw aan de rand van Shanghai. Het pand wordt omringd door restaurants en massagesalons. Op het dak staan enkele kleine satellietschotels. De hackers horen bij een geheime eenheid van het Chinese Volksbevrijdingsleger – aangeduid met cijfer 61398 – en vallen op systematische wijze de ene naar de andere westerse organisatie aan.

De taken binnen de eenheid zijn verdeeld: de ene hacker maakt valse e-mailadressen aan, een ander stelt Engelse phishing mails op en weer een ander dringt daadwerkelijk binnen. Vertalers, systeembeheerders, technici en ondersteunend personeel staan de hackers bij. Ze gebruiken meer dan duizend computerservers om wereldwijd aanvallen uit te voeren.

De Chinezen komen in zeven jaar zeker 141 bedrijven binnen. Van Coca-Cola tot defensiebedrijven. Als ze binnen zijn, stelen ze eerst wachtwoorden en daarna gegevens. Soms zitten ze maanden in een bedrijf, soms jaren. De gemiddelde tijd dat ze binnen zijn is 356 dagen. De langste spionage duurt bijna vijf jaar. De hackers trekken hele bedrijven leeg, in één geval stelen ze in tien maanden tijd 6,5 terabyte aan informatie – oftewel de gegevens van ruim zes grote universiteitsbibliotheken.

De aanvallen lopen parallel aan de belangen van de Chinese overheid. Als Coca-Cola de overname van een Chinese frisdrankgigant overweegt, zit eenheid 61398 ongezien in het Amerikaanse bedrijf. De techneuten stelen de onderhandelingsstrategie en andere bedrijfsgevoelige informatie. De groep is vooral uit op het intellectueel eigendom van hightechbedrijven, militaire organisaties, chemische fabrieken en telecomproviders. Ze dringt bijvoorbeeld ook Lockheed Martin binnen en ontvreemdt zo het ontwerp van het gevechtsvliegtuig Joint Strike Fighter. China maakt het vliegtuig na en beschikt er zo eerder over dan Nederland, dat nog jaren moet wachten op de bestelde JSF's.

Eenheid 61398 wordt vanaf de publicatie van het Mandiant-rapport APT1 genoemd – de eerste onderkende statelijke spionagegroep. Officieel publiceert Mandiant de werkwijze van de groep om andere bedrijven en overheden te waarschuwen. Zij kunnen de specificaties uit het rapport – zoals de ip-adressen of het soort malware – zelf onderzoeken en zo Chinese hackers buiten de deur houden.

Maar er is ook een politieke component: het zo gedetailleerd openbaar maken van spionage werkt afschrikkend. Nederlandse bronnen spreken hun vermoedens uit dat Mandiant gevoed wordt door Amerikaanse inlichtingendiensten die er belang bij hebben dat details over Chinese spionage uitlekken. De Amerikaanse regering grijpt de publicatie dankbaar aan om voor het eerst China openlijk te beschuldigen van een golf aan digitale aanvallen die gericht zijn op westerse bedrijven en overheden. Het is een nieuwe stap in de digitale oorlogsvoering: de strategie van je vijand blootleggen. Normaal houden overheden dit soort informatie binnenskamers om de diplomatieke relaties niet te schenden.

Het houdt de Chinezen niet tegen. Ze zetten dagelijks tienduizenden hackers in die vrij lomp te werk gaan. Hoe dat precies gaat, zie ik dankzij onderzoeker Yonathan Klijnsma, die voor het Delftse Fox-IT nieuwe soorten malware bestudeert. Als ik hem ontmoet, vertelt hij over een bijzonder onderzoek.

Klijnsma ziet geregeld onbekende software bij klanten. Vaak is het niets bijzonders, maar als hij op een dag de specificaties van nieuwe software invoert in een openbare database, ziet hij dat die software ook op andere plekken is ontdekt. Bij overheden en bedrijven in de Verenigde Staten, in Myanmar en in India. Ook in Canada en in Duitsland komt hij die tegen en er is zelfs een link naar Nederland. De hem onbekende software wordt een fascinatie voor Klijnsma. In de avonduren en tussen opdrachten door probeert hij de makers ervan in kaart te brengen. Na maanden onderzoeken weet hij de werkwijze van de groep bloot te leggen. Het geeft een zeldzame inkijk in hoe Chinese hackers te werk gaan en uiteindelijk in Nederland informatie stelen.

Om acht uur 's ochtends lopen vijf jongemannen een klein kantoor in de zuidelijke Chinese provincie Guangdong binnen. Ze starten hun computers. Eén van de vijf opent Writer – de Chinese tegenhanger van Word – en begint te schrijven aan een Engelstalig nieuwsbericht. Zijn Engels is prima, dankzij een goede vooropleiding in China. Nu werkt hij voor de Chinese overheid.

Het nieuwsartikel gaat over het Duitse bedrijf Rheinmetall. De Chinees weet dat dit defensiebedrijf net is gaan samenwerken met een Nederlands bedrijf. Ze leveren onderdelen voor een nieuw pantservoertuig, de Boxer. In Writer schrijft hij een kort stuk over de fusie en stuurt dit ter controle naar een collega.

In mei 2012 belandt het nieuwsbericht in de mailbox van werknemers van Rheinmetall. De Chinezen hopen dat een van de ontvangers het mailtje opent en op het meegezonden bestand klikt. En ja hoor: een van de medewerkers klikt op de bijlage en installeert zo ongezien een programmaatje genaamd ShimRat-Reporter op zijn eigen computer. Dat analyseert het bedrijfsnetwerk van Rheinmetall en stuurt nuttige informatie terug naar de groep in China, zoals gegevens over instellingen en reeds geïnstalleerde software. Het slachtoffer weet van niets.

De groep Chinezen is binnen, krijgt updates over het systeem en plaatst na een tijd een virus in het bedrijfsnetwerk. Om niet op te vallen verstopt het zich achter bekende antivirusprogramma's zoals McAfee, Symantec en Norman. Voor de besmette werknemer van Rheinmetall lijkt het daarmee of een antivirusprogramma aan het updaten is. In werkelijkheid sluipt een Chinees virus het netwerk in.

Om informatie vanuit Rheinmetall naar China te krijgen, communiceert het virus met websites die sprekend lijken op echte websites. De groep gebruikt domeinen als mail.upgoogle.com en support.outlook-microsoft.com, en ook een valse pagina van de Amerikaanse krant *The New York Times*. Malware 'praat' met de makers via tussenstations. Om niet op te vallen, kiezen de makers daarom ogenschijnlijke legitieme websites. Zo verhullen ze hun spionage. De vijf Chinezen hebben jarenlang toegang tot Rheinmetall en daarmee ook tot de technologische kennis van de Nederlandse tak van het bedrijf in Ede. Niemand merkt daar de spionage op. Pas als onderzoeker Klijnsma het werk van de groep blootlegt en Rheinmetall informeert, ziet het bedrijf de schade. In drie jaar sluipen de vijf hackers zeker 24 organisaties binnen, waaronder een Canadees bedrijf gespecialiseerd in zonneceltechnologie.

Zoals deze hackers bestaan er tienduizenden Chinese hackers die dagelijks inloggen en op afstand bedrijven leegplunderen. Ze passen hun werkwijze voortdurend aan en gaan agressief en doortastend te werk. Angst om gepakt te worden, kennen ze niet: de identiteit van hackers wordt zelden bekend. Bovendien genieten ze bescherming van de Chinese overheid.

Dit is de situatie in 2013 als N. het verzoek van de CIA ontvangt: digitale spionage neemt een gigantische vlucht. China zet flatgebouwen vol hackers in om westerse kroonjuwelen te stelen, Groot-Brittannië en de Verenigde Staten trekken VN-organisaties en telecombedrijven zoals Belgacom leeg. En Rusland? Dat speelt zijn eigen spel, waar de AIVD in 2013 de eerste signalen van opvangt.

De onderzoekers van Kaspersky die naar Amsterdam komen, zijn de slimste specialisten van het bedrijf – diegenen die de analyse van malware doen. Nerds die naar verbanden speuren en de ingewikkeldste virussen ontleden. Zoals Mandiant Chinese spionage blootlegt, zo doet Kaspersky dat ook. Door die onderzoeken houdt Kaspersky klanten veilig: antivirussoftware dient bestand te zijn tegen nieuwe spionage. De specialisten van Kaspersky die malware bestuderen, werken over de hele wereld in een analyseteam. In oktober 2013 komen ze, een paar dagen voor een grote conferentie, voor een teambijeenkomst naar de hoofdstad. Ze verblijven in een hotel vlak bij Amsterdam CS.

Het is een buitenkans voor de CIA: zo vaak zijn deze specialisten niet fysiek op één plek. Sommigen gaan daarna nog naar de RSA Conference, in de RAI aan de zuidkant van Amsterdam. De Roemeen Costin Raiu, hoofd van het analyseteam van Kaspersky, zal daar in een kleine zaal – G107 – in debat gaan over een nieuw en 'controversieel' onderwerp in de informatiebeveiliging: Advanced Persistent Threats. Hoe serieus is hun dreiging? Zijn APT's een hype?

Maar voor de conferentie trekken twaalf onderzoekers van Kaspersky eerst drie dagen met elkaar op. De AIVD en CIA overwegen microfoons in de hotelzaal te plaatsen waar de medewerkers zijn om ze af te luisteren, maar ze zien daar uiteindelijk van af. Te ingewikkeld.

N. overlegt met H. – de CIA-man in Nederland die de contacten met de AIVD onderhoudt. Met zijn smalle hoofd, grijzige haar, brilletje en ruimvallend pak had de CIA-man zo de ambtenaar uit de televisieserie *Flodder* kunnen zijn. Ze komen tot een plan: een observatieteam van de AIVD zal de onderzoekers volgen als ze het hotel uit gaan, een ander team zal proberen hun laptops uit de hotelkamer te halen en in handen van de CIA te geven.

Maar al tijdens de eerste dag van hun teambijeenkomst kijken onderzoekers van Kaspersky vreemd op. Op verschillende plekken in het hotel komen ze dezelfde mensen tegen: in het restaurant of in de hal. Die personen gedragen zich opvallend – er komt zelfs iemand ongevraagd een *meeting* in gelopen. Besloten wordt om de activiteiten van die dag uit voorzorg eerder af te breken. De onderzoekers voelen zich bekeken. De laptops, die de specialisten al met hun leven bewaken, klemmen ze nu nog dichter tegen de borst. Eén Kaspersky-medewerker besluit een Nederlands contact te bellen.

*

Waar de AIVD een heuse afdeling digitale spionage heeft en actief hackers rekruteert, loopt de militaire MIVD digitaal hopeloos achter. De dienst teert op de gave om inlichtingen uit de lucht te halen, via bijvoorbeeld de afluisterschotels in het Friese Burum.

Anders dan de AIVD is de MIVD hoofzakelijk geïnteresseerd in communicatie door de lucht. Voorheen waren dat de diplomatieke berichten tussen ambassades en hun thuislanden, tegenwoordig is het de communicatie van bijvoorbeeld de Taliban in Afghanistan of jihadistische strijders in Mali. Om die te onderscheppen volstond de traditionele manier van inlichtingen verzamelen. Toen de Verenigde Staten Afghanistan binnenvielen, bleek de Taliban nog met ouderwetse portofoons en veldradio's te communiceren. En de MIVD, dat in het Achterhoekse dorp Eibergen een antenneveld heeft dat hoogfrequent radioverkeer onderschepte, kon zo nuttige inlichtingen verzamelen.

Ook het afluisteren middels onderzeeboten is een oude troef van de MIVD. Regelmatig varen Nederlandse onderzeeboten van de Walrusklasse uit om voor de kust van andere landen inlichtingen te verzamelen. Die brengen havens en luchtverdediging in bijvoorbeeld Iran in kaart. Een belangrijke activiteit van de MIVD omdat Britse en Amerikaanse onderzeeboten daar vanwege het gebrek aan diepte niet kunnen komen. Het inzetten van onderzeeboten is steeds weer onderwerp van discussie bij de top van Defensie: het is namelijk tijdrovend en kostbaar. 'Even afluisteren' in Iran kost makkelijk een half jaar door alle voorbereidingen en wekenlange reis naar de regio.

Maar in 2011 gaat communicatie steeds vaker digitaal. Andere diensten die net als de MIVD communicatie uit de lucht haalden, zoals de NSA, de GCHQ en de Israëlische Unit 8200, zijn wél overgegaan op digitaal inlichtingen verzamelen. In de maand dat marineman Pieter Bindt aantreedt als nieuwe directeur MIVD staat het personeelsblad van de MIVD vol met waarschuwingen over de nieuwe digitale dreiging. 'Onderschat digispion niet!' En over sociale media: 'Wist u dat als u uw "smartphone" koppelt aan uw account van uw sociale netwerksite, bijvoorbeeld Facebook, deze exact laat zien waar u zich bevindt op elk willekeurig tijdstip?' Het beveiligingsadvies van de MIVD: 'Discreet omgaan met uw gegevens op internet is geboden.'

De veeleisende Bindt wil de digitale achterstand snel inlopen. Al langer is er een politieke wens om de afluistercapaciteiten van de AIVD en de MIVD samen te voegen tot een grote nieuwe afluistereenheid. Dit project – Symbolon gedoopt – loopt door onderlinge agitaties stroef, maar Bindt wil het vlot trekken. Hij ziet er een kans in voor de MIVD om te profiteren van de digitale kennis van de AIVD. Niet voor niets schrijft hij bij zijn aantreden aan het MIVD-personeel: 'Een partner waar we in het bijzonder aandacht aan zullen geven is de AIVD. De wereld is groot en onrustig, terwijl beide diensten relatief klein zijn. Eén plus één moet ten minste drie worden.'

Net als het Zoetermeerse pand van de AIVD is het kantoor van de MIVD een ondoordringbaar fort. De MIVD huist in de Frederikskazerne aan de rand van Den Haag in een veertien verdiepingen hoog gebouw. Medewerkers moeten eerst langs een door militairen bewaakte slagboom. De entree van het gebouw zelf is afgesloten met drie tourniquets. MIVD'ers hebben een pasje nodig en een vijfcijferige persoonlijke code om binnen te komen. Buiten de poortjes bevindt zich een lockerruimte voor telefoons: smartphones mogen het gebouw niet in. Met liften komen de medewerkers op hun eigen etage waar ze nogmaals met pasje en code doorheen moeten. MIVD'ers kunnen alleen op etages komen waarvoor ze zijn geaccrediteerd.

De geheimhouding wordt zeer serieus genomen. Als oud-MIVD-medewerker Jaap van Tuyll een boek schrijft, moet hij zich melden bij het hoofd van de dienst. Van Tuyll is twaalf jaar eerder na een dienstverband van ruim dertig jaar uit dienst gegaan. Hij was een gewaardeerde crypto-analist: hij ontcijferde onderschepte berichten, onder meer van buitenlandse ambassades. Over zijn tijd bij de dienst gaat zijn boek, waarin hij vooral ingaat op verschillende vercijferingstechnieken. Hij schrijft niets over geheime operaties.

Maar bij de MIVD zijn ze er niet gerust op. Van Tuyll mag dan al twaalf jaar weg zijn, zijn kennis is nog steeds waardevol, denken ze. Het hoofd van de MIVD geeft Van Tuyll in een persoonlijk gesprek twee opties: óf hij zet publicatie door, waarna de MIVD naar de rechter zal stappen om een verbod te eisen, óf hij laat het boek in eigen beheer uitgeven door de MIVD. Van Tuyll kiest voor het laatste. Hij mag zijn boek presenteren in het gebouw van de AIVD in Zoetermeer. Een exemplaar krijgt hij niet mee: het wordt staatsgeheim verklaard en moet binnen de muren van het pand blijven. Van Tuyll kan zijn eigen boek niet thuis in de kast zetten.

Twee jaar na het aantreden van Bindt is de samenwerking met de AIVD nog amper van de grond gekomen. Dat heeft deels te maken met AIVD-baas Rob Bertholee, die in hetzelfde jaar aantreedt als Bindt. De stugge Bertholee is een rechtlijnige man die intern de nadruk legt op het volgen van jihadverdachten. Hij heeft minder gevoel voor de andere taken van de AIVD, zoals digitale spionage en het ontwaren van trends op lange termijn. Hij komt uit de landmacht, moest de tanks afschaffen en is iemand die loyaal is naar politieke bazen. De rijzige Bertholee, een fanatiek hardloper die uit veiligheidsoverwegingen nooit hetzelfde rondje loopt, protesteert nauwelijks tegen bezuinigingen die de AIVD krijgt opgelegd. Bovendien laat hij zich de dominantie en de niet geringe ijdelheid van zijn politieke baas Ronald Plasterk welgevallen. Dat maakt hem bij medewerkers van de AIVD niet geliefd. Zijn hoekige karakter helpt ook niet; collega's stappen niet makkelijk op hem af.

MIVD-baas Bindt is in zekere zin een tegenpool van Bertholee: opgeleid bij de marine, durfal, iemand die het conflict niet schuwt. De sigaar rokende schout-bij-nacht kan zich flink kwaad maken, maar is ook benaderbaar. Hij staat bekend als een slimme officier die oog heeft voor de lange termijn. Hoewel het generatiegenoten zijn – beiden geboren in de jaren vijftig – schuren de karakters van Bindt en Bertholee regelmatig. Na jarenlang gesteggel is het een oude bekende van de AIVD die de samenwerking tussen beide diensten een impuls moet geven: Paula Wiegers, die lang bij de AIVD werkte en later topambtenaar werd bij het ministerie van OCW en Algemene Zaken. Het is aan haar om de partijen samen te brengen in een nieuwe eenheid: de Joint Sigint Cyber Unit.

Hoe moeizaam het proces gaat, blijkt wanneer tientallen MIVD'ers als onderdeel van de nieuwe unit in het gebouw van de AIVD in Zoetermeer gaan werken. De AIVD eist dat deze MIVD'ers eerst een uitgebreid veiligheidsonderzoek ondergaan voordat ze het pand in mogen. De militairen voelen zich daardoor geschoffeerd: ze beschikken al over een veiligheidsverklaring. Maar de AIVD houdt voet bij stuk – tot ergernis van de MIVD.

Meer dan drie jaar nadat Bindt directeur MIVD is geworden,

gaat de gezamenlijke eenheid van AIVD en MIVD in 2014 schoorvoetend van start. Beide diensten leveren specialisten: de AIVD hackers, de MIVD'ers experts in het onderscheppen van communicatie door de lucht. Alles bij elkaar telt de afluistereenheid zo'n 350 personen. Ongeveer honderd van hen zitten in een 'digitale business unit', waarvan de digitale operaties deel uitmaken. Onder deze unit hangen weer enkele teams: voor het aftappen of het runnen van bronnen. Weer een ander team houdt zich bezig met Computer Network Exploitation (CNE). Deze AIVD-hackers mogen offensieve operaties uitvoeren: vijandige netwerken aanvallen en binnendringen. Als de nieuwe eenheid van start gaat, blijkt dat de AIVD een voorsprong heeft op de MIVD. Hackers van de AIVD zijn bezig met een uiterst geheime operatie die ze diep in Rusland brengt.

*

De afloop van de Nederlands-Amerikaanse operatie tegen Kaspersky is ongewis. AIVD-bronnen vertellen dat de dienst zeker één keer een laptop uit een hotelkluis haalt en naar een kamer brengt waar een technisch team van de CIA zit. De AIVD'ers kijken vervolgens jaloers toe hoe de CIA'ers razendsnel de wachtwoorden en encryptiesleutels uit het geheugen halen en de inhoud van de laptop kopiëren op een usb-stick. De Nederlanders stoppen de laptop daarna snel terug in de kluis. Operatie toch nog geslaagd.

Kaspersky vindt dat 'ongeloofwaardig', zegt het bedrijf jaren later. Hun onderzoekers hadden immers op de eerste dag al door dat er iets niet in orde was. Bovendien zijn de medewerkers bijzonder voorzichtig met hun laptops en is het beleid van Kaspersky om die niet in hotelkluizen te bewaren. De medewerker die iets vermoedde belde een bevriend Nederlands contact, die vervolgens de AIVD verwittigde. De dienst zou hem zeggen dat het een misverstand was: de onderzoeker dacht dat hij vanaf Amsterdam CS gevolgd werd, maar daar was het observatieteam van de AIVD niet geweest.

In twee jaar spreek ik vijf bronnen over de spionage in het Amsterdamse hotel. Een aantal vragen blijft onbeantwoord. Waarom wilde de FBI per se toegang krijgen tot de laptops van deze Kaspersky-medewerkers? Welke inzichten over het bedrijf moest dat opleveren?

Ik worstel lang of ik het verhaal zonder antwoorden in dit boek kan opnemen. De interesse van de FBI in Kaspersky hoort bij de online strijd tussen de Verenigde Staten en Rusland. De AIVD kiest daarbij de kant van de Amerikanen. Het is opmerkelijk dat die diensten zich al in 2013 op Kaspersky storten – pas jaren later wordt dat een publiek thema. Aan de andere kant: kan ik de *werkelijke* betekenis van deze operatie wel duiden als ik niet alle informatie heb?

Deze twijfel hoort ook bij het schrijven over geheime diensten. Het is lang niet altijd mogelijk om op alle vragen antwoorden te krijgen. Soms durven bronnen niet meer te vertellen, soms weten ze niet meer, soms kan ik er net niet bij. Publiceren of toch nog even wachten op meer informatie? Het blijft een permanente afweging.

Zo'n journalistiek dilemma speelt ook als ik via een betrouwbare bron hoor dat de AIVD eind 2016 Russische malware aantreft op de netwerken van de Oosterscheldekering. Potentieel groot nieuws: de Oosterscheldekering behoort tot de kwetsbaarste Nederlandse infrastructuur. De bron is nerveus en wil geen verdere details geven.

Een jaar later krijg ik een summiere bevestiging van een andere bron. 'Ja, dat heb ik ook gehoord.' Je zou kunnen zeggen: publiceren maar. Twee bronnen die onafhankelijk van elkaar de informatie bevestigen. Ik vind het alleen te dun. Hoe trof de AIVD de malware aan? Hoelang zat het er al? Wat voor soort malware was het? Hoe zeker is het dat die uit Rusland kwam?

Driekwart jaar later heb ik een gesprek met een betrokkene. Als het klopt, *moet* deze persoon het weten. Hij ontkent ten stelligste ooit iets dergelijks te hebben gehoord. Als ik terugga naar mijn eerste bron houdt deze echter vol. Details wil of kan hij ook nu niet geven. Net als een paar andere betrokkenen die het zouden kunnen weten. Ik kan er niet over publiceren.

Nog een voorbeeld. De AIVD en CIA proberen samen een Iraanse student van een Nederlandse universiteit te rekruteren. De student beschikt over buitengewone technologische kennis. Een buitenkans, maar het loopt niet goed af: de student wil niet voor de geheime diensten werken.

Prima verhaal. Het wordt ook nog eens bevestigd en ik heb de naam van de student en weet hoe hij eruitziet. Omdat ik hem niet in gevaar wil brengen, laat ik hem via een versleuteld bericht weten dat ik graag zijn kant van het verhaal hoor. Ik zeg hem dat ik geïnteresseerd ben in de werkwijze van de AIVD en CIA: wat hadden zij hem te bieden? Waarom kwamen ze bij hem uit?

Hij reageert niet. Ook niet op twee uitgebreide mails waarin staat dat ik zijn identiteit wil beschermen. Wat te doen? Het verhaal klopt, daar twijfel ik niet aan. Ik snap ook dat hij niet wil reageren. Ik wil zijn naam, de universiteit waar hij werkt en zijn achtergrond niet zomaar openbaar maken. Alleen: zonder die informatie blijft er wel heel weinig van het verhaal over. Ik besluit niet te publiceren.

De spionageklus in het Amsterdamse hotel laat ik lang liggen. Ik probeer nieuwe bronnen te vinden en zoek naar extra informatie. Aanvankelijk zonder veel succes. Tot ik op een dag iemand spreek die vertelt over een andere AIVD-missie. Een geheime operatie die verband lijkt te houden met de klus in het hotel. De AIVD is nog niet klaar met Kaspersky.

Maar eerst 2013. Het is een zwaar jaar voor de AIVD. De strijd tegen islamitisch terrorisme vergt veel van de dienst. De ongekende bloedstrijd van Islamitische Staat in Syrië en van Al-Qaida in Afrika en het Midden-Oosten heeft directe invloed op de gemoedstoestand in Nederland. Over de digitale Russische spionage rapporteert de AIVD dat jaar amper. Ook in het jaarverslag 2013 wordt niet éénmaal gerept over spionage door Rusland. Een jaar later zal dat 37 keer zijn. Kortom, 2013 is voor de AIVD een kanteljaar.

Dat betekent niet dat de AIVD niets ziet. Russische internetcriminelen hebben met hun kennis en infrastructuur de weg geëffend voor de Russische veiligheidsdiensten. Het internet in Rusland is snel en goedkoop. Het heeft een grote aantrekkingskracht op werkloze Russische jongeren. Op online-fora bieden Russische criminelen hackmiddelen aan. Hacken van een Facebook-account: 200 dollar. Een Gmail-account: 117 dollar. Een middel om malware op Windows-computers te zetten: 600 dollar.

De Russische geheime diensten kennen dit potentieel ook. Daarom is de AIVD niet dol op de bezoeken van Sergej Michajlov, de tweede man van de digitale eenheid van de Russische FSB, aan de politie in Driebergen: Russen wíllen hun internetcriminelen helemaal niet oppakken. Ze willen ze gebruiken en voor ze laten werken. Russen, zeker van de gecombineerde dienst FSB, zijn niet te vertrouwen, is de stellige overtuiging in Zoetermeer.

Kijk maar naar de hack van de Amerikaanse zoekmachine Yahoo. Hackers stelen de wachtwoorden, e-mailadressen, telefoonnummers en instellingen van liefst 500 miljoen gebruikers – de grootste dataroof uit de geschiedenis. De dader is een 23-jarige man uit Kazachstan die in Canada woont.

Maar de echte opdrachtgevers, ontdekt de FBI, komen uit Rusland. Het zijn twee hooggeplaatste inlichtingenmedewerkers van de FSB die bij digitale opsporing werken. Directe collega's van het Nederlandse politiecontact Sergej Michajlov. Deze FSB'ers staan, net als Michajlov, in nauw contact met buitenlandse opsporingsdiensten om te helpen bij het vinden van cybercriminelen. In plaats daarvan stuurden ze zelf hackers aan die Yahoo kaalplukten. De gestolen e-mailgegevens gebruikten ze om te spioneren: medewerkers van het Witte Huis, militairen, CEO's uit allerlei Oost-Europese landen en ook Russen, zoals journalisten, overheidsmedewerkers en activisten. 'De betrokkenheid en leiding van FSB'ers die verantwoordelijk zijn voor wetshandhaving maken dit gedrag extra wrang,' aldus de Amerikaanse aanklager Mary McCord.

Ook Michajlov wordt uiteindelijk veroordeeld – maar dan in Rusland. Hij krijgt 22 jaar gevangenisstraf wegens hoogverraad omdat hij in ruil voor geld informatie aan de FBI zou hebben doorgespeeld.

Dat Russische spionage in 2013 nog nauwelijks wordt onderkend, heeft hier ook mee te maken. De Russen spelen hun eigen ondoorzichtig spel. Ze verschuilen zich achter criminele netwerken. Rusland heeft als een van de eerste landen door welke mogelijkheden het internet biedt voor spionage. In 1998 zitten ze al in het Amerikaanse ministerie van Defensie en ruimtevaartorganisatie NASA.

Dat de Russen desondanks lange tijd amper in de gaten lopen, toont hun kracht. Ze opereren een stuk geavanceerder dan de Chinezen, die massaal aanvallen en ongedurig bedrijven bestoken. Russen werken slimmer, gedisciplineerder en zijn beter in staat hun sporen te maskeren. Ze zijn extreem goed in het volledig leegtrekken van een geïnfecteerd systeem. Ze blijven lang binnen zitten en zoeken geduldig naar de gevoeligste informatie.

Precies op het moment dat de Oekraïnecrisis in 2014 uitbreekt en Rusland het schiereiland de Krim annexeert, ontdekt België een virus in het ministerie van Buitenlandse Zaken. Dit professionele spionagevirus kopieert diplomatieke berichten, waaronder een vertrouwelijk diplomatiek rapport over Oekraïne. Hoewel alle sporen naar Rusland wijzen, is niet te achterhalen *welke* Russische hackers precies achter de aanval zitten.

Dat de Russen nauwelijks opvallen, heeft ook met het Westen te maken. Dat is meer bezig met Chinese en Iraanse spionage dan met Russische. De MIVD heeft in 2014 een 'Ruslanddesk' waar zes mensen werken. Vijf jaar later zal dat team vertienvoudigd zijn. Bij het Ruslandteam van N. bij de AIVD werken zo'n vijf mensen. Die kunnen maar een beperkt aantal operaties uitvoeren.

De politieke verhoudingen tussen Nederland en Rusland zijn in 2013 nog relatief goed. Illustratief is het 'vriendschapsjaar' van Nederland en Rusland om de goede relaties te vieren. President Vladimir Poetin komt naar Amsterdam om de opening van de Hermitage bij te wonen. Koning Willem-Alexander en Máxima bezoeken omgekeerd de Russische president in Moskou.

Tijdens de Olympische Winterspelen in Sotsji, voorjaar 2014, hebben de Nederlandse koning en koningin wederom een geplande ontmoeting met Poetin. Ditmaal in een uitgelaten Holland Heineken House. Een foto van een breed lachende Willem-Alexander die een biertje drinkt met Poetin gaat de wereld over. Premier Rutte zegt later tegen Nederlandse media dat het 'prima' is dat de koning proost met Poetin. De contacten zijn immers goed. De premier is 'zonder meer positief' over de goede relaties tussen het koningshuis en het Kremlin.

Achter de façade is de kentering dan al gaande. Poetins militairen staan op het punt Oekraïne binnen te vallen. De verhoudingen tussen Rusland en het Westen bekoelen snel. Russische hackgroepen voeren hun aanvallen in ongekend tempo op. Omgekeerd probeert N. de intenties en gedragingen van Rusland nauwlettend te volgen. Door een 'gelukje' komt de AIVD bij een onderzoek Russische spionage op het spoor. Als hackers van de dienst dat spoor volgen, eindigen ze in een universiteitsgebouw in Moskou en zien ze iets wat ze niet voor mogelijk hadden gehouden.

9

Betrapt op het Rode Plein

'Waarom wil je dit weten? Waarom praten mensen hierover?' Geërgerd hangt een goede bron, met wie ik al jaren contact heb, op. Ik heb deze man niet eerder zo woedend gehoord. Het is zaterdagmiddag en de redactieruimte van *de Volkskrant* is verlaten. Een schoonmaker loopt tussen bureaus door en kiepert prullenbakjes leeg in een grote blauwe vuilniszak. Ik heb weekenddienst: samen met een collega houd ik het binnenlandse nieuws in de gaten.

Technologiewebsite Tweakers heeft een mooie scoop: Chinese hackers hebben ingebroken bij de Nederlandse chipmachinefabrikant ASML. Het bedrijf uit het Brabantse Veldhoven is marktleider in het maken van machines die chips fabriceren voor bijvoorbeeld mobiele telefoons en computers. Afnemers van die machines zijn onder meer Intel en Samsung. ASML is in een permanente wapenwedloop verwikkeld met concurrenten om de beste te blijven. De kunst is om steeds kleinere chips te maken waarop steeds meer rekenkracht past. Door miljarden te besteden aan onderzoek en dankzij zeer kostbare en unieke technologie blijft ASML de concurrentie voor.

Dat het Chinese overheidshackers lukt om dit miljardenbedrijf binnen te komen, is groot nieuws. Het kan enorme gevolgen hebben: als China erin slaagt de technologie van ASML te stelen, kan het zelf chips maken en op de Chinese markt brengen. ASML levert veel chipmachines aan klanten in Azië. Hoe is de spionage ontdekt? Hoe kwamen de Chinezen ASML binnen? Hoelang zaten ze in het bedrijf? Wat is de schade?

Ik bel via een versleutelde verbinding vier bronnen die me hopelijk meer kunnen vertellen. Ze zijn afhoudend en summier in hun informatie. Die ene goede bron is duidelijk geïrriteerd. Hij wil er niet over praten. Hij is boos dat anderen dat wel doen en dat de hack in de openbaarheid is gekomen. De berichtgeving schaadt ASML en het onderzoek naar de hack, vindt hij.

Zijn felle reactie verbaast me. Ik ken dit argument van inlichtingendiensten: ze willen niets zeggen over buitenlandse spionage om zo de vijand niet slimmer te maken. Maar dit is iemand die niet bij een geheime dienst werkt. Waarom is hij zo boos?

Er is iets wonderlijks aan de hand. Spionage via internet neemt drastisch toe. Het ene na het andere overheidsorgaan waarschuwt ervoor, het gonst van de geruchten over bedrijven die getroffen zijn, op congressen is het een *hot topic*. Maar gevraagd naar concrete gevallen wil niemand iets zeggen.

Zelfs wanneer een bedrijf getroffen is, zoals nu bij ASML, stuit ik op een dichte deur. ASML bagatelliseert de spionage. Eerst zegt de chipmachinefabrikant: 'Wij reageren nooit op individuele beveiligingszaken.' Een paar dagen later volgt een halve bevestiging: 'Het lijkt er nu op dat slechts toegang is gekregen tot een kleine hoeveelheid gegevens.'

Als een bedrijf spionage ontdekt, huurt het beveiligingsexperts in. Die onderzoeken de spionage, werken de aanvallers eruit en herstellen de systemen. Die beveiligingsonderzoekers moeten bij het aangaan van de opdracht een geheimhoudingsverklaring tekenen: ze mogen niets zeggen over wat ze in het bedrijf aantreffen.

Is de spionage serieus, dan kijken specialisten van AIVD of MIVD mee. Zij willen er evenmin iets over zeggen: hun werk is geheim en ze vinden dat die geheimhouding de veiligheid van Nederland dient. Als buitenlandse staten weten dat de Nederlandse inlichtingendiensten hun spionage op het spoor zijn, passen ze hun werkwijze aan. Zo heeft iedereen een belang om te zwijgen.

Ik maak het ook mee als ik schrijf over de Chinese spionage bij defensiebedrijf Rheinmetall in Ede. Het bedrijf wil er niets over kwijt. Onderzoeker Yonathan Klijnsma, die de Chinese spionage analyseerde, wil niet bevestigen dat de Chinezen toegang hadden tot Rheinmetall. Als ik er bij andere bronnen naar vraag, houden die eveneens hun mond.

Via één contact lukt het om een summiere bevestiging te krijgen. Yes, een opening, denk ik, maar doorvragen lukt niet. Hoelang waren de Chinezen precies binnen? Wat hebben ze buitgemaakt? Het blijft stil.

Na publicatie van het artikel 'Nederlands-Duits defensiebedrijf gehackt door Chinezen' in *de Volkskrant* ontstaat publieke opwinding. Media nemen het bericht over, Kamerleden stellen er vragen over aan de minister van Defensie. Eindelijk: politieke discussie over spionage. Ik wacht de beantwoording van de Kamervragen door minister Hennis nieuwsgierig af. Zal ze zeggen wat de Chinezen hebben buitgemaakt? Zal ze ook ingaan op andere spionage?

Een paar weken later stuurt de VVD-bewindsvrouw haar antwoorden aan de Tweede Kamer. Eerste vraag: 'Klopt het dat geheime data van het Nederlands-Duitse bedrijf Rheinmetall Defence is gestolen bij een cyberaanval door Chinese hackers?' Antwoord minister: 'Het is niet aan het ministerie van Defensie om dergelijke berichtgeving te ontkrachten of te bevestigen.'

Wéér niets. Ontkenningen, algemeenheden. Het is toch vreemd: de Nederlandse overheid laat geregeld weten dat digitale spionage de Nederlandse veiligheid bedreigt, maar houdt onder het mom van staatsgeheim of bedrijfsgevoelige informatie de kaken op elkaar als het gebeurt. Wanneer steeds meer juweliers in Nederland slachtoffer worden van groepen overvallers die met geweld deuren inslaan en sieraden stelen, ontstaat een publieke discussie. Dan eisen Kamerleden dat de minister van Justitie en Veiligheid maatregelen neemt. Ongeruste juweliers zullen zich verenigen en politiebescherming eisen. Burgers zullen zich onveilig voelen. Het zou vreemd zijn als de overheid in dat geval zou zeggen 'we kunnen bevestigen noch ontkennen dat overvallers juweliers bestelen'. Waarom gaat het wel zo als het over digitale aanvallen gaat? De maatschappelijke schade is niet minder echt of minder groot. Als China bij ASML hoogwaardige technologie buitmaakt, zijn de gevolgen zelfs gigantisch.

'Spionage is van alle tijden,' werpt een wat oudere inlichtingenbron tegen als ik mijn verbazing uitspreek. 'Maar dit gaat niet over één spion die in Nederland wordt ontdekt, zoals dat vroeger ging, dit gaat over systematische aanvallen,' zeg ik op mijn beurt. Kijk naar het jaarverslag van de AIVD over 2014. Daarin staat dat 'honderden organisaties doelwit' zijn van digitale aanvallen. 'De AIVD is van mening dat de waargenomen aantallen slechts het topje van de ijsberg zijn en dat het totale aantal digitale aanvallen vele malen groter is.'

De Amerikaanse NSA zit diep in een bedrijf dat internationale betalingen regelt. De Amerikanen kunnen bij honderden banken zien wie naar wie geld overmaakt. China breekt door de beveiliging van hotels van Marriott en steelt de data van 500 miljoen gasten. Russische hackers bestoken het Duitse parlement, het Franse televisiestation TV5 Monde, ze doen zich voor als Islamitische Staat en sturen doodsbedreigingen naar vrouwen van Amerikaanse militairen.

De technologie heeft omvangrijke spionage en beïnvloeding mogelijk gemaakt. De dreiging en de schaal zijn onvergelijkbaar met het spionnenwerk van twintig jaar terug. Dit zijn geen individuele gevallen, dit is maatschappelijke ontwrichting. Bedrijven kunnen failliet gaan, politieke processen beïnvloed worden, burgers gemanipuleerd.

Hij knikt aarzelend en zegt dat hij mijn ongemak begrijpt. 'Maar als geheime diensten erover praten zijn ze hun informatiepositie kwijt.' Dat is de paradox: de kwetsbaarheid neemt toe, maar erover praten vergroot de kwetsbaarheid.

Bovendien verandert de aard van de spionage. Het gaat niet enkel meer over het *verkennen* en *exploiteren* van vijandige computersystemen, soms is het doel het *kapotmaken* van computernetwerken, zoals Israël en de Verenigde Staten met hulp van Nederland deden met Stuxnet. Dit heet *Computer Network Attack*. Israël valt met computers het Syrische luchtverdedigingssysteem aan terwijl Israëlische vliegtuigen een bombardement uitvoeren. Iran zorgt er met een destructief virus voor dat 30.000 computers van het Saudische staatsoliebedrijf Saudi Aramco kapotgaan. Rusland legt met een online-aanval de energievoorziening in delen van Oekraïne plat.

De Amerikaanse journalist Kim Zetter beschrijft deze ontwikkeling van exploiteren naar kapotmaken als het verschil tussen de films *Ocean's Eleven* en *Die Hard*: in *Ocean's Eleven* overvallen elf kundige professionals op omzichtige wijze casino's in Las Vegas, in *Die Hard* gaan twaalf terroristen met grof geweld op hun doel af. Die laatsten schromen niet om slachtoffers te maken. De digitale wereld volgt het scenario van *Die Hard*, en verandert langzaam in een slagveld waarbij bedrijven kapotgaan en echte slachtoffers vallen.

Hoe gaan de Nederlandse geheime diensten om met deze wapenwedloop? Kunnen zij de democratie beschermen en tegen welke prijs?

*

De AIVD heeft iets in handen. De geheime dienst is bij toeval op sporen van Russische spionage gestuit. Het is het voorjaar van 2014 en het is onrustig in het Oosten: Rusland heeft de Krim met militair geweld overgenomen van Oekraïne. In het oosten van Oekraïne wordt hevig gevochten. Ook digitaal laten de Russen zich gelden: hackgroepen bestoken westerse overheden, op sociale media proberen Russische trolaccounts het debat te sturen.

De brokjes informatie die de AIVD heeft, gaan naar het hackteam. Vijf hackers van de Nederlandse geheime dienst proberen permanent om vijandige computersystemen binnen te dringen. Routers en firewalls zijn favoriet: daar zitten zoveel zwakke plekken dat ze er altijd wel in kunnen. Eén van die vijf gaat met de informatie aan de slag. Hij is iemand met buitengewone hackkennis, de Nederlandse troef. Hij weet diep door te dringen in Rusland en komt uiteindelijk in een universiteitspand aan het Rode Plein in Moskou terecht. Hij dringt het computernetwerk binnen en laat een bestandje achter, een *implant*.

Het binnendringen van een computernetwerk is precisiewerk: je wilt niet te veel lawaai maken. Daarom laten professionele hackers eerst een piepklein bestandje achter die een eerste *verkenning* doet: hoe ziet het netwerk eruit, hoeveel pc's zijn erop aangesloten. Het bestandje stuurt alle informatie terug naar Zoetermeer. De AIVD-hacker heeft dan nog geen idee waar hij zich bevindt: hij en zijn collega's denken dat ze in een studentenruimte zijn beland.

Gek is die gedachte niet. Hoewel de AIVD en andere westerse diensten steeds vaker sporen van Russische spionage aantreffen, bestaat er geen eenduidig beeld van hoe de Russen werken. Het is bijzonder complex om uit virussen die in organisaties zitten de precieze werkwijze van hackers af te leiden. Soms bevat zulke software kleine aanwijzingen, zoals de taal waarin de eerste regels van het virus zijn geschreven. Ook kan de gebruikte methode – de wijze van binnendringen of de manier waarop informatie wordt weggesluisd – iets verraden over de herkomst van de hackers. Net als de Britten doen de Russen er bovendien veel aan om hun sporen te wissen en hun identiteiten te maskeren: ze maken gebruik van wisselende computerservers in allerlei landen en ook van ingehuurde hackers die namens Russische diensten aanvallen uitvoeren.

De AIVD denkt in zo'n ruimte te zijn gekomen: een plek waar Russische studenten soms aanvallen uitvoeren voor een Russische geheime dienst. Als de AIVD-hacker meer van het netwerk weet en zich veilig waant, kan hij een volgende implant plaatsen. Een groter bestand dat meer opdrachten kan ontvangen. Deze implant is als het ware een commandopost achter vijandelijke linies. Hij verstopt dit bestandje ergens in het computernetwerk, in het geheugen van een pc bijvoorbeeld. Geheime diensten zorgen ervoor dat ze wereldwijd duizenden van dit soort posten hebben. Die kunnen opdrachten ontvangen en versturen, zoals 'meld mij eens per dag wat er is gebeurd op het netwerk' of 'geef een signaal als er een staatsgeheim document voorbijkomt'.

Deze implants zijn niet zonder risico: commandoposten kunnen ontdekt worden. Daarom kiezen sommige geheime diensten ervoor om elke keer handmatig – via buitgemaakte wachtwoorden bijvoorbeeld – toegang tot het computernetwerk te krijgen en daarna weer te vertrekken. Dan blijft er niets achter.

De AIVD ziet dat aan het computernetwerk ook een beveiligingscamera is gekoppeld. De AIVD-hacker benadert de camera en kijkt of het standaardwachtwoord werkt. Eventueel kan hij in de pc's van de aangesloten gebruikers ook het wachtwoord zoeken. Als hij toegang krijgt tot de camera, ziet hij dat deze in een ronde gang hangt en gericht is op de toegangsdeur. Iedereen die de ruimte betreedt, wordt vastgelegd door de beveiligingscamera.

De AIVD-hackers zorgen ervoor dat de camera een *screenshot* kan maken. De kleine bestandjes met foto's die dat oplevert, parkeren ze ergens in het netwerk en laten ze een voor een naar Zoetermeer sturen. Niet te veel tegelijkertijd, zodat het niet opvalt. Na een paar weken 'observatie' doen ze een ongelooflijke ontdekking.

Door de beelden van de beveiligingscamera te analyseren en het gedrag van de groep te bekijken, krijgen de AIVD'ers steeds meer zicht op waar ze zijn. Het is een ruimte in een groter universitair complex. De samenstelling van de groep varieert en ligt meestal rond de tien. Vanaf zes uur 's ochtends zijn de eerste hackers actief, de meesten werken tot vier uur 's middags, een paar tot in de avond. De AIVD'ers zien hoge Russische inlichtingenofficieren en bekende hackers het pand betreden. De werkwijze en de gebruikte virussen geven ook iets prijs van de aard van de groep. Het gaat niet zomaar om studenten met technische kennis, het blijkt een beruchte Russische spionagegroep: APT29, ook wel Cozy Bear genoemd.

Het is een ontdekking van jewelste. De normaal vrij ingetogen AIVD'ers, die wel vaker lastige operaties uitvoeren, zijn dolenthousiast. Achter de afgedekte en verduisterde ramen klinkt gejuich. Cozy Bear is veelbesproken, de groep is gespecialiseerd in langdurige spionage en valt internationale organisaties en overheden aan. Verschillende beveiligingsbedrijven analyseren het gedrag en de aangetroffen malware van de groep. Ze ontdekken dat de slachtoffers van Cozy Bear in een aantal sectoren vallen: militair, diplomatiek, telecom, energie.

Hoe vaak Cozy Bear een ministerie of bedrijf aanvalt, blijkt als Kaspersky eerder in 2014 een van hun computerservers analyseert: 84 keer in Georgië, 61 in Rusland, 34 in de Verenigde Staten, 14 in Groot-Brittannië, 8 in India, 4 in Oekraïne. Cozy Bear gebruikt tientallen van dit soort computerservers die permanent wisselen. Hoewel experts en geheime diensten het gedrag van de groep in de gaten proberen te houden, weet niemand waar Cozy Bear zich schuilhoudt of wat de identiteit van de hackers is. Laat staan dat bekend is of ze worden aangestuurd door het Kremlin.

AIVD'ers zitten in het bedrijfsnetwerk en beginnen een eerste indruk te krijgen. Ze opereren zeer voorzichtig: een onbenullige fout kan betekenen dat de Russen de Nederlanders ontdekken. Hoofd van de dienst Rob Bertholee is op de hoogte van de unieke AIVD-toegang maar twijfelt of hij dit zal delen met zijn MIVD-collega Pieter Bindt. Nu beide organisaties samenwerken in de Joint Sigint Cyber Unit vallen de AIVD-hackers ook onder deze nieuwe eenheid. Bertholee is zoals altijd huiverig voor het delen van informatie. Het tekent zijn achterdocht dat het hem weken kost om Pieter Bindt te vertellen dat de AIVD in het computernetwerk van Cozy Bear zit.

Terwijl de AIVD Cozy Bear in Rusland begluurt, verschijnt bij het Russische persbureau Interfax in de middag van 17 juli 2014 een alarmerend bericht. Een passagiersvliegtuig dat onderweg is van Amsterdam naar Kuala Lumpur is boven het oosten van Oekraïne neergehaald. Het vliegtuig is om 15.18 uur van de radar verdwenen en neergestort. Op internet circuleren amateurbeelden van zwarte rookpluimen op een veld bij het Oekraïense plaatsje Hrabove. Kort daarna zijn de eerste smeulende brokstukken van het vliegtuig te zien met daartussen lichamen van passagiers. Al snel is duidelijk dat niemand de crash heeft overleefd: 298 inzittenden, onder wie 196 Nederlanders.

De tragedie leidt in Zoetermeer tot chaos. Inlichtingenmedewerkers haasten zich in de avond naar kantoor. AIVD'ers zoeken naarstig naar beschikbare informatie. De AIVD kampt door bezuinigingen en de aanhoudende dreiging van jihadisme met een tekort aan mankracht. Waardevolle Russisch sprekende analisten zijn wegbezuinigd. In Kiev blijkt geen AIVD-contactpersoon te zitten. In allerijl wordt een oud-werknemer die al met pensioen is naar Oekraïne gestuurd om gaten te dichten.

De ramp duwt de AIVD-toegang tot Cozy Bear naar de achtergrond, maar de AIVD-hackers blijven in het computernetwerk van de Russische spionagegroep zitten. Of ze bruikbare informatie over vlucht MH17 zien, is niet duidelijk. Een andere Russische spionagegroep, APT28 of Fancy Bear, zal zich later actief mengen in de informatieoorlog die ontstaat over MH17. De crash vormt voor Rusland geen aanleiding om de spionageactiviteiten in het buitenland te staken. Integendeel, het land voert de aanvallen verder op. Een paar maanden nadat een AIVD-hacker vanuit Zoetermeer het computernetwerk van Cozy Bear is binnengedrongen, ziet de Nederlandse geheime dienst hoe de Russen hun pijlen op de Verenigde Staten richten.

*

De eerste keer dat ik een snipper informatie krijg over de AIVD-operatie in Moskou, heb ik niet door wat de werkelijke betekenis is. Ik zit met een bron op het terras en vraag naar actuele onderwerpen.

Het is de zomer van 2017 en bekend is dat Rusland zich met digitaal geweld in de Amerikaanse verkiezingsstrijd heeft gemengd. De Russen hebben de Amerikaanse presidentsverkiezingen beïnvloed en kandidaat Donald Trump geholpen. Vanachter computers in Rusland bestookten ze Amerikaanse burgers, stemcomputers en de Democratische Partij. Ze hoefden daarvoor niet naar de Verenigde Staten: het verkeersnetwerk bracht ze met één klik van Moskou naar Washington.

De Russen zetten een arsenaal aan digitale wapens in. Via sociale media wakkeren ze maatschappelijke tegenstellingen aan. Honderden veelal jonge Russen werken daarvoor in shifts van twaalf uur in een kantoorgebouw in Sint-Petersburg. Ze ontvangen opdrachten om berichten, afbeeldingen en video's te plaatsen. Soms creëren ze zelf ophef, soms haken ze erop in. *The New York Times* beschrijft hoe geraffineerd de Russen te werk gaan.

Bewoners van een plaatsje in Louisiana ontvangen op een ochtend in 2014 zorgwekkende sms-berichten. 'Giftige stof vrijgekomen. Waarschuwing actief. Zoek dekking en check updates bij lokale media.' Wie op Twitter kijkt, ziet dat de melding serieus is. Honderden accounts rapporteren een explosie van een chemische fabriek in de buurt. 'Krachtige explosie paar kilometer verderop,' tweet 'Jon Merrit'. Een ander tweet een foto van vlammen. Weer een ander plaatst een video waarop de explosie zelfs te zien is. Lokale en landelijke journalisten krijgen meldingen van de explosie. Ze worden 'getagd' in berichten. Het nieuws verspreidt zich razendsnel. Iemand post een 'screenshot' van de homepage van CNN: de nationale nieuwszender heeft de explosie ook opgemerkt en er landelijk nieuws van gemaakt. Op YouTube verschijnt een video waarin een man naar Arabische zenders kijkt, waarna een verklaring volgt van gemaskerde IS-leden die de verantwoordelijkheid opeisen. Wikipedia heeft al een eigen pagina over de ramp, lokale en regionale media berichten er op sociale media eveneens over.

Het is allemaal nep. In een paar uur versturen tientallen nepaccounts honderden tweets, afbeeldingen en in scène gezette video's. Het is een gecoördineerde desinformatiecampagne vanuit de trollenfabriek in Sint-Petersburg. De berichten veroorzaken paniek: bewoners bellen hulpdiensten en vertegenwoordigers van de chemische fabriek. Het is de taak van de jonge Russen om onrust te veroorzaken en tweespalt te zaaien.

Zoiets gebeurt ook na het neerhalen van MH17. De twee dagen na de crash zijn nog steeds de drukste dagen van de trollenfabriek ooit met meer dan 100.000 verstuurde berichten. De ochtend na de ramp begint de duidelijke beïnvloeding, laat onderzoek van *De Groene* zien. Dan lanceren de trollen drie Russischtalige hashtags – #kiev-heeft-boeing-neergeschoten, #kiev-provocatie en #kiev-spreek-de-waarheid – die de schuld van de ramp bij Oekraïne leggen.

Ook tijdens de Amerikaanse presidentsverkiezingen zetten Russische trollen deze methode in. Met nepadvertenties en opruiende berichten mengen ze zich in de verkiezingsstrijd. In twee jaar tijd plaatsen Russische accounts tachtigduizend berichten op Facebook die het Amerikaanse volk op het spoor van Donald Trump moet zetten, een man die minder vijandig tegenover Rusland staat dan andere kandidaten. 40 procent van de Amerikanen ziet deze Russische berichten. Tegelijk vallen Russische hackers de Amerikaanse kiessystemen in twintig staten aan. In Illinois stelen ze de gegevens van 90.000 Amerikaanse kiezers, in Arizona dringen ze een lokaal kieskantoor binnen, in Tennessee een overheidswebsite en in Florida een IT-bedrijf.

De hevigste aanval is die op de Democratische Partij. Cozy Bear en Fancy Bear dringen het netwerk van het bestuur van de partij binnen. Ze observeren en zoeken naar belastende informatie over de Democratische presidentskandidaat Hillary Clinton. Fancy Bear steelt bijna 20.000 e-mails die later via WikiLeaks worden gepubliceerd. De e-mails zijn schadelijk voor de top van de partij en voor Clinton. De Amerikanen zijn volledig overrompeld door de Russische inmenging; geheime diensten kunnen de online-agressie niet stoppen. Een 'digitaal Pearl Harbor' volgens Amerikaanse media.

De Russische bemoeienis dreunt lang na. Wist presidentskandidaat Donald Trump dat de Russen hem hielpen? Of iemand in zijn directe nabijheid? Wat is er bekend van ontmoetingen tussen Trump-vertrouwelingen en Russen? *Nieuwsuur*-journalist Eelco Bosch van Rosenthal en ik proberen erachter te komen. Eerder werkten we samen bij het interview met Edward Snowden in Moskou. Nu doen we dat weer: hij heeft goede contacten in de Verenigde Staten, ik in de inlichtingenwereld.

De gesprekken die we voeren leveren lange tijd niets op. We vermoeden dat er een ontmoeting in Nederland is geweest met een Russische spion en een Trump-vertrouweling, maar het bewijs daarvoor is dun. Hooguit een paar vage geruchten en halve bevestigingen. Als ik in de zomer van 2017 een nieuwe poging waag bij een bron, lijkt die voor de zoveelste keer op niets uit te draaien. We spreken daarom maar over andere onderwerpen. Maar als het gaat over digitale spionage zegt deze bron tussen neus en lippen door dat Nederland iets heeft gezien van de hack op de Democratische Partij.

Mijn gedachten gaan naar de vele Nederlandse datacentra en het Amsterdamse internetknooppunt. Het zou niet vreemd zijn als de Russische hackgroepen bewust of onbewust hun aanval via Nederland lieten gaan: bijvoorbeeld doordat ze een VPN-server gebruikten die toevallig in Nederland stond. Nederlandse geheime diensten zouden die VPN-server dan weer kunnen tappen en zien waar de Russen mee bezig zijn. De bron wil er verder geen woord over loslaten.

Als ik erover begin bij andere bronnen, ontmoet ik vooral ongeloof. Het lijkt erop dat niemand dit gerucht heeft gehoord. Klopt de informatie wel? Of maak ik een denkfout?

Eelco probeert het ook bij Amerikaanse bronnen. Het houdt ons maanden bezig. Al die tijd ga ik ervan uit dat Nederland iets gezien *moet* hebben omdat de Russische hacks via Nederlandse datacentra gingen. Dat vermoeden wordt versterkt als ik op een ander opzienbarend verhaal stuit.

Het gaat over een ogenschijnlijk oninteressante computerserver bij hostingprovider Leaseweb. In 2011 stuurt de Amerikaanse FBI een verzoekje naar Nederland: kan de Nederlandse politie misschien een computerserver tappen die in een datacenter in de Waarderpolder staat, net buiten Haarlem op het industrieterrein bij IKEA? Er zouden belangrijke gegevens over een drugskartel op staan. Het Team High Tech Crime stuurt een specialist naar de Waarderpolder. Die sluit een tap aan en laat de data van de computerserver naar het politiekantoor in Driebergen gaan. Daar wordt de versleutelde communicatie weer doorgestuurd naar de FBI.

Anderhalf jaar lang gaat het zo. Elke vier weken wordt een nieuw verzoek gedaan – een wettelijke verplichting – en wordt de tap verlengd. Voor het Team High Tech Crime is het een peulenschil: een simpele handeling waarmee ze de data doorsturen naar de Amerikanen. De politie kent het belang van de afluisteroperatie maar ten dele. Ze weten dat de computerserver een zogeheten BES-server is waarop de communicatie van BlackBerry's staat. Als de politie de tap afsluit bij Leaseweb krijgt een betrokkene te horen dat de BlackBerry-server bij het Sinaloa-kartel uit Mexico hoorde – de beruchtste drugsbende ter wereld. Leaseweb mag zelf beslissen of het de server afsluit of niet. Het Amerikaanse advies is om de server nog even operationeel te houden. 'Anders gaan er wat mensen dood in Mexico,' krijgt een Leaseweb-medewerker te horen.

Pas als de operatie afgelopen is, wordt het *echte* belang ervan duidelijk. Begin 2014 komen twee FBI'ers naar het Landelijk Parket in Rotterdam. In een presentatie leggen ze de top van de Nederlandse politie uit waarom ze per se die BES-server in het datacenter buiten Haarlem wilden tappen.

De FBI was in contact gekomen met een IT-specialist. Een man van eind twintig die de communicatie voor de top van het Sinaloa-kartel verzorgde. Hij gebruikte daarvoor BlackBerry-telefoons, die lang populair waren bij criminelen vanwege hun ogenschijnlijke veiligheid: berichten en gesprekken worden versleuteld en de encryptiesleutels zijn op te slaan op een eigen computerserver. Staat die computerserver buiten het zicht van opsporingsdiensten, dan staat de politie met lege handen.

De FBI krijgt deze IT'er in het vizier, weet de man naar een hotelkamer in New York te lokken en stelt hem voor de keus: samenwerken met de FBI én strafvermindering of een lange gevangenisstraf. Hij kiest het eerste en gaat undercover voor de FBI werken. De Amerikaanse opsporingsdienst heeft zo een voet tussen de deur: via de IT'er weten ze waar de BlackBerry-server staat en krijgen ze de sleutels om de communicatie van het Sinaloa-kartel te ontcijferen.

Er is nog één probleem: de BES-server staat in Canada. Dat land heeft behoorlijk strenge privacywetgeving. Het is niet mogelijk om zomaar de server te tappen en alle communicatie naar de FBI te sturen. De gerekruteerde IT'er moet het ding in een ander land neerzetten. De Verenigde Staten zelf is geen optie: dat zou op kunnen vallen en de Amerikanen kennen ook relatief strenge voorwaarden voor het tappen van computerservers. Voordat de FBI in de Verenigde Staten kan tappen moet duidelijk zijn wat die tap oplevert. Omdat de Amerikanen en Nederlanders intensief samenwerken en Nederland wat soepeler omgaat met tapverzoeken – een verdenking van een strafbaar feit is al voldoende – laat de FBI de server in het datacenter van Leaseweb, net buiten Haarlem, plaatsen.

Aan Nederland de vraag het ding te tappen en alle gegevens naar de FBI te sturen. Als de FBI de ontvangen data ontsleutelt, menen FBI-onderzoekers zelfs de stem van de baas van het kartel te horen. Dat is Joaquín Guzmán Loera, beter bekend als 'El Chapo' – de meest gezochte drugscrimineel ter wereld. In de afgeluisterde telefoongesprekken is te horen dat hij instructies geeft aan handlangers. De Amerikaanse en Mexicaanse opsporingsdiensten maken al sinds de jaren tachtig jacht op El Chapo. Hij is een obsessie voor ze: meerdere keren namen ze hem gevangen, even zo vaak wist hij te ontsnappen. Eenmaal dankzij een anderhalve kilometer lange tunnel die door handlangers op tien meter diepte was uitgegraven en uitkwam in de douche van zijn cel. De tunnel was van lampen en rails voorzien en middels een karretje op de rails zoefde El Chapo zijn vrijheid tegemoet.

De FBI vergelijkt de stem met een interview dat El Chapo op een schuilplaats heeft gegeven aan de Amerikaanse acteur Sean Penn. Er is een match. 'Voor het eerst in minimaal vijf jaar horen de Amerikanen de stem van El Chapo,' zegt een bron. Honderden telefoontjes van de drugscrimineel blijken door een datacenter in een polder bij Haarlem te gaan. Dankzij de Nederlandse hulp krijgt de FBI zicht op het leefpatroon van de drugsbaas. De afluisteroperatie verloopt na een tijdje zo soepel dat als El Chapo een handlanger belt de FBI een dag later de data uit Haarlem al heeft ontvangen, ontsleuteld en beluisterd.

Zoiets moet ook zijn gebeurd bij de Russische aanval op de Democratische Partij, ik zie geen andere optie. De AIVD of MIVD heeft een tip gekregen of is bij toeval op een computerserver in Nederland gestuit die werd gebruikt door Russische hackers. Maar bij wie Eelco en ik het ook navragen: niemand heeft ooit van zoiets gehoord. Het mysterie wordt er alleen maar groter door.

*

De Russische hackers merken de Nederlandse commandopost in hun netwerk niet op. Ook na een paar maanden kijken de AIVD-hackers nog mee in het computernetwerk van Cozy Bear. Ze zien dat de Russen zich opmaken voor een aanval. Dat ze mails schrijven in keurig Engels en die sturen naar Amerikaanse e-mailadressen die op @state.gov eindigen: die zijn van medewerkers van het Amerikaanse ministerie van Buitenlandse Zaken.

Een phishing mail vormt vaak de eerste fase van een aanval: de hackers weten welke personen ze moeten hebben en sturen mailtjes als lokaas. Klikt een doelwit op een bijlage, dan installeert een eerste vorm van malware zich. Zo stelen ze bijvoorbeeld inloggegevens. Het lukt de Russische hackers het niet-geclassificeerde deel van het computernetwerk van het Amerikaanse ministerie van Buitenlandse Zaken binnen te komen.

De Nederlanders zien de aanval en waarschuwen hun Amerikaanse partners. De AIVD informeert de NSA-contactpersoon op de Amerikaanse ambassade in Den Haag. Die alarmeert direct verschillende Amerikaanse diensten: NSA, CIA en FBI. Als speciale technisch experts van de Amerikaanse diensten proberen om de Russen uit het ministerie te krijgen, reageren de Russen door vanaf andere plekken aan te vallen.

Er volgt een digitale veldslag zoals niet eerder is vertoond. Russische aanvallers proberen het ministerie verder binnen te dringen en de verdedigers – teams van de FBI en de NSA – vechten terug met behulp van Nederlandse inlichtingen. Dit gevecht duurt 24 uur. De Russen zijn enorm agressief. Wat ze niet weten, is dat ze ondertussen worden bespied door de Nederlandse AIVD. De NSA en FBI kunnen dankzij de Nederlandse spionage vliegensvlug op de vijand reageren. De Nederlandse informatie is zo cruciaal dat de NSA een directe communicatielijn opent met Zoetermeer, om de inlichtingen zo snel mogelijk naar de Verenigde Staten te krijgen.

De Russen proberen via zogeheten *command and control*-servers, computerservers die een hack aansturen, een link te leggen met de malware in het ministerie, om zo opdrachten te geven. De Amerikanen, die van de Nederlanders de ip-adressen van deze commandoservers doorkrijgen, snijden telkens de toegang tot die servers af door elke verbinding vanuit het ministerie met zo'n ip-adres te blokkeren, waarna de Russen weer nieuwe commandoservers openen. Bronnen vertellen naderhand tegen CNN dat het de 'ergste digitale aanval ooit' is op de Amerikaanse overheid. Het ministerie moet een weekend lang de toegang tot het e-mailsysteem afsluiten om de beveiliging op orde te krijgen.

Uiteindelijk lukt het de Amerikanen de Russen uit het ministerie te werken, maar dan hebben de hackers hun toegang tot Buitenlandse Zaken al gebruikt om iemand in het Witte Huis te mailen. Diegene denkt dat hij een mail krijgt van iemand van Buitenlandse Zaken – het e-mailadres klopt. De link opent een website waarop de Witte Huis-medewerker zijn inlogcode invoert, die vervolgens in handen komt van de Russen.

De Russen dringen nu ook de computerservers van het Witte Huis binnen en bereiken zelfs de servers die mails van Barack Obama bevatten. Ze komen niet bij de communicatie van zijn persoonlijke BlackBerry waar staatsgeheimen op staan, vertellen bronnen later aan *The New York Times*, maar wel bij het e-mailverkeer met ambassades en diplomaten, agenda's, notities over beleid en wetgeving. De hackers van de AIVD zien het allemaal gebeuren en wéér waarschuwen AIVD en MIVD hun Amerikaanse partners: let op, de Russen hacken jullie nog steeds.

De aanvallen houden aan. De hackers van Cozy Bear bestoken ook het belangrijkste militaire adviesorgaan van de Verenigde Staten, de Joint Chiefs of Staff. Daarin zitten de militaire leiders, zoals de hoogste officieren van marine, luchtmacht en landmacht. Deze digitale aanval is zo hevig en de Russen dringen zo diep door in de Amerikaanse servers dat delen van het netwerk moeten worden afgesloten. De belangrijkste Amerikaanse militaire adviseurs kunnen elf dagen niet bij hun werkmail.

De AIVD-hackers kijken nu een jaar mee in het computernetwerk in het pand op het Rode Plein. Hun commandopost blijft al die tijd onopgemerkt. Dankzij de screenshots van de beveiligingscamera krijgt de AIVD een steeds beter zicht op de groep hackers. Het aantal leden wisselt maar het zijn er zelden meer dan tien. De AIVD herkent spionnen van Ruslands buitenlandse veiligheidsdienst SVR. De SVR voert militaire, strategische en economische spionage uit. Het hoofd van de SVR wordt benoemd door de Russische president. President Poetin kan geheime orders aan de SVR geven zonder het parlement in te lichten.

Voortdurend vallen de hackers van Cozy Bear de Amerikaanse overheid aan. De agressie neemt na de annexatie van de Krim en de Amerikaanse reactie daarop – het instellen van sancties – alleen maar toe. In de zomer van 2015 begint de aanval op de Democratische Partij. De AIVD-hackers zien het gebeuren. Live. Wéér waarschuwen AIVD en MIVD hun Amerikaanse collega's.

Een FBI-agent belt in september het bestuur van de Democratische Partij. Hij wil waarschuwen dat de Russen in het netwerk zitten, maar wordt doorgezet naar de helpdesk. Daar krijgt hij

Yared Tamene, een ingehuurde IT'er, aan de lijn. Deze Tamene heeft nauwelijks verstand van digitale aanvallen. Na het telefoontje van de FBI zoekt hij op Google informatie over 'APT29', 'Cozy Bear' en 'Dukes', zoals de groep Russische hackers ook wordt genoemd. Hij kijkt vluchtig in de logbestanden van het computernetwerk naar aanwijzingen van de hack. Echt goed zoeken doet hij niet, schrijft *The New York Times* later, zelfs niet als de FBI-agent in de weken daarna blijft terugbellen: Tamene twijfelt of hij wel een echte FBI-agent aan de lijn heeft of dat iemand een grap uithaalt.

Dus gebeurt er niets. De waarschuwende telefoontjes van de FBI krijgen geen vervolg: de Russen blijven in het netwerk en lezen e-mails en interne documenten van het bestuur van de Democraten. Vierenveertig jaar na de inbraak in het Watergatecomplex, het hoofdkantoor van de Democratische Partij, wordt er opnieuw ingebroken bij de Democraten. In 1972 worden de vijf inbrekers op heterdaad betrapt en twee jaar later treedt de Republikeinse president Richard Nixon, opdrachtgever van de diefstal, af. Nu betrapt Nederland de inbrekers, maar de Democraten doen niets. De Russen kunnen ongestoord hun gang gaan, tot ongeloof van de AIVD'ers.

Na het voorwerk en de uitgebreide spionage door Cozy Bear nemen hackers van Fancy Bear het negen maanden later over. Fancy Bear, gelieerd aan de Russische militaire veiligheidsdienst GROe, gaat ook het netwerk van de Democraten binnen, steelt tienduizenden e-mails en stuurt die via een tussenpersoon naar het klokkenluidersplatform WikiLeaks. Pas als de e-mails naar buiten komen en schadelijk blijken voor presidentskandidaat Hillary Clinton neemt de Democratische Partij de signalen serieus. Er volgt een uitgebreid intern onderzoek, maar het is al te laat: Rusland heeft zich succesvol gemengd in de Amerikaanse presidentsverkiezingen.

*

Bericht van Eelco. 'Koffie?'

We hebben dagelijks contact. Mogelijke theorieën over wat Nederland heeft gezien van de hack bij de Democraten, ideeën, nieuwe afspraken: voortdurend sturen we elkaar berichten. Vaak bellen we in de avond ook nog even. Die gesprekken zijn een poging greep te krijgen op het verhaal: we doorlopen talloze scenario's, vaak zonder concrete uitkomst.

Als er nieuwe informatie is treffen we elkaar op een vaste plek. Eelco heeft via Amerikaanse bronnen een bevestiging gekregen: Nederland heeft inderdaad belangrijke informatie over de hack bij de Democraten aan Amerikaanse inlichtingendiensten gegeven. Opgewonden gaan we na wat dit betekent. We maken een lijst met mogelijke nieuwe bronnen: diplomatieke bronnen, inlichtingenbronnen, Amerikaanse bronnen. Mensen die het kúnnen weten.

Van sommigen kennen we alleen de functie. Een liaison op een ambassade bijvoorbeeld. Om toch een naam te vinden, maken we ook een lijst van mensen die zo'n naam kunnen weten. Met een paar personen voeren we in de weken daarop 'schijngesprekken': een gesprek over een ander thema. Terloops vragen we naar de naam van de bron. Van één iemand hebben we een roepnaam. Dat werkt: een persoon slaat erop aan en kent zijn volledige naam. Maar de persoon die we zoeken, blijkt niet te vinden via Google, sociale media, of openbare registers. Dan, na weken zoeken, levert het toch een hit op in een heel oud register, waarna we een adres kunnen vinden. Omdat deze mogelijke bron niet in Nederland woont, vragen we een goed contact om een brief bij hem te bezorgen.

Maandenlang sukkelt het voort. Gesprekken leveren nauwelijks nieuwe informatie op, bronnen zijn op hun hoede. Na vier maanden nemen we de gok en gaan we naar Washington. Een helder plan hebben we niet, we bellen zo veel mogelijk Amerikaanse oud-inlichtingenmedewerkers en digitale experts en maken afspraken. We spreken zo'n tien personen en gaan zelfs naar het huis van James Clapper, de net-afgetreden *director of national intelligence* – de machtigste inlichtingenman van de Verenigde Staten. Als de Nederlandse diensten nuttige inlichtingen aan de Amerikanen hebben verstrekt, moet Clapper het weten, is onze gedachte. De imposante Clapper, in tuinkleding, staat stomverbaasd in de deuropening als we vertellen dat we journalisten uit Nederland zijn. Witheet blaft hij ons toe dat hij 'in vijftig jaar' nog nooit journalisten aan zijn deur heeft gehad en dat hij er ook niet erg van gediend is. '*Get out!*' schreeuwt hij. We lopen vlug zijn erf af.

De gesprekken in Washington leveren uiteindelijk twee nieuwe inzichten op. Het eerste: de AIVD en MIVD konden meekijken bij de Russische hackgroep Cozy Bear. Het tweede: de Nederlandse inlichtingendiensten zagen daardoor ook Russische aanvallen op het Amerikaanse ministerie van Buitenlandse Zaken, het Witte Huis en de Joint Chiefs of Staff. De Nederlandse hulp was zo waardevol dat de Amerikanen 'taart en bloemen' naar de AIVD in Zoetermeer stuurden. Ook kregen de Nederlandse diensten er nuttige inlichtingen voor terug: onder meer over Mali, Noord-Korea en Iran.

Met die informatie gaan we verder in Nederland. Via een versleuteld kanaal krijgen we uiteindelijk meer details. Na zeven maanden is ons verhaal rond. Net als we de publicatie voorbereiden en ik contact wil opnemen met de AIVD en Amerikaanse ambassade voor weerwoord, krijg ik een verontrustend sms-bericht.

10

Porno en Rolls-Royce

Ineens is-ie weg. Floep. Drie jaar blijft de commandopost van de AIVD in het computernetwerk van Cozy Bear ongezien, tot de AIVD-hackers op een dag geen verbinding meer kunnen leggen. Abrupt komt een einde aan de Nederlandse spionage op het Rode Plein.

De oorzaak: een adjunct-directeur van de NSA, Richard Ledgett, heeft in april 2017 op een veiligheidscongres verteld dat de Amerikanen dankzij een 'westerse bondgenoot' de Russen uit het ministerie van Buitenlandse Zaken konden werken. De Nederlanders zijn woedend. MIVD-hoofd Pieter Bindt en AIVD-hoofd Rob Bertholee beklagen zich bij Amerikaanse collega's. 'Heel vervelend', 'ergerlijk', 'typisch Amerikaanse arrogantie', zeggen bronnen later over de Amerikaanse loslippigheid. Waarom zou je zo'n waardevolle operatie verknallen door er openlijk op een congres over te vertellen? Het zet de relatie met de Amerikanen – die door de Snowden-onthullingen en de verkiezing van Donald Trump toch al een knauw kreeg – nog meer onder druk.

Zes jaar is verstreken tussen de paniek om het Beverwijkse certificatenbedrijf DigiNotar en het einde van de AIVD-spionage op het Rode Plein. In die zes jaar is de wereld er totaal anders uit gaan zien. In 2011 was Hyves nog groter dan Facebook, de dreiging van Bin Laden groter dan van welk digitaal leger ook en de smartphone nog slechts een geinig apparaat.

Destijds leek DigiNotar een ongelukkig incident, dat nooit meer zou plaatsvinden. Bij digitale dreiging kon niemand zich wat voorstellen. Er was nog geen Nationaal Cyber Security Center of een digitale eenheid van de AIVD en MIVD. CDA'er Piet-Hein Donner was een gezaghebbend jurist die het land probeerde gerust te stellen.

Zes jaar later is Hyves er niet meer, zijn de Amerikaanse

techreuzen Apple, Google, Microsoft, Amazon en Facebook de machtigste bedrijven ter wereld, hebben Russische hackers zich succesvol gemengd in de Amerikaanse presidentsverkiezingen en doen we alles met de smartphone. Wie ’m per ongeluk thuis laat liggen, keert weer om.

De dreiging komt nu van alle kanten. Chinezen, Iraniërs, Amerikanen, Russen, Britten: ze spioneren allemaal. Ze stelen informatie en gebruiken die om samenlevingen te beïnvloeden. Het inmiddels opgerichte Nationaal Cyber Security Center groeit explosief en kent honderden medewerkers. Op grote schermen is te zien wanneer de Chinese werkdag begint: dan stijgen de grafieken die digitale aanvallen registreren. In 2015 en 2016 waarschuwen de AIVD en MIVD steeds luider: digitale spionage overspoelt Nederland. Brazilië, Vietnam, India: iedereen doet het.

Dat de dreiging anders is, merk ik zelf ook. Twee dagen voordat Eelco en ik publiceren over de jarenlange AIVD-spionage in Moskou, krijg ik om zeven uur ’s ochtends een sms-bericht van mijn telecomprovider. ‘Geregeld. U heeft de instellingen van uw VPN gewijzigd. We voeren de veranderingen zo snel mogelijk door.’

Ik vraag het meteen na bij de IT-afdeling van *de Volkskrant*. ‘Wij hebben niets veranderd in je verbinding,’ zegt een jongeman in T-shirt. Ik bel mijn telecomprovider. Daar kunnen ze de melding ook niet plaatsen. ‘Sorry, geen idee meneer.’ Tot slot bel ik een goede inlichtingenbron die ervaring heeft met digitale spionage. De bron schrikt: ‘Huib, dit is een rode lijn. Het tijdstip, zo vlak voor publicatie van een belangrijk verhaal, kan geen toeval zijn. Regel snel een nieuwe telefoon en nieuwe simkaart.’

Een maand eerder, toen ik terugkwam uit Washington en het AIVD-verhaal bijna rond was, had mijn router het thuis begeven. Geen signaal meer, zo dood als een pier – net als die keer voordat ik naar Rio de Janeiro zou gaan. Ik dacht toen dat het toeval was. Maar nu het sms-bericht binnenkomt, ben ik daar niet meer zo zeker van.

Ik probeer te bedenken of er een verband is tussen de twee

gebeurtenissen. Voor de zekerheid laat ik de router achter bij een digitale specialist. De telefoon is zorgelijker: als iemand daadwerkelijk knoeit met mijn telefoonverbinding is er een direct probleem. Dan zijn mijn gesprekken en berichten niet meer veilig. Het ongemakkelijke is dat ik de dreiging niet in de ogen kan kijken. Ik heb geen idee waar het gevaar vandaan komt.

Het zou de Britse of Amerikaanse dienst kunnen zijn. Misschien de Russische. Of toch de AIVD. Bronnen denken dat de Nederlandse dienst bijzonder nerveus zal zijn als we het verhaal gaan publiceren. De geheime dienst wil niet dat hun werkwijze op straat komt te liggen. Dat het over 'hacken' gaat, maakt het nog eens extra gevoelig: hacken is een geheim wapen van de AIVD, waar de dienst zich al jaren geleden in heeft bekwaamd. Ook is 'Zoetermeer' bang voor een Russische tegenreactie: als zwart-op-wit staat dat de AIVD drie jaar lang kon meekijken bij een van de bekendste Russische hackgroeps, dan is dat groot nieuws. En bovendien een publieke afgang voor de Russen – die structureel het bestaan van dit soort hackgroepen ontkennen. De Russische overheid wil zich nog weleens revancheren of zich fysiek laten gelden. Denk aan de molestatie van de Nederlandse diplomaat Onno Elderenbosch in Moskou na een politieke rel met Nederland. Elderenbosch werd in zijn woning vastgebonden en zijn huis werd overhoopgehaald.

Als Eelco en ik op donderdag 25 januari 2018 om negen uur 's avonds ons verhaal publiceren, gaat het razendsnel de wereld over. De internationale context is relevant: de Nederlandse waarschuwingen aan de Amerikanen zijn een reden voor de FBI om het onderzoek naar Russische inmenging te openen. Voor het eerst is ook duidelijk waar de Amerikaanse diensten hun stelligheid over de betrokkenheid van het Kremlin bij de beïnvloeding vandaan hebben: uit Zoetermeer. Alle grote internationale media nemen het bericht over, de aandacht is overweldigend. Als ik de volgende ochtend mijn telefoon aanzet, hapert het apparaat vanwege alle berichten, mails en meldingen.

Niet iedereen is opgetogen. Bij het ministerie van Algemene

Zaken 'staan de vlekken in de nek', vertelt een bron. Er is angst voor een Russische tegenreactie. Onze bronnen voelen zich niet veilig. Sommigen kan ik wekenlang niet bereiken. Eén iemand durft uit angst maandenlang niet af te spreken. Van een politiebron hoor ik dat het Team High Tech Crime mediacontacten verbiedt. Politiemedewerkers krijgen te horen dat ze voorlopig niet met media mogen afspreken, zeker niet met *de Volkskrant* of *Nieuwsuur*.

Na de publicatie opent de geheime dienst een intern veiligheidsonderzoek naar het lek. De AIVD probeert na te gaan wie er heeft gepraat: op het lekken van staatsgeheimen staan hoge straffen. AIVD-onderzoekers bellen en spreken medewerkers en oud-medewerkers van de dienst. Het interne onderzoek levert uiteindelijk te weinig aanknopingspunten op. De conclusie is dat niemand bij de AIVD heeft gelekt en dat de staatsgeheime informatie uit het buitenland moet zijn gekomen.

Ik probeer te achterhalen wat er met mijn telefoon is gebeurd. Ik heb een vrij nieuwe iPhone die ik update zodra het mogelijk is. Zo'n iPhone hacken kan ook de AIVD niet zomaar. Daarvoor heeft een geheime dienst een gat in de software nodig. Hoe nieuwer de telefoon en het besturingssysteem, des te moeilijker en duurder dat is. Voor een nog niet ontdekte kwetsbaarheid in het nieuwe besturingssysteem van een iPhone betalen geheime diensten met gemak een miljoen euro. Een bedrag dat een dienst misschien overheeft voor een belangrijke terrorist, maar niet voor een journalist.

Hacken is niet aan de orde. In het sms-bericht staat iets over een 'VPN-verbinding'. Daarmee wordt waarschijnlijk de verbinding van mijn telecomprovider bedoeld. Zoals bij Belgacom al bleek, gebruiken providers steeds vaker VPN-verbindingen. Geheime diensten zoeken naar mogelijkheden om die te kraken. Probeert een geheime dienst door te rommelen met de VPN-verbinding mijn telefoonverkeer binnen te halen? En welke geheime dienst?

*

Met zijn vuist slaat de Russische miljonair op de zes meter lange vergadertafel. Zijn hoofd schiet naar voren en zijn bruine ogen kijken ons woedend aan. De 36-jarige Aleksej Goebarev heeft zich twintig minuten ingehouden. In het Engels blaft hij nu: 'Ik heb nul komma nul contact met Russische veiligheidsdiensten. Ik praat met niemand. Nooit.' Dan zakt hij weer terug in zijn stoel.

De gedrongen Goebarev heeft net – hand in de broekzak van een blauw linnen pak – zijn kantoorpand aan *Volkskrant*-collega Tom Kreling en mij laten zien. Een grijze blokkendoos van een paar verdiepingen hoog aan een rommelige, drukke weg in de Cypriotische kustplaats Limassol waar deze zaterdag in januari 2017 verder niemand aanwezig is. In rap tempo liep hij erdoorheen en wees hij kordaat naar de zitzakken, houten draken en spelcomputers – alsof hij met het tonen van zijn relikwieën onze vervelende vragen kon afwimpelen.

Goebarev was op mijn radar gekomen dankzij een journalist van *The Wall Street Journal*. Deze Amerikaanse collega was met kerst naar Amsterdam gevlogen omdat hij een explosief dossier in handen had gekregen: een rapport van een Britse oud-spion over Donald Trump en zijn contacten met Rusland. Het rapport staat bol van de spectaculaire informatie – het Kremlin zou een video hebben van Trump die kijkt hoe prostituees urineren op een bed in een hotel in Moskou – inclusief een opzienbarende alinea over het Nederlandse internetbedrijf Webzilla.

Webzilla en zijn eigenaar Goebarev zouden de Russische hacks van de Democratische Partij hebben gefaciliteerd: de aanval zou via het netwerk van Webzilla zijn gegaan. Goebarev zou er persoonlijk van hebben geweten, hij zou niets minder dan een spion voor de Russische veiligheidsdienst FSB zijn. Omdat de Amerikaanse journalist weinig aanknopingspunten kon vinden voor alle theorieën in het rapport was hij naar Nederland gevlogen en had hij bij *de Volkskrant* aangeklopt. Zo kwamen we met elkaar in contact.

Ik had net het idee dat ik digitale spionage een beetje begon te begrijpen. Of het nou de Britse spionage bij Belgacom was of de Chinese spionage in Ede: de manier van spioneren vertoonde parallellen. Eerst met een truc binnenkomen – vaak via een phishing mail, dan een virus naar binnen brengen en vervolgens de informatie stelen. Voor de rol van eventuele tussenbedrijven had ik nauwelijks oog gehad. En nu tref ik een Amerikaanse journalist met een rapport waarin staat dat een Nederlands bedrijf de Russen heeft geholpen met het hacken van Amerikanen.

Hostingproviders, zoals Webzilla, leveren twee diensten: opslag en transport. Het zijn de opslagplaatsen en verkeersknooppunten van het internet. Zoals bij fysieke opslagboxen kun je er ruimte huren. Je stopt er alleen geen meubels of verhuisspullen in maar documenten en e-mails. De andere functie is transport: je leidt er, zoals bij een fysiek knooppunt, verkeer vandaan en naartoe. Ieder bedrijf heeft computerservers nodig om e-mails te versturen of op te slaan en om documenten en informatie te bewaren. Ook voor een website is het huren van computerruimte nodig: datapakketjes moeten naar jouw website kunnen komen.

Zonder hostingproviders geen internet. Ze zijn er in allerlei soorten en maten. Bekend is Leaseweb, een vrij grote Nederlandse aanbieder. Onbekender zijn bijvoorbeeld Worldstream, King Server en Webzilla. Webzilla is een geval apart: het begint zonder eigen computerservers. Die huurt Goebarev hoofdzakelijk bij Leaseweb, waarna hij die serverruimte weer verhuurt aan eigen klanten. De kracht van Goebarev is dat hij zijn klanten alle zorgen uit handen neemt: hij biedt niet alleen de computerservers maar ook onderhoud en service. Hij heeft in datacentra altijd technisch experts klaarstaan om storingen te verhelpen. In de analogie met een snelweg: Goebarev biedt niet alleen een mooie asfaltweg, maar doet ook de wegenwacht. Hij belooft storingen binnen 15 minuten op te lossen.

Voor Goebarev is het een lucratieve business; zijn bedrijf groeit als kool en heeft in 2016 een omzet van 50 miljoen dollar. Zijn klanten, met wie hij persoonlijke contacten onderhoudt, komen vooral uit Oost-Europa en Rusland. Wat zij met de serverruimte doen, is aan hen: net zoals een klant zelf mag weten wat hij in een opslagbox bewaart. Een verhuurder heeft daar niets over te zeggen. Maar wat als er permanent crimineel internetverkeer via die computerservers gaat? Kan de verhuurder zich dan nog onttrekken aan zijn verantwoordelijkheid? Wat als er *altijd* wapens in de opslagboxen van één specifiek bedrijf worden gevonden?

Hier begint het onderscheid tussen hostingproviders. Sommige – zoals Leaseweb – hadden voorheen een bedenkelijke reputatie. Ze controleerden nauwelijks wie computerservers huurden en wat die klanten ermee deden. Spamaanvallen of kinderporno gingen vóór 2007 regelmatig via de servers van Leaseweb. Vanaf 2007 nam Leaseweb werknemers aan die misbruik gingen bestrijden. De politie kreeg een aanspreekpunt bij het bedrijf en kon verzoeken om computerservers te onderzoeken of Leaseweb bevelen de toegang tot gegevens af te sluiten.

Inmiddels werkt Leaseweb, waar jarenlang het Europese internetverkeer van pornosite PornHub naartoe ging en dat ook het chiquere Heineken als klant heeft, goed samen met de politie. In het datacenter buiten Haarlem staat altijd een oude Dell-server met tapsoftware van het bedrijf IDD. Als de politie wil tappen hoeft ze alleen maar een rechterlijke machtiging te overhandigen en het tappen kan beginnen.

Probleem is: hoe is te achterhalen welke klant misbruik maakt van gehuurde servers? Een hostingprovider mag volgens de wet niet in een computerserver kijken. Een opslagloods zal ook geen camera's in de boxen van klanten hangen. Daarom proberen overheden steeds meer op de hoogte te zijn van het verkeer dat door providers gaat. En dat is niet zonder risico's.

Een incident in 2012 toont wat er op het spel staat. Een Nijmeegse anarchistische club zet rond Koninginnedag een festivalposter online met de titel 'Hang the Queen'. De politie ziet het iets na middernacht. Een uur later al belt een officier van justitie naar Leaseweb: de website waarop de poster staat, 'draait' bij Leaseweb en moet onmiddellijk offline.

De Leaseweb-medewerker weigert. Iedereen kan wel zeggen dat hij iets offline wil; eerst wil hij een gemotiveerd bevel zien. Dat volgt de volgende dag om vijf uur 's middags, waarna de website twee uur later offline gaat. Die rompslomp willen autoriteiten vermijden. In december 2018 schrijft minister Ferdinand Grapperhaus (Justitie) dat hij bestuurlijke dwang wil toepassen tegen hostingproviders die niet binnen 24 uur kinderpornomateriaal van internet halen.

In Europa geldt een vergelijkbare maatregel voor terroristisch materiaal. De angst van privacyvoorvechters en hostingproviders is dat Europa en de Nederlandse overheid de bestuurlijke dwang zullen uitbreiden en ook gaan gebruiken voor bijvoorbeeld haatzaaien, opruiing en nepnieuws. Of voor een onwelgevallige tekst over de koning. Daarmee zou de overheid een machtig instrument tot censuur in handen krijgen: een provider mag een verwijderverzoek immers niet weigeren.

Op allerlei manieren proberen overheden hun greep op internet te verstevigen. De Amerikaanse FBI meldt zich in 2013 met een half miljoen dollar bij Leaseweb. De Amerikanen willen in ruil daarvoor een 'black box' installeren waarmee de FBI altijd toegang krijgt tot de computerservers van Leaseweb. Het Nederlandse bedrijf bedankt voor het aanbod. In maart 2019 neemt het Europese Parlement het omstreden Artikel 17 aan: veel van wat internetgebruikers online willen zetten op bijvoorbeeld Facebook of YouTube gaat voortaan langs een filter om te kijken of het geen inbreuk maakt op het auteursrecht. Privacyvoorvechters zoals de stichting *Bits of Freedom* vrezen dat hiermee de deur wordt opengezet naar de normalisering van internetcensuur.

Er is ook een andere kant: sommige hostingproviders houden zich moedwillig doof voor autoriteiten. Of maken er een verdienmodel van om foute klanten aan te trekken. Berucht is het Nederlandse Ecatel – dat in 2010 de dubieuze titel 'favoriete provider voor cybercriminelen' krijgt van het onafhankelijke HostExploit. De twee eigenaren van Ecatel reageren volgens overheidsbronnen nauwelijks of traag op verzoeken om computerservers te onderzoeken of af te sluiten. In 2018 vordert een rechter dat Ecatel illegale streams van wedstrijden uit de Engelse Premier League 30 minuten na een melding moet afsluiten.

En Webzilla? In welke categorie valt het hostingbedrijf van Goebarev in zijn blauw linnen pak? Is het meer Leaseweb of meer Ecatel? Opzienbarend is dat het miljoenenbedrijf in het verleden geregistreerd stond op nogal vreemde postadressen. Zoals een uitgewoond huisje op recreatiepark Country Club Midland Parc in het Amersfoortse bos, waarvan de eigenaresse een bejaarde mevrouw uit Emmen is. Of op een inmiddels dichtgetimmerde woning nabij een achterstandswijk in Amersfoort. Of op het adres van een medewerker van een verpakkingsbedrijf voor de tuinbouw, die nog nooit van Webzilla heeft gehoord. Waarom zou een professioneel bedrijf dit soort postadressen hanteren?

Er zijn meer vragen. Waarom ging Goebarev op 22-jarige leeftijd naar Cyprus, terwijl hij zijn opleiding aan de technische universiteit in Siberië nog niet had afgemaakt? Waarom koos hij Cyprus als locatie voor het hoofdkantoor van moederbedrijf XBT, een eiland voor de kust van Turkije waar het wemelt van de spionnen en dat bekendstaat als een paradijs voor inventieve belastingconstructies? Waarom onderhoudt hij persoonlijk contact met klanten en laat hij dat niet over aan zijn medewerkers? Waarom vergaart hij in tien jaar een fortuin met zijn bedrijf terwijl de winstmarges bij hostingproviders niet zo groot zijn? Waarom rijdt hij rond in een witte Rolls-Royce Ghost of zit hij op zijn 25 meter lange jacht?

*

Mail van Jochem Steman, de rechterhand van Goebarev. 'Wij willen de harde afspraak maken – en ook vastleggen – dat er geen publicatie kan zijn voor onze instemming.' Tom Kreling en ik zitten in de hotellobby in Limassol en bespreken de vragen die we straks aan Goebarev willen stellen.

Maar eerst meldt de Nederlander Steman zich in onze mail. Hij is chief commercial officer van Webzilla en fungeert tevens als pitbull voor zijn baas: vlak voor het gesprek met Goebarev komt hij met verregaande voorwaarden. Hij wil een veto kunnen uitspreken over de tekst en hij eist dat wij over niets anders schrijven dan over Webzilla. Na een paar keer bellen en mailen, waarbij we proberen uit te leggen dat journalistieke vrijheid net iets anders werkt, laat Steman die eisen vlak voor het interview toch weer vallen.

Om kwart voor elf in de ochtend nemen we de huurauto en rijden richting het kantoor van XBT Holding, waar Goebarev en Steman ons op zullen wachten. Ik heb bij allerlei bronnen in de inlichtingenwereld geprobeerd informatie te krijgen over Webzilla. Als het waar is dat zo'n cruciale schakel in het internet aanvallen op westerse organisaties mogelijk maakt, zou er toch ergens een belletje moeten gaan rinkelen. Het is in wezen hetzelfde als een moskee die heimelijk terrorisme financiert: net zo'n bedreiging voor de veiligheid en net zo onwenselijk. Maar wie ik ook bel – politiebronnen, inlichtingenbronnen, technisch experts – niemand blijkt antwoorden te hebben. Ze zoeken naar woorden om duidelijk te maken dat ze het niet weten.

Dat is toch gek. Webzilla huurt voor ongeveer 15 miljoen euro per jaar duizenden computerservers in Haarlem en verhuurt die door aan klanten in Oost-Europa en Rusland. Niemand lijkt te weten wát er via de servers van Webzilla gaat. Hoe kan dat? Hoe zit het bijvoorbeeld met het Nationaal Cyber Security Center, de organisatie die Nederland digitaal veilig moet houden en is ondergebracht bij het ministerie van Justitie en Veiligheid? Wat weten zij van Webzilla? Ik snap dat het onwenselijk is om zomaar een bedrijf binnen te stappen en in computerservers te gaan neuzen, maar wat nou als er sprake is van moedwillige sabotage door Webzilla?

Een ander voorbeeld is het dubieuze Nederlandse King Servers. De eigenaar is een 26-jarige Rus die in het westen van Siberië woont, vlak bij de grens met Mongolië. Hij huurt zo'n duizend computerservers op een industrieterrein in het Nederlandse Dronten, die hij weer verhuurt aan klanten die voornamelijk pornowebsites aanbieden.

King Servers heeft een slechte naam: veel kinderporno, malware, digitale aanvallen. Als de Nederlandse politie iets kwalijks ontdekt, stapt zij met een bevel naar King Servers, waarna het maar afwachten is of de Rus in de wildernis van Siberië bereid is om de huurovereenkomst met de desbetreffende klant op te zeggen. Veel meer dan een vriendelijk verzoek kan de politie niet doen; bij Rusland aankloppen heeft niet zoveel zin. Het land levert geen onderdanen uit.

Als Russische hackers in de zomer van 2016 stemcomputers in Arizona en Illinois aanvallen, concludeert de FBI dat zes van de acht gebruikte ip-adressen van King Servers zijn. Toeval? Het blijkt ongelooflijk ingewikkeld om de precieze betrokkenheid van King Servers helder te krijgen: hackers kunnen verschillende servers huren, ze kunnen een VPN-verbinding gebruiken, het anonieme Tor-netwerk, waarna ze misschien toevallig via King Servers gaan of ze besteden hun activiteiten uit aan criminelen die weer hun eigen servers hebben. Concluderen dat als een aanval via King Servers gaat, King Servers ook heeft meegeholpen, is je op glad ijs begeven: het kan, maar het kan net zo goed écht toeval zijn. Rijkswaterstaat weet ook niet op elk moment van de dag wie er over de Nederlandse wegen rijden. Het verweer van bedrijven als King Servers en Webzilla: wij zijn net als de post, we brengen pakketjes van A naar B en mogen de brieven niet openen. Wij weten dus niet wat er via onze servers gaat.

Waarschijnlijk is dat de reden waarom mijn bronnen niets van Webzilla weten: internetverkeer is grillig en moeilijk te doorgronden. Criminelen en staatshackers maken daar misbruik van. Nederland, met zijn vele datacentra en belangrijke verbindingen naar de rest van de wereld, is daarom extra kwetsbaar. De snelle netwerken die Nederlanders gebruiken om te delen, werken en appen, gebruiken anderen om te spioneren en aan te vallen.

Als ik vraag hoe het Nationaal Cyber Security Center voorkomt dat een buitenlandse overheid controle krijgt over een hostingprovider, ontvang ik een teleurstellend antwoord. Het NCSC, dat bijdraagt aan een 'veilige, open en stabiele informatiesamenleving', houdt zich niet bezig met hostingproviders. Hoewel die de kern vormen van het internet staan hostingproviders evenmin op de lijst van 'vitale infrastructuur' – plekken die als ze uitvallen grote maatschappelijke schade veroorzaken.

Zelfregulering is zoals vaker de Hollandse oplossing. Telecomwaakhond OPTA en de Nederlandse politie proberen hostingproviders op hun verantwoordelijkheid aan te spreken. Maar hoe doe je dat als de eigenaren zich uitschrijven uit Nederland (Ecatel), in Rusland wonen (King Servers) of zich op Cyprus vestigen (Webzilla)?

In tegenstelling tot Webzilla staat antivirusbedrijf Kaspersky inmiddels vol in de schijnwerpers. De Amerikanen wantrouwen het Russische bedrijf – zeker nadat spionagedocumenten van de computer van een NSA-medewerker verdwijnen en in handen van Russische spionnen vallen. Op de computer draaide software van Kaspersky. Dat kan geen toeval zijn, zeggen de Amerikanen. En prompt verschijnen berichten in Amerikaanse media dat de antivirussoftware een geweldig spionagemiddel voor de Russen is: het kan op miljoenen computers automatisch op zoek gaan naar geheime documenten die zo in het bezit komen van Rusland.

*

Ook de AIVD heeft Kaspersky in het vizier. Na de gezamenlijke operatie met de CIA in het Amsterdamse hotel zijn de zorgen niet afgenomen.

Israël is binnengedrongen bij Kaspersky en heeft gezien dat Russische hackers computers waarop Kaspersky draait gebruiken om te zoeken naar geheime documenten. De AIVD wil nu met eigen ogen zien of het bedrijf een risico vormt. Vele lokale overheden en telecomprovider KPN gebruiken de antivirussoftware.

Dus gaat de Nederlandse dienst op zoek naar een plek om mee te kijken. Die plek is een bekend datacenter net buiten Haarlem. Kaspersky huurt bij Leaseweb computerservers zodat klanten hun antivirussoftware kunnen updaten. De informatie die klanten 'ophalen' als ze Kaspersky updaten komt uit het datacenter in de Waarderpolder.

De AIVD, vertellen bronnen, wil weten wie bij die updateservers kunnen. De antivirussoftware is goed en robuust, maar de dienst is wantrouwig over de Russische link. Over een brede linie vallen Russische spionnen Nederland aan. Gemeenten en ministeries liggen voortdurend onder vuur. Hackers van Cozy Bear bestoken begin 2017 ook het ministerie van Algemene Zaken – waar de werkkamer van de premier is. Met slim opgestelde mailtjes als lokaas proberen ze ambtenaren naar valse websites te lokken. Het lukt ze uiteindelijk niet tot het interne computersysteem van Algemene Zaken te komen.

Zouden de Russische spionnen, die goed op de hoogte zijn van hun Nederlandse doelwitten, hulp krijgen van Kaspersky? Een theorie van de AIVD: Russische medewerkers van Kaspersky kunnen bij de updateservers in Haarlem en daardoor is er een lijntje van Nederland naar Rusland. Wat gebeurt daarmee? Gebruiken Russische spionnen die toegang en voegen ze eigen software aan de updates toe? Is via de updateservers informatie over Nederlandse klanten te krijgen waar Russen iets mee kunnen?

Een technisch medewerker van de AIVD gaat in januari 2015 naar het datacenter in Haarlem voor een precaire operatie: meekijken zonder dat Kaspersky iets doorheeft. Een hackoperatie om duidelijkheid te krijgen. De AIVD kiest het Russische Nieuwjaar om naar binnen te gaan. Dan letten de Russen waarschijnlijk wat minder op, is de gedachte. Om fysiek toegang te kunnen krijgen tot een computerserver is het nodig even met het apparaat te rommelen. De AIVD wil zeker weten dat er geen pottenkijkers zijn. De specialist van de AIVD is anderhalf uur bezig en loopt dan vlug het terrein weer af.

Wat de operatie precies oplevert is onduidelijk. Maar bronnen laten blijken dat de AIVD eigen inlichtingen over Kaspersky heeft, maar geen concrete verdenkingen van spionage. Des te opvallender is dat het kabinet enkele jaren later besluit tot een verbod op de antivirussoftware bij de Rijksoverheid. Dat verbod komt er nadat de Amerikanen Kaspersky in de ban doen. Heeft Nederland dan toch aanwijzingen dat Kaspersky spioneert? Bronnen vertellen over de beslissing. Als die op hoog ambtelijk niveau besproken wordt en de terrorismecoördinator een knoop door moet hakken, blijkt de AIVD desgevraagd geen belastende inlichtingen over Kaspersky te kunnen leveren. Het kabinet en de NCTV nemen het besluit vooral als voorzorgsmaatregel.

De zaak toont hoe tussenbedrijven slachtoffer kunnen worden van de escalerende digitale strijd. Kaspersky heeft één grote zwakke plek: het hoofdkantoor staat in Moskou. En dat zorgt voor wilde theorieën. De directeur van Kaspersky heeft vroeger een opleiding bij de beruchte KGB gehad, dus zal hij wel voor de Russische veiligheidsdienst werken. Dat hij een KGB-opleiding deed klopt, maar Kaspersky is pas jaren daarna opgericht. Een verband is er niet. De twintigjarige zoon van directeur Eugene Kaspersky werd eens ontvoerd en na een paar dagen bevrijd door veiligheidsdienst FSB. De gijzelaars gingen bijzonder knullig te werk. Typische actie van een Russische veiligheidsdienst, zeggen sceptici, met een valse gijzeling even de directeur onder druk zetten. Voor die claim is geen enkel bewijs.

Kaspersky, zeggen Amerikaanse juristen, valt onder specifieke Russische wetgeving waardoor het bedrijf verplicht is data over klanten af te staan aan Russische veiligheidsdiensten en die te laten meekijken in systemen. Kaspersky en internationale juristen weerspreken dat: die specifieke wetgeving is niet op het bedrijf van toepassing. Wel helpt Kaspersky – in Rusland en daarbuiten – opsporingsdiensten mee in het tegengaan van digitale criminaliteit. Zoals ook Fox-IT in Nederland dat doet. Of Mandiant in de Verenigde Staten.

Het Nederlandse verbod wordt niet gevolgd door andere Europese landen zoals Frankrijk, België en Duitsland. Zouden zij met Kaspersky blijven werken als westerse diensten harde bewijzen hebben dat het bedrijf meewerkt aan Russische spionage? Ook KPN besluit het Nederlandse overheidsverbod te negeren: technici van dat bedrijf blijven erbij dat Kaspersky de beste bescherming biedt. Het risico op spionage beperken ze door de antivirussoftware geen verbinding te laten maken met externe servers; Kaspersky wordt als het ware ingekapseld in het KPN-netwerk.

Het heeft iets ironisch: Kaspersky beschermt computers tegen spionageaanvallen, maar wordt verbannen als de strijd intensiveert.

Wat is de positie van Goebarev in dit conflict? Hoe verklaart hij de vele spionagevirussen die via zijn computerservers gaan? Wat weet hij van zijn klanten?

*

Aleksej Goebarev loopt driftig door het verlaten kantoorpand totdat hij bij zijn werkkamer komt. Een schilderij van een gouden draak, dat hij van een zakenrelatie kreeg, siert de wand. Midden in de kamer staat een fitnessbank met gewichten, daarnaast een platenspeler, met aan de zijkant een stapel lp's van Michael Jackson. 'Ik heb alles van hem,' zegt Goebarev emotieloos. Daarna loopt hij door naar de aangrenzende vergaderruimte en gaat aan het hoofd van de tafel zitten.

Goebarev – verre neef van de gelijknamige overleden Russische astronaut en volksheld – werd geboren in de Siberische stad Oest-Ilimsk. Daar kapte zijn vader vijfduizend meter hout per maand en verkocht dat aan Japan en China. Na zijn middelbare school begon Goebarev een studie wiskunde aan de beroemde universiteit van Novosibirsk. De studie maakte hij niet af omdat zijn vrouw zwanger raakte en hij op z'n twintigste vader werd.

Om zijn gezin te onderhouden werd hij consultant in de 'internetbusiness', wat leidde tot de oprichting van zijn eigen bedrijf op Cyprus. Waarom daar? 'Omdat ik het in Moskou niet kon betalen.' Toen hij er eenmaal was, zag hij dat het eiland helemaal geen slechte plaats is om te leven. 'Ik kreeg hier een lening tegen maar 6 procent, kocht een huis en verhuisde mijn gezin hierheen.' Zo simpel was het.

Hij vindt het absurd dat mensen aan hem twijfelen. Een jonge Rus die in tien jaar tijd een miljoenenbedrijf heeft opgebouwd met een relatief eenvoudig product. Wat is daar opmerkelijk aan, vraagt Goebarev kwaad. 'Ik heb dit bedrijf zelf van de grond af opgebouwd. Mijn concurrenten zijn gewoon niet goed genoeg.'

We stellen onze vragen. Jochem Steman – grote ogen, strak achterovergekamd haar – schudt af en toe demonstratief zijn hoofd. Alsof hij het onbegrijpelijk vindt dat journalisten twijfelen aan de oprechtheid van zijn baas. Klopt het dat Goebarev ál het contact met zijn klanten, een imposant aantal, zelf onderhoudt? Goebarev: 'Mensen vertrouwen mij.'

Zou het kunnen dat hij onbewust heeft meegewerkt aan de Russische aanvallen op de Democratische Partij? Goebarev schudt zijn hoofd. 'Bij ons betaal je met creditcard of een bankoverschrijving. Elke transactie met een klant staat op papier.' Heeft hij recentelijk gekeken of er misschien vreemd dataverkeer via zijn servers is gegaan? 'Nee. Het mag niet eens. Ik heb 37.000 servers wereldwijd. Wij mogen daar van de wet niet bij.'

Na een klein uur schudden we Goebarev de hand, pakken onze notitieblokjes in en lopen voor hem uit naar de lift. Daar nemen we afscheid. Even later lopen Tom en ik via de achteruitgang naar buiten. Kort kijken we elkaar aan. Overtuigd van zijn onschuld zijn we niet, maar het tegendeel bewijzen kunnen we evenmin.

Twee jaar na dit gesprek – als Goebarev naar de achtergrond is verdwenen – wijst een Amerikaanse journalist me op een rapport van een voormalig digitaal specialist van de FBI. In een lopende rechtszaak is de FBI-agent op zoek gegaan naar informatie over Goebarevs bedrijven.

De servers van Goebarev, zo laat het veertig pagina's tellende rapport zien, worden geregeld door Russische criminelen gebruikt. Ook aanvallen van Russische hackers van Fancy Bear en Cozy Bear gaan via Goebarevs bedrijven. Goebarev heeft 400.000 klachten ontvangen over kwaadaardig internetverkeer dat via zijn servers gaat. Hij heeft daar nauwelijks op gereageerd. Hij verhuurt met gemak duizend computerservers aan partijen zonder dat hij weet wat de huurders ermee doen.

Er gaan zoveel criminele internetaanvallen via zijn servers dat kenners verrast zijn. 'De omvang van cybercrime is te groot om het nog toeval te noemen,' vertelt iemand die zelf bij een hostingbedrijf werkt en het rapport heeft gelezen. 'Het aantrekken van criminelen en overheidshackers lijkt bij Goebarev een bedrijfsstrategie.' Bij RIPE, de non-gouvermentele organisatie die internetruimte uitgeeft, zorgt het rapport voor verontwaardiging. Webzilla en al zijn dochterbedrijven faciliteren illegale hackactiviteiten, luidt de conclusie. 'Onze gemeenschap,' foetert een lid van de RIPE-commissie die misbruik tegen moet gaan in een mailwisseling, 'heeft een duidelijk en evident probleem dat "zelfregulering" niet gaat oplossen.'

Ik lees het rapport van de FBI'er met verbazing. Er blijkt overduidelijk uit dat een Nederlands bedrijf bij illegale hackactiviteiten een oogje dichtknijpt. Datzelfde bedrijf heeft inmiddels een eigen datacenter laten bouwen in Amsterdam-Zuidoost en zal nóg meer computerservers gaan verhuren. Er valt kennelijk niets tegen te doen. Goebarev wordt alleen maar rijker, de aanvallen blijven onverminderd via zijn computerservers lopen.

Nu kun je je afvragen wat je daar als argeloze burger van merkt. Hoe erg is het als een samenleving kwetsbaarder wordt doordat criminelen en staten ongemerkt kunnen toeslaan? In het voorjaar van 2017 volgt het antwoord.

11

Vissen met dynamiet

René de Vries stuurt zijn marineblauwe Tesla over de A13 richting Rotterdam als hij een WhatsApp-bericht van een collega krijgt. De 56-jarige havenmeester is op weg naar het World Port Center, het zenuwcentrum van het havenbedrijf. Er zijn problemen in de haven bij terminalbedrijf APM, leest hij op zijn telefoon.

De Vries kan het bericht niet meteen plaatsen. Natuurlijk kent hij APM, een bedrijf met een winst van 4 miljard dollar per jaar. Op de Eerste en Tweede Maasvlakte heeft het een eigen terminal: een aanlegplek waar de grootste containerschepen ter wereld aanmeren. APM zorgt er met gigantische blauwe kranen voor dat de containers van het schip naar de juiste vrachtwagens gaan.

Amper een minuut later gaat De Vries' telefoon. Het is een medewerker van Maersk, eigenaar van APM. 'Niets doet het meer,' zegt de man. 'Camera's, kranen, slagbomen: alles is *out of order*.'

De Vries laat de boodschap op zich inwerken terwijl hij de parkeergarage van het Rotterdamse havenbedrijf binnenrijdt, pal naast de Erasmusbrug. Hij schiet de lift in en drukt op de knop voor de negentiende verdieping. Daar huist, met uitzicht over Rotterdam, de 'incidentenkamer' van het havencentrum.

De manager vertelt De Vries dat hij geen schepen meer kan toelaten omdat beide terminals van APM platliggen. Vanuit het havengebouw zijn de terminals, veertig kilometer verderop, nauwelijks te zien. Op de computerschermen is het des te duidelijker: er is geen scheepverkeer mogelijk in de Europahaven, bij Hoek van Holland vult de zee zich met stippen – iedere stip is een wachtend schip.

De Vries kijkt om zich heen: een kantoorruimte vol schermen, telefoons en laptops waar vijftien mensen druk aan het bellen zijn. De Rotterdamse korpschef Frank Paauw wordt geïnformeerd, net als burgemeester Ahmed Aboutaleb.

Een patrouilleboot van het Havenbedrijf haast zich naar de Maasvlakte. Ook de douane gaat kijken. Er staat voor miljarden euro's aan ladingen die nergens heen kunnen op de wal. Het wordt bovendien snel drukker op de N15, de belangrijkste toegangsweg naar de haven. Tientallen vrachtwagens komen vast te staan: ze kunnen het haventerrein niet op.

In de incidentenkamer zien ze dat inmiddels drie van de vijf Rotterdamse terminals compleet stilliggen. Is het een stroomstoring? Of is dit een aanval? schiet door het hoofd van De Vries. 'Gaat er straks geplunderd worden?' vraagt een van de aanwezigen zich vertwijfeld af.

De Vries denkt vooral aan de containers die nergens naartoe kunnen. De zomercollectie van een winkel kan erin zitten. Nieuwe telefoons of laptops. Maar veel erger: bederfelijke waar als groente en fruit. De meeste spullen moeten verder Europa in.

René de Vries is een ervaren politieman. Hij heeft allerlei soorten incidenten meegemaakt. Steekpartijen, op heterdaad betrapte dieven en bedreigingen. Maar op dinsdag 27 juni 2017 heeft hij geen idee wat er gebeurt. Een brand op een schip of een lek van vervuilende stoffen is voor hem overzichtelijk. Een afgebakend probleem. Maar wat de haven nu overkomt, is ongrijpbaar.

De veiligheid in de haven waarborgen, meer kan hij voorlopig niet doen. De zeehavenpolitie en de douane patrouilleren. Sommige vrachtwagenchauffeurs zijn weer omgekeerd, andere zoeken een slaapplek in de buurt of overnachten in hun vrachtwagen. Niemand weet hoelang het zal gaan duren. Als De Vries in de avond weer in zijn Tesla stapt, bekruipt hem een angstig gevoel. De normaal zo bedrijvige haven ligt er stil bij.

*

De onmacht is niet alleen in Rotterdam voelbaar. Op die dinsdag 27 juni valt het ene na het andere bedrijf stil. Pakketdienst TNT Express, medicijnfabrikant MSD, staalfabrikant Evraz, het grote Britse reclamebureau WPP, de Russische oliegigant Rosneft,

Amerikaanse ziekenhuizen: ze kunnen niets meer.

Een onbekend virus slaat genadeloos toe. Frankrijk, India, Groot-Brittannië, Polen, Duitsland: overal raken systemen beschadigd. 'Bedrijven wereldwijd vleugellam', kopt RTL *Nieuws*. '*What is it and how can it be stopped?*' vraagt de Britse krant *The Guardian* zich af. 'Een wereldwijde aanval met gijzelsoftware,' begint presentatrice Annechien Steenhuizen het achtuurjournaal die avond. Verslaggever Gerri Eickhof is naar de Rotterdamse haven gegaan en zegt dat alle Europese landen zijn getroffen. 'Is al bekend waar het virus vandaan komt?' vraagt Steenhuizen. Eickhof, met op de achtergrond de stilstaande blauwe kranen van APM-terminals: 'Nee, geen idee. En dat is ook heel erg moeilijk. Je kunt wel een kwaadaardige bron vinden maar dan blijkt dat daarachter nog een kwaadaardiger bron zit en nog weer verder en nog weer verder. Zo de hele wereld en het hele internet over.'

Deskundigen, verslaggevers, werknemers van getroffen bedrijven: niemand kan uitleggen wat er die dinsdag precies gebeurt. Binnen een paar uur zijn honderdduizenden computers besmet en vallen systemen in zeker 65 landen uit. Postpakketten kunnen niet worden geleverd, artsen kunnen niet meer bij medische gegevens en burgers niet meer bij hun geld. Niet eerder zorgde een digitale aanval voor zoveel schade.

In de dagen daarna noteer ik tientallen vragen in een notitieblok. Wie heeft de aanval geopend en waarom? Hoe kan de Rotterdamse haven zo ontregeld raken? Is dit de opmaat tot een digitale oorlog?

Waar bronnen en experts normaal een mogelijke verklaring hebben, zoeken zij nu ook koortsachtig naar antwoorden. Iedereen lijkt verrast. Een maand eerder gingen in 150 landen ook al computers op zwart. De Britse National Health Services werd zo hard geraakt dat ziekenhuizen alleen spoedeisende patiënten opnamen. Ambulances reden niet meer uit. Duizenden operaties werden uitgesteld. MRI-scanners functioneerden niet, koelingen voor bloedonderzoek waren ontregeld.

Is deze aanval afkomstig van dezelfde daders? Ook nu starten computers spontaan op en tonen een zwart scherm met de melding '*Ooops, your important files are encrypted.*' In getroffen kantoren valt de ene na de andere computer uit, alsof ze elkaar aansteken. Beeldschermen op complete kantoorafdelingen gaan op zwart. Zwart, zwart, zwart, zwart. Medewerkers die het zien en wanhopig de stekker uit hun computer willen trekken, zijn te laat. Het gaat razendsnel. Opnieuw opstarten heeft geen zin; de computers zijn vergrendeld en doen niets meer.

De melding die op de tienduizenden computers verschijnt, duidt op gijzelsoftware: de aanvallers eisen 300 dollar. Na betaling kunnen de slachtoffers weer bij hun bestanden. Maar diegenen die geld overmaken, komen er al snel achter dat er helemaal niets gebeurt. Hun computersystemen liggen in gruzelementen.

Om te weten wat er in de Rotterdamse haven gebeurde, moet ik eerst op zoek naar het epicentrum van de aanval – de oorsprong van de wereldwijde ontwrichting.

*

Beveiligingsbedrijven die de besmettingen registreren, zien iets bijzonders: de meeste infecties zitten in Oekraïne. Meer dan 90 procent van de getroffen plekken ligt in dat land. Banken gaan er plat, pinnen is niet meer mogelijk, het metronetwerk valt uit, net als vliegvelden, postkantoren en zelfs de kerncentrale van Tsjernobyl.

Om te begrijpen wat daar gebeurt, vlieg ik met collega Tom Kreling naar Kiev. Daar treffen we de Schot Jock Mendoza Wilson. Hij werkt bij SCM, het grootste bedrijf van Oekraïne dat onder meer eigenaar is van telecomprovider Urktelecom en houdt kantoor bij het beroemde St. Michaëlsklooster. De guitige Schot vertelt hoe de 27ste juni verliep.

Vlak voor één uur 's middags stormde zijn assistente Knesia de kamer binnen en gilde dat hij zijn computer uit moest zetten. Wilson twijfelde niet, helde naar links en trok met een ferme ruk de witte netwerkkabel eruit. Daarna bleef hij stil zitten. Alsof hij wilde luisteren of de indringer tot zijn computer was doorgedrongen of nog spartelend in de netwerkkabel hing.

Toen belde de IT-afdeling: 'SCM is getroffen en niemand mag meer aan zijn computer zitten.' Wilson denkt aan de e-mails die hij nog had willen sturen, de opdracht waar hij vier maanden mee bezig was en die hij nu misschien kwijt is. Toen hij daarna door de marmeren entree naar buiten liep, in de auto plofte en zijn chauffeur de Russische nieuwsberichten op de radio voor hem vertaalde, begreep hij dat heel Oekraïne platlag.

Op straat merkte Wilson direct dat er een vreemde stilte hing. Een kalmte die er gewoonlijk op een zondag is, niet op een doordeweekse dag zo vlak voor de nationale feestdag van 28 juni. Wilson was bezorgd. Kan ik nog bij m'n geld? Kunnen vliegtuigen nog opstijgen en landen? ging door z'n hoofd.

Thuis zocht hij naar berichten in westerse media. De BBC meldde dat verschillende bedrijven in Duitsland, Nederland en de Verenigde Staten zijn getroffen. Wilson belde ondertussen met vrienden en zakelijke relaties. Hij heeft nog nooit een digitale aanval meegemaakt. Het geeft hem nog altijd een gevoel van diepe onzekerheid. Hij realiseert zich hoe kwetsbaar hij is zonder elektriciteit, water en ziekenhuis. Hoe afhankelijk hij is van telefoon, computer, vliegveld en geld. Wat zal er straks nog meer uitvallen? vraagt hij zich vertwijfeld af.

De economische schade in Oekraïne is groot, vertelt Dmytro Sjymkiv verderop in zijn werkkamer van het presidentiële paleis. Hij is de voormalige CEO van Microsoft Ukraine en is nu de belangrijkste technisch adviseur van president Petro Porosjenko. Hij zegt dat het virus '10 procent' van de systemen in zijn land heeft geraakt. Sommige banken moeten al hun computers vervangen. Omdat het virus zich na een infectie verspreidt in een netwerk, veroorzaakt het opstarten van computers telkens weer nieuwe ellende. Ukrsotsbank geeft noodgedwongen instructies via het brandalarm om te zorgen dat de duizenden werknemers hun pc's niet opstarten.

Sjymkiv: 'In de officiële cijfers staat iets van 12.000 geïnfecteerde pc's, maar het is veel omvangrijker. Sommige bedrijven verliezen 60 tot 80 procent van hun ICT-infrastructuur.'

Terwijl presidentsadviseur Sjymkiv een das uit zijn bureaula grist – zijn baas, de Oekraïense president Porosjenko, heeft zo een *conference call* met Vladimir Poetin en de staf van de president dient er netjes uit te zien – reconstrueren we de aanval van 27 juni. Hij vertelt wat hij weet over de aanloop ernaartoe. Hopelijk zit daarin een aanwijzing naar de daders en hun motieven. En misschien wel een verklaring voor de stilgevallen Rotterdamse haven. Sjymkiv begint met uit te leggen dat het boekhoudprogramma M.E.Doc een populair programma in Oekraïne is. De software wordt door 80 procent van de bedrijven in Oekraïne gebruikt. Het is ontwikkeld door een klein familiebedrijf, Intellect Service, uit Kiev. M.E.Doc is nuttige software voor de boekhouding en voor het doen van belastingaangifte.

Sjymkiv vertelt dat hackers Intellect Service langdurig hebben aangevallen en wisten hoe ze binnen konden komen. Hoewel het bedrijf software levert die op een miljoen computers draait, is het familiebedrijfje lang niet zo robuust beveiligd als de bekende Amerikaanse softwaremakers.

In april, drie maanden voor de aanval van 27 juni, weten de aanvallers het updateproces van M.E.Doc te manipuleren. Dat biedt ze grote mogelijkheden: bij een nieuwe update kunnen de hackers eigen software toevoegen. Bijvoorbeeld om te spioneren. Bij een volgende update van M.E.Doc installeren gebruikers ongemerkt ook de spionagesoftware van de aanvallers. Sjymkiv: '400.000 bedrijven gebruiken M.E.Doc. Alle waardevolle informatie van een bedrijf staat in een accountantsysteem.' Een ware goudmijn voor de aanvallers.

Twee maanden duurt de spionage. Dan wijzigen de aanvallers van koers. Ze kunnen nog maanden of jaren ongezien in het boekprogramma meekijken, maar kiezen voor een gewaagder plan. Via M.E.Doc lanceren ze, vlak voor de Oekraïense feestdag, een sabotagevirus. Het doel: chaos creëren bij de vijand.

Door het virus via het boekhoudprogramma te verspreiden, zijn de aanvallers verzekerd van een groot aantal Oekraïense slachtoffers.

Dmytro Sjymkiv schuift zijn zware bureaustoel naar achteren, staat op en excuseert zich: hij moet nu echt naar de president. We vragen hem nog snel naar de daders. Sjymkiv: 'Wie is er geïnteresseerd in onze financiële gegevens en wil bedrijven kapotmaken? Het is de klassieke Russische werkwijze: je verbrandt niet alleen het huis, maar meteen het hele dorp.'

De analyse van Sjymkiv wordt gedeeld door internationale beveiligingsbedrijven en verschillende overheden van getroffen landen: de aanval begon bij M.E.Doc en het virus verspreidde zich daarna razendsnel over de wereld. Maar wie zijn de veronderstelde Russische daders? En wat is hun motief?

*

Als de daders uit Rusland komen, dacht ik altijd aan twee groepen: of ze horen bij Cozy Bear – de spionagegroep waar de AIVD jarenlang meekeek – of bij Fancy Bear. Cozy Bear hoort bij de buitenlandse veiligheidsdienst van Rusland, de SVR, en Fancy Bear wordt aangestuurd door de militaire inlichtingendienst GROe. Twee hackgroepen, twee mogelijkheden.

Bronnen zeggen dat het niet Cozy Bear was. En ze zijn ook niet zo zeker van Fancy Bear. Kennelijk klopt mijn beeld van Russische hackers niet meer. Daarom zoek ik contact met onder anderen (oud-)medewerkers van de MIVD. Zij zijn gespitst op de activiteiten van Fancy Bear. Wat weet de MIVD over de aanval op Oekraïne?

Bronnen leggen me uit dat de MIVD sinds 2014 de online acties van hackers van de militaire dienst GROe volgt. Lange tijd werden die hackers door beveiligingsbedrijven en geheime diensten Fancy Bear genoemd, maar dat was een te algemene benaming. Wie beter naar de verschillende acties ging kijken, ontdekte twee soorten militaire hackers. De hackers van unit 26165 en unit 74455. De eersten zijn van het spioneren, de laatsten van het saboteren en ontwrichten. Hun doelwitten vallen naadloos samen met die van de Russische overheid: NAVO-landen, Oost-Europese regeringen, politieke tegenstanders van het Kremlin.

De MIVD is al langer ongerust over de agressievere 74455. In de eerste maanden van 2015 ontdekken specialisten van de dienst op een industriegebied in het Drentse Meppel een aanvalscomputer. Tussen weilanden en naast de spoorlijn Zwolle-Groningen staat een loods vol computers – een datacenter van een Nederlands bedrijf. De MIVD heeft verdacht verkeer gezien en is zo op het spoor gekomen van de computerserver. Als de specialisten een tap aansluiten en het internetverkeer bekijken, reageren ze ontsteld.

Via de computerserver sturen Russische hackers aanvallen in Oost-Europa aan. Ze proberen elektriciteitscentrales in Oekraïne binnen te komen om een sabotagevirus achter te laten. Ook vallen ze Oekraïense televisiestations binnen en laten een virus los dat alle bestanden overschrijft. Documenten, video- en audiobestanden worden gewist zodat journalisten niet over de lokale verkiezingen kunnen berichten. MIVD'ers zien voor het eerst de daadkracht van unit 74455: internet gebruiken om een land te destabiliseren en pogen te ontwrichten.

Later dat jaar merken bewoners in Oekraïne opnieuw de impact. In de koude namiddag van 23 december 2015 ziet een medewerker van een energieleverancier in West-Oekraïne de cursor op zijn beeldscherm in beweging komen. Zonder dat de man iets doet, klikt zijn muis een scherm open en haalt een elektriciteitsstation offline. Duizenden inwoners komen zonder stroom en water te zitten.

De medewerker rent naar zijn computer, zo beschrijft het Amerikaanse tijdschrift *Wired* later, en grijpt wanhopig zijn muis vast. Maar wat hij ook doet – de cursor reageert niet op zijn handelingen en gaat stoïcijns door met het offline halen van elektriciteitsstations. Elke keer als een station wordt uitgeschakeld, gaat bij duizenden inwoners het licht uit. De medewerker probeert te voorkomen dat weer een volgend station offline gaat, maar ziet hoe de computer hem uitlogt. Als hij weer in wil loggen, gaat dat niet meer: de onzichtbare aanvaller heeft zijn wachtwoord gewijzigd. Hij kan niets anders doen dan machteloos toekijken hoe de stroom wordt uitgezet.

Bijna zestig stations schakelt de aanvaller uit, een voor een. Meer dan 230.000 mensen hebben geen elektriciteit en water meer. Ook de vervangende stroomfaciliteiten worden onklaar gemaakt en callcenters van energiebedrijven worden overspoeld met duizenden automatische telefoontjes waardoor ze overbelast raken. In 103 steden en dorpen in Oekraïne is het pikdonker, in nog eens 186 steden valt gedeeltelijk de stroom uit. Zes uur lang zitten inwoners in het donker en de kou. Daarna lukt het technici om de stations handmatig weer aan te zetten. Maar de computersystemen geven nog wekenlang storingen doordat de aanvallers na hun daad ook nog computerprogramma's hebben beschadigd.

Tientallen internationale specialisten onderzoeken het voorval. Pas na maanden kunnen ze een eerste reconstructie maken. De aanval blijkt goed te zijn voorbereid en is zorgvuldig gepland. Eerst werd er een phishing mail naar IT-medewerkers van elektriciteitsbedrijven gestuurd. Daarna installeerde zich ongezien de malware waarmee de aanvallers zich toegang verschaften tot de beheernetwerken. Vervolgens waren ze nog één stap verwijderd van de computers die de elektriciteitsstations aansturen.

Die systemen zijn zo cruciaal dat ze niet vanaf een gewoon kantoornetwerk zijn te bereiken. Om er toch te komen, bedachten de aanvallers een truc: ze zochten op de kantoornetwerken naar de gebruikersnamen en wachtwoorden van medewerkers die bij de systemen kunnen. Na maanden gegevens verzamelen, hadden ze de juiste inloggegevens. Toen was het voor de aanvallers een kwestie van wachten op het goede moment: een koude decemberavond.

Oekraïense en westerse geheime diensten wijzen naar Rusland. Ook MIVD'ers vertellen dat ze aan Russische hackers denken. Specifieker: de leden van unit 74455, die eerder dat jaar via Meppel al probeerden om elektriciteitscentrales binnen te komen.

De andere unit van de GROe, 26165, doet meer aan spionage. Ook hun hackers gaan lomp en gericht te werk en zijn druk in de weer met Oekraïne. Zo ontvangen meerdere ambassades in Den Haag op woensdagochtend 1 november 2017 een mail namens de Oekraïense ambassade. *Urgent*, staat bij het onderwerp.

Dear Sir/Madam!
Please, read the document about recent terrorist attack in New York.
Regards,
Ukraine Embassy.

Bijgevoegd is een Word-document met als onderwerp *NewYork Attack By ISIS*. Een dag eerder is in New York een man met een pick-uptruck ingereden op voetgangers waarbij acht doden zijn gevallen. De afzender van de mail is de Oekraïense ambassade: emb_nl@mfa.gov.ua, het e-mailadres hebben de aanvallers met een simpel trucje nagebootst.

Wie op het Word-document klikt, krijgt een Windows-melding te zien: *This document contains files that may refer to other files. Do you want to update the files in this document?* Wie daarna op 'Yes' klikt, start een programma dat toegang geeft tot functies van Windows. Die haalt onzichtbaar een bestandje op van een website die van de GROe is. Daarna installeert een backdoor zich en kunnen de hackers een ambassade in Den Haag binnenkomen.

Het domein waarvandaan ze hun aanval uitvoeren – netmediaresources.com – hebben de GROe-hackers op 19 oktober, dertien dagen voor het verzenden van de phishing mail, geregistreerd. Het Word-document met het virus is vier dagen voor de aanval opgesteld en vlak na de aanslag in New York geüpdatet. Klikt er iemand, dan is de GROe binnen. Klikt er niemand, dan beginnen ze de volgende aanval. Hoeveel ambassades besmet raken, is onbekend.

Deze hackers worden wereldberoemd als twee van hen een paar maanden later van Moskou naar Amsterdam vliegen. Ze zijn in het gezelschap van twee inlichtingenmedewerkers en worden door een diplomatiek medewerker van de Russische ambassade in Den Haag van Schiphol opgehaald. Dat alarmeert de MIVD, die bepaalde Russische diplomaten nauwlettend volgt – bijvoorbeeld door telefoons en auto's van de ambassade te 'tracken'. Onder de auto's plaatst de MIVD nauwelijks zichtbare gps-trackers. Het uitlezen daarvan kan handmatig – door eens in de zoveel tijd het ding eraf te halen – maar ook geautomatiseerd door er een auto van de dienst naast te parkeren.

Er is een dwingende reden dat de vier Russen naar Nederland komen. De GROe staat onder druk: een paar weken eerder zijn in een park in het Britse Salisbury een zwaargewonde man en zijn dochter aangetroffen. Ze zaten stuiptrekkend naast elkaar op een bankje, hun ogen rolden, hun armen maakten schokkerige bewegingen. Voorbijgangers dachten aan drugsverslaafden maar de gewaarschuwde Britse politie begreep meteen de ernst van de situatie. De man – de Russische oud-spion Sergej Skripal – en zijn dochter waren besmet met een dodelijk zenuwgas. Ze raakten zwaargewond maar herstelden.

Na de aanslag ontkent Rusland meteen elke betrokkenheid maar in de weken daarna stapelt het bewijs zich op. De Britse regering toont overtuigend aan dat medewerkers van de GROe achter de aanslag zitten. Als Groot-Brittannië de OPCW, de internationale organisatie die het gebruik en verspreiding van chemische wapens tegengaat, vraagt om assistentie bij het onderzoek naar het zenuwgas, wordt Rusland zenuwachtig. Poetin wil niet worden verrast. Daarom richten GROe-hackers hun pijlen op de OPCW, dat in Den Haag is gevestigd.

Ze versturen mailtjes naar tientallen medewerkers, zowel naar mailadressen van de OPCW als privéadressen. De mails gaan over onderwerpen die raken aan het werk van de OPCW en bevatten linkjes naar externe websites of bijgevoegde bijlages. De hackpogingen falen en dus gaan twee GROe-medewerkers en twee hackers zelf naar Den Haag. Een haastklus. Een paar dagen eerder zochten ze via Google naarstig naar informatie over de OPCW. Na aankomst op Schiphol huren de vier een Citroën C3 waarmee ze de dagen erop de omgeving van de OPCW in Den Haag verkennen. Op vrijdag 13 april zetten ze hun auto op de parkeerplaats pal naast het OPCW-gebouw. In de kofferbak ligt specialistische apparatuur om wifiverbindingen te hacken, waaronder een antenne die internetverkeer aantrekt. Omdat de OPCW geen gebruik maakt van extra beveiliging, zoals tweestapsverificatie, zouden de Russen met die gegevens op het netwerk komen. De MIVD, die de vier Russen dagenlang heeft gevolgd, grijpt daarop in.

MIVD'ers die naar de verbouwereerde Russen rennen, zien dat een van hen onmiddellijk zijn smartphone grijpt en kapot probeert te slaan. Dat lukt maar half: alleen het beeldscherm raakt beschadigd. De MIVD voorkomt verdere schade aan de telefoon en neemt die direct met alle andere spullen van de Russen in beslag. Stapels bankbiljetten ter waarde van 40.000 euro, telefoons, laptops waarop belastende inlichtingen staan en treintickets naar het Zwitserse Bern. De Russen worden nog dezelfde dag op het vliegtuig naar Moskou gezet.

Een half jaar later treden het hoofd MIVD en minister Ank Bijleveld (Defensie) naar buiten met de details van de operatie. Het is een zeer ongebruikelijke stap voor Nederland om zo open te zijn over een verijdelde hackpoging. Die openheid komt mede door druk van de Verenigde Staten: de Amerikanen klagen GROe-hackers aan voor verschillende hackacties, waaronder de poging bij de OPCW. De Nederlandse persconferentie met camerabeelden van de Russen die aankomen op Schiphol gaat de wereld over. '*How the Dutch foiled Russian "cyber-attack" on OPCW*', kopt BBC. *Washington Post*: '*Russian hackers were caught in the act*'.

Wat de MIVD tijdens de persconferentie niet vertelt is dat de

Russen niet alleen voor de OPCW naar Den Haag kwamen. Ze verbleven ook een nacht in een hotel in Noordwijk, waar het Europese ruimtevaartcentrum ESA is gevestigd. Tevens gingen ze met hun hackapparatuur naar Rotterdam en hielden zich op in de buurt van het Landelijk Parket. Daar vindt het strafrechtelijk onderzoek naar de crash met MH17 plaats. De MIVD volgde de vier Russen maar greep niet in toen de hackers in de buurt bij het Landelijk Parket kwamen – waarschijnlijk omdat ze met hun afluisterapparatuur op afstand bleven.

De MIVD merkt vanaf 2015 een verandering bij Russische hackers: hun gedrag is sinds de annexatie van De Krim lomper en onvoorspelbaarder geworden. Unit 74455 gebruikt het internet voor militaire aanvallen op elektriciteitscentrales, media en spoorwegen. Als Rusland achter de aanval van 27 juni zit, dan moeten de daders uit deze hoek komen. Sinds de militaire spanningen met Oekraïne is het land vaker doelwit van zware digitale aanvallen. Op strategische momenten is de stroom uitgezet of het ministerie van Financiën aangevallen op het moment dat de eindejaarsuitkeringen zouden worden uitgekeerd.

De Verenigde Staten en Groot-Brittannië wijzen Rusland later aan als dader. Een statement met grote gevolgen.

*

Het Amerikaanse verzekeringsbedrijf Zurich American weigert een claim van 100 miljoen dollar van voedselgigant Mondelez – producent van onder meer Oreo-koekjes – uit te keren. Hoewel digitale aanvallen normaal gesproken worden vergoed, meent de verzekeraar dat hier sprake is van een 'oorlogsdaad' en die valt niet onder de verzekering.

Mondelez moet 1700 computerservers vervangen en 24.000 laptops. Ook bij andere bedrijven is de schade gigantisch. De Amerikaanse farmaciegigant Merck lijdt volgens een eigen schatting 870 miljoen dollar schade. Het Witte Huis denkt dat de totale impact wereldwijd minimaal 10 miljard dollar is.

Een deel van de verklaring voor de enorme schade is te vinden in de Verenigde Staten zelf. Na Snowden zijn de Amerikanen nog zeker tweemaal grote hoeveelheden geheime documenten kwijtgeraakt. Daartussen zaten ook voorname hackwapens van de CIA en NSA – die in handen zijn gekomen van een hackerscollectief. Software die nog niet ontdekte kwetsbaarheden gebruikt om door de beveiligingshekken van computers en telefoons te komen. De wapens van de moderne tijd.

Stel je eens voor dat alle Windows-computers met één zo'n wapen over te nemen zijn. Dit bedreigt de veiligheid van alle internetgebruikers wereldwijd. Bij NSA-medewerkers staat deze methode ook bekend als 'vissen met dynamiet'.

Een van de hackwapens is een levensgevaarlijke exploit die een beveiligingslek in Windows gebruikt. Zo kan de NSA Windows-computers overnemen en er kwaadaardige software op installeren. De Amerikanen gebruiken dit wapen op dat moment al zeker vijf jaar voor spionage. Als blijkt dat de software gestolen is, doet de NSA een tijdlang niets. Pas als de dienst vermoedt dat de gestolen software openbaar zal worden, wordt Microsoft ingelicht: repareer dit beveiligingslek alsjeblieft, anders zal het gigantische schade aanrichten.

Microsoft roept in het voorjaar van 2017 elke Windows-gebruiker op zo snel mogelijk een update te installeren. Vlak daarna publiceert de hackersgroep de software van de NSA. De eerste aanval is in mei: een gijzelvirus gebruikt de beruchte exploit. Windows-gebruikers die de update niet hebben uitgevoerd, worden getroffen: niet alleen de parkeergarages van Q-Park Nederland en de informatieborden van de Duitse spoorwegen weigeren dienst, maar complete autofabrieken vallen stil, net als Britse ziekenhuizen. Patiënten worden geëvacueerd. Het digitale wapen keert zich als een boemerang tegen het Westen in een aanval die wordt toegeschreven aan Noord-Korea. Maar de grote klap moet dan nog komen.

Een maand later trekt opnieuw een verwoestend virus de wereld over. Dit keer worden onder meer de Rotterdamse haven, Amerikaanse ziekenhuizen en de controlesystemen van de kerncentrale in Tsjernobyl getroffen. Het feit dat het wapen van de ene Windows-computer naar de andere springt, verklaart deels waarom het sabotagevirus van Oekraïne overgaat naar andere landen en niet alleen bedrijven met M.E.Doc raakt. Containerbedrijf Maersk werkt in Oekraïne met boekhoudprogramma M.E.Doc. Als Russische hackers via M.E.Doc hun virus loslaten gaat het langs gekoppelde systemen naar Kopenhagen en daarna naar dochterbedrijf APM Terminals in Rotterdam.

Nu de oorzaak bekend is, blijft er nog één prangende vraag over: hoe kon de schade in de Rotterdamse haven zo groot zijn? Waar bij sommige bedrijven alleen de computers met M.E.Doc op zwart gaan, valt APM Terminals compleet uit. Opmerkelijk voor een grote speler die een cruciale schakel vormt in het mondiale scheepverkeer.

De verklaring is even simpel als wrang: bij APM zag men de noodzaak van digitale beveiliging niet. Aan fysieke beveiliging geen gebrek: stevige hekken, 24 uur bewaking en enkel toegang na een aanmeldprocedure met vingerafdrukken. Maar digitaal is het een rommeltje. Het Terminal Operating System heeft tot 2015 geen antivirussoftware. De verbindingen met andere bedrijven, zoals met het moederbedrijf Maersk, staan niet achter een firewall. Er blijkt niet te worden gekeken of iemand de bevoegdheden heeft om toegang tot de belangrijkste operationele systemen te krijgen. Er worden geen penetratietesten uitgevoerd waarmee onderzoekers kijken waar de kwetsbaarheden in de digitale beveiliging zitten. Bij APM heeft de tijd stilgestaan.

Een jaar voor de aanval waarschuwen beveiligingsexperts het management van het bedrijf expliciet voor de zwakke beveiliging van het cruciale Terminal Operating System. Deskundigen verbazen zich over de onverschilligheid: de leiding van APM wil geen verbeteringen. Het betekent namelijk dat de terminals even stil moeten liggen tijdens een upgrade van het netwerk. En dat wil de directie niet. Over kennis van ICT-systemen beschikken de dagelijkse bestuurders nauwelijks. Inderhaast ingevlogen experts zijn dagen na de aanval nog bezig om de computers bij APM op gang te krijgen. De systemen zijn zo zwaar beschadigd dat één expert een code schrijft om in elk geval de kranen weer te kunnen bedienen. Dat lukt in de nacht van vrijdag op zaterdag, na bijna vier dagen.

De twee virussen die in het voorjaar van 2017 toeslaan, tonen niet alleen de zwakte van APM. Tal van bedrijven hadden twee maanden na het dringende verzoek van Microsoft de Windows-update nog altijd niet geïnstalleerd, waaronder mijn eigen werkgever De Persgroep. Toen het virus op een vrijdag in mei over de wereld raasde, deed de ICT-afdeling van De Persgroep niets. In het daaropvolgende weekend was er evenmin een update beschikbaar. Pas op maandagmiddag werd een alarmerende mail verstuurd dat er snel een update zou volgen. Die gang van zaken maakt een breder probleem zichtbaar: de onwil om digitale veiligheid serieus te nemen.

Net zoals bij de hack van KPN en de crisis rond certificaatbedrijf DigiNotar zorgt de onmacht in de Rotterdamse haven in Nederland voor een *reality check*: één zwakke plek kan de maatschappij ontwrichten. Met een beangstigende nieuwe les: er zijn hackgroepen die niet alleen de potentie van deze plekken kennen, maar ook bereid zijn hun tegenstanders daar te raken. De gevolgen nemen ze voor lief.

DEEL IV

Wie gaat ons beschermen?

12

Vechten zonder regels

Vijf jaar geleden wilde ik weten wat de gevaren van digitalisering zijn. Nu zit ik bij een afscheidsreceptie van Ronald Prins tussen spionnen, ministers en topambtenaren die elke dag met een online strijd bezig zijn. Enkelen heb ik vaker gesproken, de meesten ken ik van naam. Als Nederlandse spionage een gezicht heeft, dan ziet het er zo uit.

Hoewel Ronald Prins niet vies is van aandacht, staat hij onwennig aan een houten statafel. Voor de gelegenheid draagt hij een blauw pak en stropdas. AIVD-hoofd Rob Bertholee, oud-minister van Defensie Jeanine Hennis, korpschef van de Nationale Politie Erik Akerboom: een voor een schudden ze hem enthousiast de hand in het Scheveningse museum Beelden aan Zee.

Het is donderdagmiddag 8 maart 2018. Twee weken later zal Nederland zich in een uniek referendum mogen uitspreken over extra bevoegdheden voor de geheime diensten. Het debat over deze nieuwe wet is intens. Tegenstanders waarschuwen voor Stasi-achtige praktijken: iedereen zal straks worden afgeluisterd. Met name het ongericht mogen aftappen van internetverkeer – smalend een 'sleepnet' genoemd – is hun een doorn in het oog. 'Stel je voor,' zegt presentator Arjen Lubach in *Zondag met Lubach*, 'vanaf nu krijg je elke keer als je je computer opstart dit pop-upscherm: vind je het goed dat de overheid al je chats en zoekopdrachten kan meelezen en opslaan? We gaan er in principe niets mee doen! Ja of Nee? Wat zou je klikken? NEE!'

Voorstanders benadrukken dat Nederland veiliger zal worden door de wet: AIVD en MIVD mogen onder de oude wet niet zomaar internetkabels aftappen, terwijl veruit het grootste deel van de moderne communicatie juist via die kabels gaat. Het is dus cruciaal dat zij ruimere bevoegdheid krijgen om zo nuttige inlichtingen te verzamelen over terroristen en spionerende staten.

Fox-IT-directeur Prins bevindt zich midden in deze strijd. Hij werkte een jaar bij de AIVD, is een bekende deskundige en voorstander van de nieuwe wet. Bovendien wordt hij lid van een onafhankelijke commissie die toeziet op het werk van de geheime diensten. Die benoeming leidt echter tot kritiek: hoe kan iemand die zelf bij de AIVD werkte onafhankelijk oordelen over het functioneren van die dienst? In de aanloop naar het referendum speelt deze afkeuring over Prins' benoeming her en der weer op. Maar tijdens de receptie in Scheveningen is daar niets van te merken. De directeuren en topambtenaren die vishapjes van dienbladen pakken, maken zich niet druk over het referendum: die nieuwe wet voor AIVD en MIVD is hard nodig en de bevolking zal heus wel voorstemmen, is de teneur.

Ik ben de enige aanwezige journalist en aarzelde om te gaan. Geregeld ontvang ik uitnodigingen voor bijeenkomsten, seminars en afscheidsrecepties. Het merendeel zeg ik af. Een symposium over de 'uitdagingen van de toekomst' met bestuursvoorzitters? Liever niet. Een werkgroep van een politieke partij om de toekomstige cyberuitdagingen te bespreken? Niet met mij. Uitgangspunt is de journalistieke relevantie. Cru gezegd: levert het nieuwe inzichten op?

Het journalistieke belang is in dit geval evident. Prins' bedrijf Fox-IT behoort tot de wereldtop. Zeven van de tien grootste Amerikaanse banken zijn er klant, net als de Nederlandse geheime diensten, ruimtevaartorganisatie NASA en de NAVO. Fox-IT beveiligt de notulen van de Nederlandse ministerraad en levert de apparatuur waarmee onze bewindspersonen veilig kunnen bellen. Op de bijeenkomst van Prins lopen interessante gasten rond, zoals medewerkers van de AIVD, Defensie en de MIVD.

Sommige journalisten vinden dat je afstand moet houden tot de personen over wie je schrijft. Ik wil juist dichtbij komen: om te weten wat ze drijft, waarom ze beslissingen nemen en of ze eerlijk zijn. Dat is de reden waarom ik Ronald Prins jaren geleden ben gaan volgen: wie over de digitale wereld schrijft, kan niet om de kwajongensachtige vijftiger heen die bij vele grote spionagezaken is betrokken. Het Amerikaanse magazine *Politico* rangschikt hem in 2018 onder de 28 invloedrijkste Europeanen. 'Spion van de spionnen (...) die in het centrum staat van de digitale veiligheid van Nederland.' Een land dat volgens *Politico* 'hard op weg is een van de machtigste westerse landen in het digitale domein te worden'.

Prins denkt als een hacker en opereert als een ondernemer. Hij hangt aan zijn vrijheid. De AIVD, met zijn hiërarchie en regeltjes, voelde als een dwangbuis voor hem. Hij heeft goede contacten bij de AIVD maar schuift net zo makkelijk aan bij een debat op een studentenvereniging, een bestuursvergadering van Shell of hackers op een festival. Die veelzijdigheid vergroot de aandacht voor Fox-IT maar is ook Prins' achilleshiel: voor de hackersgemeenschap staat hij te dicht bij de overheid, voor de overheid is hij te onvoorspelbaar.

Hij koketteert met het beeld van een snelle jongen. Zijn pasje bij Fox-IT heeft nummer 007. Wie Fox-IT belt en in de wachtrij belandt, krijgt de bekende tune van James Bond te horen. Als hij veertig wordt, organiseren zijn vrienden een feest in James Bond-stijl. En wanneer de NSA-affaire in 2013 losbarst, claimt hij een e-mailadres dat sprekend lijkt op dat van NSA-directeur Keith Alexander, keith.alexander@nsa.org. Alleen de domeinletters zijn anders. Mails die naar het adres gaan, eindigen in de mailbox van Prins. Zijn medewerkers zijn aan dit soort geintjes gewend. Als ze ongebruikelijke activiteiten op hun netwerken zien, zijn er twee opties: serieuze aanvallers of Ronald Prins die met iets illegaals zit te spelen.

Prins is verslaafd aan actie. Zijn huis in Scheveningen staat vol met krakende portofoons zodat hij weet wanneer de reddingsbrigade uitrukt. Komt er een chemisch transport vanuit Syrië naar Rotterdam Airport, dan staat hij met zijn vrouw door het hek te turen. Als hij in 2007 met zijn auto – kinderen achterin – over de snelweg rijdt en een konvooi met donkerbruine verhuiswagens en politiemotoren ziet, trapt hij onmiddellijk het gaspedaal in en wurmt zich ertussen. Het zou weleens een stoet van de AIVD kunnen zijn, die op dat moment verhuist van Leidschendam naar Zoetermeer. Prins moet en zal zien hoe dat gaat. Wanneer het konvooi van de snelweg gaat, rijden geblindeerde auto's hem op de afrit klem. Gemaskerde agenten houden hun handen op de wapens, waarop Prins snel de achterramen opent. Als de agenten de kinderen zien, ontspannen ze. Hij krijgt een waarschuwing.

Dat ongehoorzame brengt hem af en toe in de problemen. Hij rijdt weleens te hard en raakt een paar keer zijn rijbewijs kwijt. Ook belandt hij in de politiecel als hij met zijn drone boven een vuurwerkshow in Scheveningen vliegt. Het succes van Fox-IT, dat door de toenemende digitalisering het aantal klanten rap ziet groeien, heeft er niet onder te lijden; het Delftse bedrijf wordt in 2015 voor 133 miljoen euro gekocht door het Britse NCC Group. Medeoprichter Prins is in één klap 40 miljoen euro rijker.

Liever had hij geen afscheidsreceptie gehad, vertelt hij in een jolige speech. Drie jaar nadat Fox-IT werd ingelijfd door de Britten vertrekt hij. Hij wil zijn digitale kennis inzetten op plekken waar dat harder nodig is: bij de Kiesraad, Onderzoeksraad voor Veiligheid en de Autoriteit Financiële Markten. De Hagenees is direct en uitgesproken – zelfs familieleden schrikken weleens van zijn botheid, vertelt zijn vrouw Elsine van Os. De hackexpert zelf grapt, in het Nederlands, over het conservatisme van nieuwe eigenaar NCC Group. De Britse bestuursvoorzitter Chris Stone zit ook in de zaal. Prins: 'Hij kan het toch niet verstaan.'

*

Zo'n receptie heeft een hoog 'ons-kent-ons'-gehalte: ben je erbij, dan hoor je erbij. Iedereen is makkelijk te benaderen. Eén ding valt opnieuw op tijdens gesprekken: deze bestuurders, verantwoordelijk voor spionage én het veilig houden van Nederland, zijn zelf ook ongerust. 'Waar we zoeken vinden we sporen van spionage. En we zoeken lang niet overal,' zegt de een. Een ander: 'Er is geen hightechbedrijf waar de Chinezen niet binnen zijn geweest.' Weer een ander: 'Ik vraag me weleens af waar deze wapenwedloop eindigt.' Een merkwaardige paradox: geheime diensten weten meer, maar zijn tegelijkertijd onzekerder dan ooit. Een medewerker van een veiligheidsdienst vertelt dat hij thuis een stapel bankbiljetten bewaart. Als bij een digitale aanval betaalsystemen uitvallen kan hij nog eten kopen en benzine tanken.

Hun gedrag en manier van uiten is gevormd door de instituten die ze dienen. AIVD'ers zijn gesloten en zwijgzaam. Contact met buitenstaanders vinden ze doorgaans onprettig. Ze delen de wereld in twee categorieën in: 'binnen', voor alles wat bij de AIVD hoort, en 'buiten' voor de rest. Als ik met een inlichtingenmedewerker sta te praten, mengt AIVD-hoofd Rob Bertholee zich ogenblikkelijk in het gesprek en zegt half gespeeld, half ernstig tegen hem: 'Niet te veel vertellen, hè?'

MIVD'ers zijn opener en directer, maar ook bij hen spelen hiërarchie en groepsdynamiek een sterke rol. Ze praten in militair jargon over de online strijd die gaande is. De 'offensieve potentie' van tegenstanders, 'verkenningen' die ze waarnemen, 'operationele details' die niet mogen worden gedeeld en inlichtingen voor de 'principaal', oftewel de premier of president. De wereld is voor hen een voortdurend Stratego.

Deze topambtenaren vinden ruimere mogelijkheden voor AIVD en MIVD een vanzelfsprekendheid: om Nederland veilig te houden moet de overheid, net als in de fysieke wereld, op internet aanwezig zijn. Digitale spionage is voor de MIVD uitgegroeid tot belangrijkste prioriteit. Voor de AIVD staat het samen met terrorisme bovenaan. Zonder de nieuwe wet kunnen geheime diensten niet onderzoeken of aangetroffen malware ook elders in Nederland zit. Als ze Iraanse malware bij een technische universiteit vinden, mogen ze het Nederlands internetverkeer niet op kenmerken daarvan onderzoeken. Een belemmering die geheime diensten minder slagkracht geeft tegen buitenlandse spionage.

Privacy vinden ze eigenlijk een non-discussie. Burgers geven hun persoonlijke data vrijwillig aan Amerikaanse grootmachten als Facebook en Google. Vakantiefoto's, telefoonnummers en adressen, screenshots van hun werkplek en datingsites met de meest intieme details; mensen delen veel over hun privéleven. De geheime diensten zijn vooral geïnteresseerd in de minder zichtbare communicatie van bepaalde mensen over wie ze een stuk minder weten. Het geloof in de overheid en haar regels is zo sterk dat deskundigen zich niet kunnen voorstellen dat die misbruik van haar macht zal maken. Een medewerker van een veiligheidsdienst: 'Wij zijn geen Facebook.' In hun toespraken benadrukken leidinggevenden het belang van veiligheid. Oud-minister Hennis vertelt dat ze in 2010 'nogal bleu' de Tweede Kamer binnenstapte. Ze kwam uit het Europees Parlement, waar ze naam had gemaakt als privacyvoorvechter. In de Tweede Kamer ging ze zich bezighouden met veiligheid en de nationale politie. Haar naïviteit over digitale gevaren verdween er snel, vertelt ze. Erik Akerboom memoreert in zijn toespraak de hack van DigiNotar als wake-upcall: vanaf dat moment begreep hij de kwetsbaarheid van de samenleving.

*

Ik worstel met de nieuwe wet en het referendum. Ik geloof dat de ambtenaren op de afscheidsreceptie van Ronald Prins handelen vanuit nobele motieven en Nederland oprecht willen behoeden voor rampspoed. Hun zorgen zijn begrijpelijk. Internet heeft een wapenwedloop ontketend met serieuze gevolgen. Dat heeft gevolgen voor de democratie, veiligheid en journalistiek maar de meeste mensen ervaren dat niet zo. Een hack van gevoelige documenten kan een maatschappelijke revolutie ontketenen, privégesprekken gaan door Chinese apparaten en desinformatie en nepnieuws ondermijnen de journalistiek.

Is de nieuwe wet een oplossing of jaagt Nederland de online strijd verder aan? AIVD en MIVD versterken met de wet hun greep op het internet. Ze gaan bij verschillende toegangspunten – en kijken daarvoor onder meer naar KPN en Vodafone/Ziggo – internetverkeer aftappen en filteren. De MIVD zit al in meer dan duizend buitenlandse computersystemen en zal met de nieuwe wet nog meer bevoegdheden krijgen. Met welke morele autoriteit kun je andere landen oproepen níét bij jou te spioneren als je het zelf ook doet?

De AIVD vergroot de digitale aanwezigheid in Nederland. Als de dienst een e-mail van een doelwit wil hebben, kan hij een telecomprovider hacken. Daarvoor moeten hackers van de AIVD eerst door de beveiliging van die telecomprovider heen breken, waarvoor kwetsbaarheden in software nodig zijn. De kwetsbaarheden zoekt de AIVD zelf of koopt hij in bij leveranciers van hacksoftware – een schimmige miljoenenmarkt die de onveiligheid op internet vergroot. Ook daarvoor bestaan nauwelijks regels: westerse landen mogen inkopen van wie ze willen. Alsof er een open handel is in verrijkt uranium.

Nederland heeft er een typische polderoplossing voor bedacht – verwoord in het regeerakkoord: geheime diensten mogen geen hacksoftware inkopen van leveranciers die hun wapens ook verkopen aan dubieuze regimes. Klinkt nobel, maar wat is dubieus? De Israëlische NSO Group, een van de bekendste leveranciers, verkoopt spionagesoftware aan de Verenigde Arabische Emiraten (VAE), een land waar de vrijheid van meningsuiting ernstig wordt onderdrukt. Is dat dubieus genoeg? En als een emir van de VAE journalisten en dissidenten laat afluisteren met Israëlische spyware, zoals onthuld, wordt het dan té dubieus?

De wet die digitale veiligheid voorstaat, is dus óók een bedreiging voor een vrij internet. Er zijn meer van dit soort tegenstrijdigheden. De publieke aandacht gaat vooral naar wat het 'sleepnet' wordt genoemd: de geheime diensten mogen straks grootschalig internetverkeer filteren. Een serieuze uitbreiding van de bevoegdheden waar strikte waarborgen tegenover staan. Waarborgen die weer niet zo streng zijn voor het hacken – terwijl dat juist grootschaliger aan het worden is.

Een week voor het referendum lijkt het 'ja-kamp' te winnen. Maar op de verkiezingsavond zijn de verhoudingen gedraaid. Het 'nee-kamp' wint nipt: 49,4 procent is tegen, 46,5 procent is voor. De volksraadpleging maakt ook een kloof zichtbaar: jongeren zijn in meerderheid tegen (60 procent), 65-plussers voor (57 procent). Het kabinet belooft de wet op enkele onderdelen aan te passen. De hackbevoegdheid wordt ongemoeid gelaten.

Nog in datzelfde jaar wil de AIVD een 'bulkhack' uitvoeren: het opvragen van de gegevens van miljoenen mensen om die van een paar verdachten in te kunnen zien. Bronnen vertellen dat het over het hacken van de e-mailserver van KPN gaat. De nieuwe toezichthouder TIB wijst het verzoek in dit specifieke geval af.

*

Het referendum duwt me in een nieuwe positie. Vrienden, collega's en andere journalisten vragen wat ze moeten stemmen. De digitale wereld is voor hen, net als voor vele anderen, abstract en ongrijpbaar, maar ze dringt zich steeds verder op. Belastingaangifte, ov-informatie, geldzaken: alles is digitaal. Ze verwachten van mij een advies. Is deze wet goed of slecht voor onze veiligheid?

Ik weet het niet. Voor *de Volkskrant* schrijf ik talloze verhalen over de wet. Aan de hand van concrete voorbeelden probeer ik uit te leggen hoe die in de praktijk zal uitpakken. Hoe tappen werkt, waar de geheime diensten dat kunnen gaan doen en wat wij als burgers daarvan zullen gaan merken. Advies geven vind ik ingewikkeld. Als buitenstaander ben ik de digitale wereld gaan onderzoeken en bronnen hebben me er langzaam deelgenoot van gemaakt. Ik beschrijf, onderzoek, leg bloot. Nu word ik ineens geacht mijn persoonlijke mening te geven.

Mijn aarzeling heeft nog een andere reden: hoe beter ik internet en de risico's ken, hoe ingewikkelder het dilemma is geworden. Om de samenleving te beschermen tegen spionage en aanvallen van buitenaf hebben veiligheidsdiensten bevoegdheden nodig die een vrije samenleving onder druk zetten. De uitslag van het referendum is illustratief: aan de ene kant zien burgers dat de geheime diensten nieuwe mogelijkheden moeten krijgen, maar aan de andere kant zijn ze ook bang dat essentiële vrijheden worden aangetast. De vraag of we met de nieuwe wet een stap zetten naar een controlestaat is gerechtvaardigd.

Die aarzeling is een typisch westers probleem. Geheime diensten kunnen niet meer vanzelfsprekend op de steun van de bevolking rekenen. Er is een grens. Meer internetcontrole kan een open samenleving niet aan. Het past een democratisch gekozen regering niet om te gaan bepalen wat nieuws is of nepnieuws. Of om zelf desinformatie te gaan verspreiden. Autoritaire regimes zoals China en Rusland kennen die aarzeling niet. Bill Clinton zei in 2000 dat de komst van internet zijn land veranderde. 'We zijn al een open samenleving. Kun je voorstellen hoe internet China gaat veranderen.' Lachend voegde hij toe: 'Probeer dat medium maar eens te beteugelen. Alsof je pudding tegen een muur moet spijkeren. Succes ermee.'

Maar het lukte China wel. Daardoor is het land beschut tegen aanvallen van buitenaf en kan het zelf rücksichtslos toeslaan. Chinese hackers weten zich beschermd door de staat. Net als Iraanse en Russische hackers. Internet is voor hen een machtig wapen – zowel voor het controleren van de eigen bevolking als voor het spioneren en saboteren in het buitenland. Bovendien hebben ze een strategisch voordeel in de strijd tegen westerse landen: zij hoeven niet met de handen op de rug te vechten. Iedereen speelt dezelfde wedstrijd, alleen spelen sommige landen met andere regels.

Pas na het referendum dringt zich een metafoor op die onze positie ten aanzien van digitalisering in één klap duidelijk maakt. Het is alsof we met de beste bedoelingen een vriend zijn gaan helpen die financiële problemen heeft. Door hem geld te lenen, kan hij schuldeisers van zich afhouden. Alleen is hij niet eerlijk geweest over de herkomst van zijn schulden: later biecht hij op dat zijn schuldeisers crimineel zijn. Hij had uit financiële nood meegedaan met een mislukt wapentransport. En nu moet er meer geld komen. Nu de criminelen weten dat er wat te halen is, komen ze aan de deur. Ze intimideren, bedreigen. Je bent ongewild onderdeel geworden van hun spel: als je betaalt aan criminelen ben je medeplichtig. De strijd aangaan is zinloos: zij hanteren hun eigen regels. De politie inschakelen is ook riskant.

Zo is het ook met digitalisering: we zitten klem. Door sociale media en smartphone te omhelzen, hebben we ook de risico's binnengehaald. Via de apparaten die we dagelijks gebruiken, worden we tegelijkertijd onder vuur genomen. Terugslaan kan niet zomaar: Nederland zal geen trollenfabriek neerzetten om desinformatie te verspreiden of tienduizenden hackers opleiden. Maar niets doen is ook geen optie. Dus zetten we steeds een stapje verder richting escalatie.

Dit strijdtoneel is allang geen plek meer van pioniers en nerds. Evgeny Morozov, een van de interessantste denkers over digitalisering, legt uit dat de digitale wereld ons fundament is geworden. 'Wat eens speels werd omschreven als "cyberspace" – iets immaterieels, virtueels en vluchtigs – is uitgegroeid tot de meest kapitaalintensieve sector van de economie, verbonden door materiële datacentra, onderzeese datakabels en een sensorinfrastructuur die onze steden omspant,' schrijft hij. 'In 2018 deden de vier grootste digitale reuzen – Google, Facebook, Amazon en Microsoft – meer kapitaalinvesteringen (in totaal 77,6 miljard dollar) dan de vier grootste oliemaatschappijen, Shell, Exxon, BP en Chevron (een totaal van 71,5 miljard).' Morozov: 'Zulke verbluffende getallen zullen hopelijk iedereen overtuigen die nog altijd aan het idee vasthoudt dat de hele onderneming iets immaterieels – of sterker nog: virtueels – heeft.'

De digitale wereld is als de financiële wereld: net zo verweven met de moderne samenleving en tegelijk net zo ondoorzichtig. En de bedreiging komt echt niet alleen uit China en Rusland.

*

Gemalto is een Frans bedrijf dat vanwege het gunstige belastingklimaat in Nederland is gevestigd. Het maakt jaarlijks 2 miljard simkaarten voor 450 telecombedrijven en brandt daarbij een geheime code, een zogeheten KI-sleutel, op de kaarten. Die geheime code zit ook in een database bij telecomproviders en zorgt voor veilige communicatie. Wie deze codes steelt, kan zelf een simkaart uitgeven, zich voordoen als iemand anders of onderschept telefoonverkeer ontsleutelen. Gemalto beschermt de codes daarom goed.

Toch blijkt in 2015 dat de Amerikaanse NSA en de Britse GCHQ diep in het netwerk van het chipkaartenbedrijf zitten. 'We geloven dat we het hele netwerk hebben,' schrijven Britse spionnen in een geheim document dat via de Amerikaanse website The Intercept naar buiten komt. De Britten en Amerikanen kunnen bij de 'authenticatieservers om KI-sleutels' te verkrijgen. De *holy grail* voor geheime diensten: ze halen geautomatiseerd miljoenen sleutels binnen om onderschept telefoonverkeer te ontsleutelen. De Amerikaanse NSA bouwt zelfs een systeem om 50 miljoen KI-sleutels per seconde te verwerken.

Doel van de diefstal is het bemachtigen van codes voor de nieuwste telefoontechnieken 3G en 4G. De oude 2G-generatie bevat allerlei veiligheidsproblemen, waardoor de Britten en Amerikanen afgevangen 2G-communicatie al kunnen ontsleutelen. Dat geldt niet voor de nieuwste generatie mobiele communicatie. 'Toegang tot een database vol sleutels betekent in feite dat mobiele versleuteling waardeloos is geworden,' reageert de Amerikaanse cryptograaf Matthew Green bij The Intercept. 'Dat is slecht nieuws voor de veiligheid van telefoons. Heel slecht nieuws.'

Ook Nederland maakt zich zorgen. De simkaarten van onder andere Vodafone, T-Mobile en KPN worden door Gemalto gemaakt. Nederlandse parlementariërs bellen via Vodafone. De Dienst Automatisering van de Tweede Kamer adviseert Kamerleden daarom de simkaarten om te ruilen. Een advies dat nog dezelfde dag door verantwoordelijk minister Ronald Plasterk weer wordt ingetrokken. Een toelichting geeft hij niet.

Na zes dagen onrust presenteert Gemalto de bevindingen van een eigen onderzoek naar de hack. Het bedrijf zegt te 'geloven' dat de Britten en Amerikanen inderdaad binnen waren.

Maar: 'Alleen het kantoornetwerk is geraakt en grootschalige diefstal van simkaartsleutels heeft niet plaatsgevonden.' Het is de gebruikelijke reactie van bedrijven die zijn getroffen: ontkennen of, als dat echt niet meer gaat, de schade beperken door de omvang te minimaliseren. 'Als die diefstal toch plaatsvond,' voegt Gemalto toe, 'dan hadden de sleutels alleen betrekking op 2G-communicatie.'

Het is een opmerkelijke verklaring. In de documenten staat duidelijk dat de Britse en Amerikaanse geheime dienst miljoenen sleutels binnenhalen, dat ze volledige toegang hebben, en dat ze bij de authenticatieservers kunnen. 2G was niet het eigenlijke doelwit, maar 3G en 4G. Toch persisteert Gemalto: dat kan niet waar zijn. Hoe kan een bedrijf zo stellig zijn na een onderzoek van een week? Belgacom, KPN, DigiNotar: wie spionage grondig wil onderzoeken, huurt erkende experts in die vervolgens maanden nodig hebben voor hun onderzoek. Waarom huurt Gemalto geen beveiligingsbedrijf in?

Zijn de Nederlandse simkaarten veilig? En hoe zeker is dat? Bij wie ik het ook probeer: bronnen weten het niet, of willen het niet zeggen. Pas vier jaar later, in het voorjaar van 2019, spreek ik op strikte achtergrondbasis twee personen die me meer vertellen.

Beide bronnen, de een uit de telecomsector en de ander uit de inlichtingenwereld, vertellen exact hetzelfde verhaal. Toen de hack bekend werd, zijn telecombedrijven en de AIVD gaan inventariseren wat de risico's zijn voor Nederland. Het Nationaal Bureau voor Verbindingsbeveiliging (NBV), dat onder de AIVD valt, adviseert telecompartijen bij het beveiligen van informatie en coördineert het onderzoek. Telecompartijen doen ook eigen onderzoek. De AIVD en de telecombedrijven stuiten op hetzelfde probleem: Gemalto geeft ze nauwelijks informatie. De telecombron: 'We hebben Gemalto meermaals gevraagd gedetailleerde informatie te geven over de ernst van de hack. Hoe ver de Britten en Amerikanen in het netwerk zaten. Die informatie hebben we nooit gekregen.'

De AIVD en de telecombedrijven kúnnen daarom niets doen. En zijn kennelijk niet bij machte Gemalto te dwingen tot openheid. Zonder specifieke informatie over de hack weten ze niet of de Nederlandse simkaarten veilig zijn. De AIVD vindt dat het geen zin heeft om de simkaarten van parlementariërs te vervangen: als onbekend is welke KI-sleutels de Britten en Amerikanen hebben, zijn nieuwe simkaarten net zo goed onveilig. De inlichtingenbron: 'Ik denk dat we niet naïef moeten zijn over waartoe de Britten en Amerikanen in staat zijn.'

Nederlandse telecompartijen en inlichtingendienst AIVD – samen verantwoordelijk voor de veiligheid van telecommunicatie – weten niet zeker of het Nederlandse telefoonverkeer veilig is. Het kan, maar het kan net zo goed niet zo zijn. Gemalto toont de gevolgen van digitalisering: de afhankelijkheid van producten en diensten die niet te doorgronden zijn. Die misschien overgenomen zijn door spionnen. Overal kunnen de ogen en oren van buitenlandse staten zitten.

Dezelfde angst speelt in 2018 en 2019 bij de producten van het Chinese Huawei. Ook die zitten op cruciale plekken in de Nederlandse infrastructuur: midden in telecombedrijven waar alle telefoontjes en e-mails van Nederlanders langsgaan. De apparatuur van Huawei is ingekapseld in telecomnetwerken die permanent controleren of er geen gegevens naar buiten gaan. In het voorjaar van 2019 ontdekt KPN, dat ook Defensie als klant heeft, een toegangspad van Huawei naar Nederlandse klantgegevens. Een pad naar een server waar alleen Huawei bij kan. De AIVD onderzoekt of er een link is met spionage door de Chinese overheid. Dat blijkt ingewikkeld vast te stellen: ja, de Chinezen spioneren overal en gebruiken daarvoor klantgegevens zoals die van KPN. Ja, Huawei kan via het pad diezelfde klantgegevens wegsluizen. Maar heeft Huawei die gegevens aan Chinese spionnen gegeven? Een bron: 'De drankkast staat open, de drank is weg, iemand heeft de drank – betekent dat ook dat hij de drank heeft gestolen?'

Spionage is moeilijk te bewijzen. Huawei is een gigantisch

bedrijf dat dagelijks 70.000 mensen inzet voor *research and development*. Dat is meer dan het inwoneraantal van Den Helder. Britse specialisten onderzoeken al jaren apparaten van de Chinese gigant. Ze kunnen niet met stelligheid zeggen dat de Chinese overheid via Huawei zal spioneren. Ze zien serieuze en minder serieuze beveiligingslekken maar weten niet of die er bewust zijn ingezet. Huawei kent zoveel verschillende producten en versies dat er niet één blauwdruk bestaat. Dit probleem is niet uniek voor Huawei: het Zweedse Ericsson levert cruciale telecomapparatuur aan Nederland maar weigert de *source code* van producten te laten zien. Producten van het Amerikaanse Cisco bevatten achterdeurtjes voor Amerikaanse inlichtingendiensten. Het probleem: de Nederlandse samenleving wordt steeds afhankelijker van producten en technologieën uit landen – met name China en de Verenigde Staten – die tevens grootschalig spioneren.

*

In de zomer van 2018 spreek ik af met een ervaren ambtenaar die goed is ingevoerd bij ministeries die over veiligheid gaan. Ik wil weten wat het Haagse antwoord is op de toegenomen kwetsbaarheid.

De digitale escalatie is zorgwekkend. Steeds meer landen ontdekken internet als wapen. Niet alleen om te spioneren maar ook om andere landen aan te vallen en uit te schakelen. Zoals eens met kernwapens is er nu een wapenwedloop gaande waarvan niemand weet waar die eindigt.

Experts waarschuwen er al jaren voor: er komt een moment dat hackers met online aanvallen fysieke schade aanrichten. De hackers van unit 74455 bewijzen hun gelijk. Zij voeren oorlogshandelingen uit. *Die Hard* in plaats van *Ocean's Eleven*. Maar het Westen is net zo goed schuldig: de aanval op Iran in 2007 met Stuxnet was ook een daad van oorlog. Het fabriceren en vervolgens kwijtraken van gevaarlijke hackwapens draagt bij aan verdere escalatie. Het is nota bene oud-CIA-directeur Michael Hayden, de man die persoonlijk toestemming gaf voor de lancering van Stuxnet, die na de vernietigende aanval op Iran waarschuwt voor een tijd die 'doet denken aan augustus 1945'. Toen was het een bom met verwoestende kracht die tienduizenden mensen doodde, nu is het een sabotagevirus dat binnensluipt en systemen vernietigt. De ontploffing van een atoombom valt niet te missen. Een sabotagevirus slaat in stilte toe en eist, voorals-nog, geen levens.

Voor oorlogen bestaan internationale regels, voor digitale aanvallen niet. Fysieke confrontaties laten sporen na; digitale acties zijn veel lastiger te traceren en eenvoudiger te ontkennen waardoor vervolging soms zelfs onmogelijk wordt. De CIA gebruikt hackwapens die de herkomst verbloemen: zelfs de tijdzone of het toetsenbord waarmee de wapens geschreven zijn kan de dienst manipuleren, zodat het lijkt of de code aan de andere kant van de wereld is gemaakt door iemand met een Russisch toetsenbord. De Verenigde Naties proberen met werkgroepen tot normen te komen om digitale escalatie tegen te gaan, maar Rusland en andere landen hebben zich teruggetrokken uit die overleggen. Rusland en China wensen zich niet te committeren aan westerse regels.

China, Rusland, Verenigde Staten, Israël, Iran, Noord-Korea, Frankrijk en Groot-Brittannië hebben een offensief cyberprogramma: ze ontwikkelen digitale wapens. De onzichtbare aanvallen vinden al over en weer plaats. Voorbeelden zijn er te over. Tijdens de openingsceremonie van de Winterspelen in Zuid-Korea verstoren staatshackers de internetverbinding waardoor er even geen luchtopnamen mogelijk zijn. In Venezuela leggen hackers het stroomnetwerk plat. De Amerikanen vallen rond de verkiezingen voor de Senaat en het Huis van Afgevaardigden preventief het netwerk van de beruchte Russische Internet Research Agency (IRA) in Sint-Petersburg aan. Ook nestelen ze zich op strategische plekken in het Russische elektriciteitsnetwerk. Als vergelding dreigt het Kremlin met een 'digitale oorlog'.

Rusland hanteert niet alleen zijn eigen regels, het gaat verder. Het ontwikkelt momenteel een eigen speelveld. Het land experimenteert met het loskoppelen van het wereldwijde internet. Tijdens digitale crises wil het terugvallen op een eigen internet, een middel dat ook nuttig is als Rusland een offensief digitaal wapen loslaat en de effecten niet in eigen land wil voelen. In Midden-Europa wordt in 2018 door Nederlandse onderzoekers Triton gevonden: een vernietigend virus dat in elektriciteitscentrales, petrochemische en nucleaire fabrieken voor ontregeling en chaos zorgt. Triton is waarschijnlijk van Russische makelij en werd voor het eerst in november 2017 gebruikt in Saudi-Arabië. Het valt de systemen in fabrieken aan die bij onveilige situaties een noodprocedure in werking zetten, waardoor een levensgevaarlijke situatie ontstaat. Door een eigen internet te hebben, blijft Rusland zelf gevrijwaard van dit soort aanvallen.

Nederland is door de vele en snelle internetverbindingen in combinatie met de open samenleving extra kwetsbaar. Tegelijk behoren de Nederlandse geheime diensten volgens bronnen tot de top 5 van de digitaal machtigste landen. Het Defensie Cyber Command kan 'systemen van tegenstanders aanvallen, manipuleren of uitschakelen'. De AIVD en MIVD hacken computersystemen in andere landen. Hun gezamenlijke digitale eenheid, de Joint Sigint Cyber Unit, groeit in 2019 door naar 700 medewerkers, het hackteam van vijf personen in 2014 naar vijftig. Een inlichtingenbron vertelt dat Nederlandse diensten inmiddels 'met gemak' een eigen Regin kunnen maken: de geavanceerde, veelkoppige slang die jarenlang ongemerkt in Belgacom zat.

De digitale escalatie vindt op verscheidene niveaus plaats: van trolaccounts op sociale media tot ideologisch gemotiveerde hackers. Van stelende criminelen tot saboterende staten. Nederland is in een voortdurende digitale strijd verwikkeld met vooral Noord-Korea, China, Iran en Rusland. Er gaat geen dag voorbij zonder online schermutseling. De aanvallen vanuit Rusland zijn volgens bronnen het meest volhardend en zorgelijk. Minister Ank Bijleveld (Defensie) kwalificeert de digitale spanningen met Rusland in het najaar van 2018 in *Nieuwsuur* als 'een vorm van oorlog'. Een stille oorlog die niemand ziet.

Maar als onze informatiesystemen worden aangevallen, wie zorgt dan voor de bescherming van de netwerken waar de privédata van Nederlanders doorheen gaan? Incidenten in 2019 laten zien dat zelfs de gevoeligste systemen niet veilig zijn. Bureau Jeugdzorg in Utrecht raakt ruim 3000 dossiers kwijt van kwetsbare kinderen, waarin informatie staat over psychische stoornissen en details over seksueel misbruik. Bij het Gelre Ziekenhuis liggen na een phishingaanval patiëntgegevens op straat. Bij het Amsterdamse OLVG kunnen studenten maandenlang grasduinen in medische dossiers.

Aan alle kanten verzamelen bedrijven en overheden data van burgers. Camera's registreren waar mensen lopen of parkeren, bedrijven de producten die klanten kopen, incassobureaus hoe kredietwaardig ze zijn en apotheken welke medicijnen ze bestellen. De politie heeft een database met foto's van 1,3 miljoen Nederlanders. En burgers geven zelf steeds meer data weg: op Facebook, Google. Een miljoen Nederlanders heeft vrijwillig zijn familiegeschiedenis en DNA-materiaal afgestaan aan het commerciële MyHeritage – een Israëlisch platform voor stambomen en genealogie.

In handen van inlichtingendiensten vormen die databergen een bedreiging voor de democratie. Kwetsbare groepen, zoals minderheden en politieke demonstranten, zijn vaak als eerste het slachtoffer. De Amerikaanse NSA en Britse GCHQ houden al bij welke burgers WikiLeaks ondersteunen. China volgt door middel van een gigantisch netwerk van camera's met gezichtsherkenning het gedrag van miljoenen moslims. Turkije gebruikt spionagesoftware van de Duitse-Britse Gamma Group om demonstranten en dissidenten in de gaten te houden. Een 'inlichtingenbureau' van het Nederlandse ministerie van Sociale Zaken koppelt databestanden van burgers met bijvoorbeeld onderwijsgegevens en onroerend goed om te zien of er een risico is op uitkeringsfraude.

Daarbij is de kans op fysieke schade groot. De Rekenkamer waarschuwt in 2019 dat de 'fysieke veiligheid van Nederland' op het spel staat omdat tunnels en waterkeringen niet goed zijn beschermd tegen digitale aanvallen van buitenlandse staten. 'Tunnels, bruggen, sluizen en waterkeringen kunnen nog beter worden beveiligd tegen cyberaanvallen.' De Nationaal Coördinator Terrorismebestrijding en Veiligheid (NCTV) stelt dat 'maatschappelijke ontwrichting' op de loer ligt. De 'permanente digitale dreiging' kan de 'onafhankelijkheid en zelfstandigheid van Nederland' aantasten. Hoe wil Nederland zich digitaal beschermen?

Als de hoofden van de AIVD, MIVD en NCTV in 2015 in een geheime bijeenkomst op het ministerie van Algemene Zaken alarm slaan en 340 miljoen euro vragen voor digitale veiligheid, reageren premier Rutte en zijn ministers afwijzend. Er komt een werkgroep, een strategie en jaren later een 'agenda'. Het is dit soort onbekommerdheid die bij bronnen tot de verzuchting leidt dat er misschien sprake is van een generatiekloof: politici die over digitale veiligheid beslissen, zijn opgegroeid zonder computer en smartphone. Veertigers en vijftigers die weinig affiniteit hebben met digitale middelen. Ze doorzien de kwetsbaarheid niet. Sommige ministers weigeren bijvoorbeeld met de speciaal beveiligde Tigertelefoon te bellen. Oud-minister Plasterk zet, als hij politiek verantwoordelijk is voor de AIVD, de omstreden chatdienst Telegram op zijn diensttelefoon – waarna hij vanwege de veiligheid een nieuwe telefoon moet.

Ander probleem: niemand voelt zich écht verantwoordelijk voor digitalisering. Het is het klassieke voorbeeld van *the problem of the many hands*: iedereen is verantwoordelijk voor een deel maar niemand voor het geheel. Het vraagstuk is in Nederland verdeeld over liefst vijf ministeries – België en Zweden hebben een eigen minister voor Digitale Zaken. Een eerste poging tot een Nederlandse regierol is de aanstelling van een Digicommissaris in 2014. Daarvoor wordt VVD-coryfee Bas Eenhoorn, eerder partijvoorzitter en daarna vooral bekend als waarnemend burgemeester in tal van gemeenten, gestrikt. Een zestiger die vlak voor zijn pensioen de overheid de moderne tijd in moet loodsen.

Het wordt geen onverdeeld succes en na vier jaar geeft Eenhoorn de opdracht over aan staatssecretaris Raymond Knops (CDA), bij wie digitale veiligheid beperkt is tot de overheid. De regering vindt dat bedrijven een eigen verantwoordelijkheid hebben. De Haagse ambtenaar: 'Waterveiligheid is een overheidstaak, digitale veiligheid zou dat ook moeten zijn maar is een publiek-private verantwoordelijkheid.'

De samenwerking tussen overheid en bedrijfsleven verloopt stroef. Na de Russische bemoeienis met de Amerikaanse verkiezingen ontstaat het idee voor kortdurende samenwerking om te voorkomen dat Rusland ook de Nederlandse verkiezingen van begin 2017 beïnvloedt. Bedrijven als Fox-IT, Northwave en Deloitte houden de systemen van klanten in de gaten en zien daardoor nieuwe aanvalstechnieken. AIVD en MIVD ontdekken weer andere soorten Russische malware. Het plan om bedrijven en geheime diensten die informatie samen te laten brengen, bloedt dood: de AIVD wil informatie van de bedrijven ontvangen, maar geen eigen informatie delen. Daar hebben de bedrijven geen zin in.

De mislukte samenwerking is tekenend voor de weifelende omgang met digitalisering: de voordelen gebruiken, maar de risico's negeren. Zoals Nederlandse burgers dat ook doen: appen, delen en liken, maar geen *password manager* of degelijke antivirussoftware op een laptop installeren. Het is als autorijden zonder airbag.

De ambities van het kabinet ('Nederland dé digitale koploper van Europa') staan daardoor in groot contrast met de investeringen in digitale veiligheid. Honderden miljoenen geven ministeries uit aan nieuwe ICT-projecten die telkens te ambitieus blijken. Defensie (900 miljoen), Belastingdienst (203 miljoen), Bevolkingsregister (100 miljoen), Rechtspraak (200 miljoen), Nederlandse Voedsel en Warenautoriteit (65 miljoen): na jaren stoppen ze met de geldverslindende vernieuwing van hun ICT-systemen. Maar voor degelijke beveiliging is geen geld.

In plaats van de noodzakelijke 340 miljoen wordt mondjesmaat geïnvesteerd in digitale veiligheid. Gaten worden gedicht waar de nood het hoogst is: het is als ducttape plakken in het ruim van een zinkend schip. Voor de Kamerverkiezingen in 2017 verschijnt het rapport 'Nederland digitaal droge voeten' van PostNL-topvrouw Herna Verhagen. De conclusie: 'Cyberdreigingen nemen fors toe (...). Grootschalige maatschappelijke ontwrichting kan het gevolg zijn.'

Over de hele linie wordt de dreiging serieuzer, stelt Verhagen vast: van digitale criminaliteit waar burgers mee te maken krijgen – in 2015 is het aantal meldingen van cybercrime voor het eerst hoger dan het aantal gemelde fietsdiefstallen – tot spionage en sabotage door buitenlandse staten. 'We vinden het vanzelfsprekend dat er regels, stoplichten en rotondes zijn om het verkeer veilig te houden. De veiligheid van de digitale wereld moet net zo belangrijk worden als de veiligheid van de wereld om ons heen.'

Verhagen adviseert om 'met spoed' de digitale veiligheid te versterken en daar 10 procent van het ICT-budget voor vrij te maken. Het gaat om honderden miljoenen. Nederland moet aan digitale dijkbewaking doen. Ook bepleit ze de aanstelling van een 'hoge functionaris' voor het opstellen van een 'actieprogramma cybersecurity'. Een Digicommissaris 2.0.

Hans de Boer, voorzitter van werkgeversorganisatie VNO-NCW, neemt het rapport samen met premier Rutte in ontvangst. De Boer is het met Verhagen eens: 'Het thema verdient aandacht, op álle niveaus. Bij de overheid, het bedrijfsleven en bij de consument.' Veiligheidsbaas Dick Schoof onderschrijft de noodzaak: 'Landen als Duitsland en het Verenigd Koninkrijk investeren flink in cybersecurity. Nederland kan en mag niet achterblijven.'

Maar als Mark Rutte op 26 oktober 2017 de ministersploeg van zijn derde kabinet presenteert, blijken de adviezen van Verhagen in de wind te zijn geslagen. Geen nieuwe Digicommissaris. Wel trekt het kabinet een schamele 95 miljoen uit voor digitale veiligheid, bij lange na niet de aanbevolen 10 procent. De Haagse insider: 'Het blijft bij pleisters plakken. Op het hogere, strategische niveau dringt het belang maar niet door. Dat is ook Schoof, die een goede band met Rutte heeft, aan te rekenen: het lukt ook hem niet om meer geld los te krijgen.'

*

Eén vraag bleef in de jaren dat ik onderzoek deed, onbeantwoord: wie probeerde mijn router binnen te komen? Twee keer ging het apparaat kapot. De eerste keer – vlak voor de reis naar Brazilië in 2013 – was ik er eerst zelf mee gaan knoeien. Op knopjes drukken, resetten. Toen ik het ding bij een specialist bracht, was het te laat: ik had het bewijsmateriaal verknald. Bewijs voor spionage, laat staan een spoor van een dader, was niet te vinden.

Dat gebeurt me niet nog een keer, nam ik me stellig voor. Een volgende keer zou ik direct de stroom eraf halen en het ding naar een expert brengen. Dus toen mijn router het eind 2017 opnieuw begaf, dacht ik beet te hebben. Voorzichtig ging het ding in een tas en bracht ik hem naar een gespecialiseerd bedrijf.

Hoopvol ging ik maanden later naar het bedrijf dat de router had onderzocht. Een jongeman in spijkerbroek liet me binnen, nam plaats en schudde meteen zijn hoofd. 'Ik moet je teleurstellen,' zei hij. 'We kunnen geen volledige toegang tot je router krijgen. Dat kan alleen de fabrikant.'

In de auto op de snelweg terug, dacht ik aan de kapotte router en de kansloze zoektocht naar verklaringen. In de bijna zes jaar tussen die eerste kapotte router en het teleurstellende onderzoek naar de tweede is het snel gegaan. De spionage is omvangrijker en serieuzer geworden, de afhankelijkheid van internet groter, de samenleving kwetsbaarder. De waarschuwingen zijn terecht gebleken. Maar net als bij die kapotte router hebben we er nog steeds geen vat op.

Epiloog

Nog voordat de eerste letter van dit boek op papier stond, ging het beeldscherm van mijn Dell-laptop stuk. Dat gebeurde op een eilandje in Zuidoost-Azië. Als de wind goed stond was er weliswaar wifi, maar een computerwinkel was ver te zoeken. Naar het vasteland gaan zou dagen duren. Collega's van *de Volkskrant* verwezen me daarom naar een internationaal supportteam van Dell. De communicatie met dat team in Azië verliep onnavolgbaar: medewerkers verstonden mijn naam niet, herkenden het serienummer van de laptop niet, konden alleen helpen als de laptop in Azië was geregistreerd.

Curieus genoeg kreeg ik een dag na dit contact een sms van het team: een onderdeel voor de laptop zou met een schip onderweg zijn. Welk onderdeel? Waarnaartoe? Twee dagen later nam een Engelssprekende vrouw contact op via WhatsApp: zij stelde zich voor als de zus van de bezorger. Weer een dag later meldde zich bij de supermarkt op het eiland een mannetje met een rugzak. Hij sprak drie woorden Engels, bleek een nieuw scherm bij zich te hebben en in een kwartier deed de laptop het weer. Om maar te zeggen: de digitale tijd heeft ook talloze voordelen.

Het is verleidelijk om de ontsporingen en gevaren van het internet geheel te wijten aan het gedrag van bedrijven en overheden. Facebook dat toestaat dat de privégegevens van miljoenen gebruikers worden gebruikt voor politieke campagnes, Schiphol dat camera's met gezichtsherkenning plaatst. Overheden die internetverkeer scannen, geheime diensten die omvangrijk spioneren.

Maar dat gaat voorbij aan de bijdrage die burgers zelf leveren. Facebook leeft en groeit van de persoonlijke informatie die gebruikers *vrijwillig* aan het bedrijf geven. Als mensen massaal hun account opzeggen, bestaat Facebook niet meer. Datzelfde geldt voor datagrootmachten als Google: het gebruik is vrijwillig, het bedrijf groeit op de data van gebruikers. Er zijn privacyvriendelijkere alternatieven die op z'n minst net zo goed functioneren en die een stuk minder data van gebruikers opslaan: zoekmachines DuckDuckGo en Startpage.com bijvoorbeeld. Zoals het ook een keuze is om WhatsApp te gebruiken terwijl het veiligere en even goed werkende Signal beschikbaar is.

In 2018 werden volgens beveiligingsbedrijf Symantec 3,3 miljoen Nederlanders slachtoffer van enige vorm van digitale criminaliteit. De zwakke plekken waar criminelen toeslaan, ontstaan vaak door gemakzucht. Eenzelfde wachtwoord voor verschillende diensten. Niet meteen updaten van een app of besturingssysteem. Een te simpele toegangscode gebruiken. Altijd wifi en bluetooth aan laten staan waardoor telefoon of laptop voor anderen te zien is. Gelukkig bestaan daarvoor ook alternatieven: een password manager genereert verschillende, veilige wachtwoorden, snel updaten is beter dan wachten, een zescijferige toegangscode is beter dan een viercijferige, een vingerafdruk is nóg veiliger. Wifi en bluetooth kun je uitschakelen als je ze niet gebruikt. Verbind nooit zomaar met een openbaar en dus onveilig wifinetwerk.

Dit soort tips is niet uniek. Als lezers na dit boek iets meer aan hun bescherming willen doen, kunnen ze op allerlei plekken terecht. *RTL Nieuws*-journalist Daniël Verlaan heeft een nuttige en toegankelijke handleiding gemaakt: laatjeniethackmaken.nl. Zoals Verlaan zijn er meerdere journalisten die digitale veiligheid inzichtelijk maken. Wouter van Noort en Marc Hijink van *NRC*, Joost Schellevis en Nando Kasteleijn van de NOS, Kristel van Teeffelen van *Trouw*. Dimitri Tokmetzis en Maurits Martijn van De Correspondent schreven het indrukwekkende *Je hebt wél iets te verbergen* over het belang van privacy, eveneens met bruikbare tips. Wie meer wil lezen over de risico's van digitalisering en overheidscontrole, raad ik onder meer het werk van de Amerikaanse journalist Kim Zetter en de Schotse journalist Ryan Gallagher aan.

Bij het schrijven over spionage en geheime diensten volgt onvermijdelijk de vraag wiens belangen de journalist dient. Ben ik een nuttige idioot voor de AIVD en word ik gebruikt door de overheid? Het zou naïef zijn als ik daar niet op zou letten. Gesprekspartners die overduidelijk alleen maar het overheidsbelang dienen, zijn niet de meest interessante sprekers. Die ontberen een onafhankelijke blik die juist voor journalisten belangrijk is.

Er is bovendien een belangrijke reden waarom ik niet geloof dat de AIVD of MIVD mij bewust zou sturen: ik schrijf over iets wat zij geheim willen houden, hún operaties. Het kost niet voor niets jaren om het vertrouwen van goede bronnen te winnen: die weten dat ze gevaar lopen. Om sturing of tunnelvisie bij mezelf te voorkomen check ik informatie altijd bij anderen en overleg ik vóór publicatie met journalistieke collega's. Dat de geheime diensten de gevonden informatie niet altijd zint, blijkt uit de verschillende verwijderverzoeken die de AIVD en MIVD met een beroep op de nationale veiligheid voor dit boek hebben gedaan, net zoals een rechtszaak van de AIVD tegen bepaalde passages. Zie daarvoor de verantwoording. Een andere indicatie is dat verschillende bronnen doelwit van onderzoek zijn geweest door de Rijksrecherche.

Het schrijven over geheime diensten zal altijd met een zekere scepsis worden bezien, juist ook door collega-journalisten. Dat komt deels omdat het werk van inlichtingendiensten zich afspeelt in het duister. Exemplarisch was de reactie na de AIVD-hack van Cozy Bear in januari 2018 – een gezamenlijke publicatie van Eelco Bosch van Rosenthal en mij.

Dagblad *Trouw* publiceerde daarop een artikel van een verslaggever die over Buitenlandse Zaken en Defensie schrijft. 'Iemand had er belang bij om de operatie van de AIVD te laten lekken', luidde de kop. De auteur dacht aan de reactie van verantwoordelijke ministers af te leiden dat er geen 'klopjacht naar lekkende medewerkers is gestart'. Ook bracht hij het verhaal in verband met het referendum over de inlichtingenwet dat twee maanden eerder diende. 'Het lijkt er, zeker als aangifte uitblijft, op dat de politieke en ambtelijke bazen van de Nederlandse veiligheidsdiensten minstens kunnen leven met publicatie van deze specifieke informatie.' En: 'Gericht lekken komt vaker voor.'

Zoals in dit boek is te lezen, is er wel degelijk een intern veiligheidsonderzoek bij de AIVD naar lekkende medewerkers geweest. Als de *Trouw*-journalist eigen bronnen had gehad, had hij dat zelf kunnen navragen. Een verband tussen onze publicatie en het referendum kan er niet zijn: de eerste keer dat Eelco en ik een snipper informatie over de operatie hoorden, was in juni 2017, toen de Eerste Kamer nog akkoord moest gaan met de nieuwe inlichtingenwet. Niemand kon toen weten dat er maanden later een handtekeningenactie voor een referendum zou komen. Laat staan dat die actie tot een referendum zou leiden en wanneer dat zou zijn. Deze informatie werd destijds ook gepubliceerd in *de Volkskrant* maar het weerhield de *Trouw*-verslaggever er niet van zijn theorie te verspreiden.

De wegen van de geheime diensten zijn moeilijk te doorgronden. Dat brengt de aard van hun werk nu eenmaal met zich mee. Het is voor mij een belangrijke aansporing geweest om in dit boek het journalistieke proces zo gedetailleerd en helder mogelijk te beschrijven.

Verantwoording

Schrijven over geheime diensten is koorddansen: bronnen willen dat zo min mogelijk naar hen te herleiden is, lezers willen zo veel mogelijk over ze weten. Al is het dan geen naam, dan toch op z'n minst een typering. Was het een man of vrouw? Werkte hij bij een geheime dienst, of niet? Logisch, lezers willen de informatie kunnen toetsen.

Maar ook een typering, hoe klein of onschuldig ook, kan een bron in de problemen brengen. Telefoons laten digitale sporen na, net zoals auto's en pinbetalingen. 'Alsjeblieft, noem me geen inlichtingenbron', of 'zeg maar niet in welke stad we elkaar zagen', kunnen nerveuze gesprekspartners vragen. Want als ik vertel dat ik een bron dinsdag in Den Haag heb gezien, is het voor een opsporingsteam relatief eenvoudig te achterhalen waar ik die bron gesproken heb en wie het moet zijn geweest.

Dat in dit boek nauwelijks mensen sprekend worden opgevoerd, is dus een onvermijdelijke en noodzakelijke concessie bij het schrijven over inlichtingendiensten. Op het lekken van staatsgeheimen staat een gevangenisstraf van zes jaar.

Toch wil ik iets over de bronnen zeggen. Dit boek is gebaseerd op gesprekken met 110 personen. Dat zijn (oud-)medewerkers van de AIVD, NCTV en MIVD, ambtenaren bij verschillende ministeries, beveiligingsonderzoekers en experts. Ik beschouw woordvoerders en voorlichters niet als bronnen, net zomin als een hoogleraar die zijn mening geeft, of een ambtenaar die een publiek rapport mailt. Een bron is iemand die ik vaker heb gezien of gesproken en die met mij niet-publieke informatie heeft gedeeld. Maar een bron kan ook iemand zijn die zelf niet actief informatie deelt maar die van mij bevestigt of weerlegt.

Gesprekken met bronnen neem ik niet op. Het zou mijn werk aanzienlijk vergemakkelijken maar deze bronnen weten heel goed hoe makkelijk audiobestanden in andere handen kunnen vallen. Wel maak ik aantekeningen. Ook dat heeft een nadeel als je in een openbare ruimte zit: daarmee maak je jezelf algauw kenbaar als journalist. De aantekeningen zijn dan ook vooral vluchtige schrijfsels. Steekwoorden en korte zinnen, geen uitgeschreven letterlijke citaten. Ik werk mijn aantekeningen direct na het gesprek uit en bewaar ze in beveiligde bestanden. Om de verzamelde informatie zo veel mogelijk te toetsen en te verifiëren, leg ik passages regelmatig voor aan bronnen met de vraag of de informatie feitelijk correct is weergegeven.

Dit alles maakt dat ik een groot beroep doe op het vertrouwen van de lezer. Maar de keuze is simpel: óf je schrijft op deze manier over geheime diensten en wat ze doen, óf je bent veroordeeld tot de door de veiligheidsdiensten publiekelijk beschikbaar gestelde informatie.

Naast de gesprekken met mijn bronnen heb ik geput uit allerlei soorten informatie: van staatsgeheime documenten tot vertrouwelijke politieke stukken, van ambtelijke notities tot jaarverslagen van de AIVD en de MIVD en rapporten van publieke en private instanties. Voor zover ik weet, heb ik geen gebruik gemaakt van gehackte informatie.

Enkele passages in dit boek zijn ontleend aan stukken die ik eerder schreef voor NRC *Handelsblad* of *de Volkskrant*. Wie de chronologie van die artikelen volgt, zal zien dat deze afwijkt van die in dit boek. Dat is een bewuste keuze. Mijn journalistieke zoektocht verliep grilliger en onnatuurlijker dan in dit boek is weergegeven. Omwille van de leesbaarheid heb ik de chronologie af en toe aangepast.

Om dezelfde reden heb ik jargon, technische termen en namen van ambtenaren en onderzoekers zoveel als mogelijk proberen te vermijden. Het lege en verwarrende woord 'cyber' – populair bij beleidsmakers – komt nauwelijks voor. Ik heb gekozen voor eigen typeringen en metaforen. Daardoor zal ik soms simplificeren of misschien zelfs een keer wat kort door de bocht gaan, bijvoorbeeld bij de werking van apparaten en techniek. Zo heet een computerserver die digitale certificaten signeert een HSM en was de AIVD tot 2002 de Binnenlandse Veiligheidsdienst BVD. Waar Leaseweb staat, wordt soms ook het datacenter van EvoSwitch bedoeld waar Leaseweb zijn computerservers huurt.

Dit boek beoogt de best leesbare versie van de werkelijkheid te zijn zoals ik die heb kunnen achterhalen. Hoewel het eindresultaat een weergave is van honderden gesprekken, is de uitkomst geheel mijn verantwoordelijkheid – net zoals eventuele omissies.

De MIVD en AIVD hebben (delen van) het manuscript van tevoren ingezien en kunnen toetsen op het in gevaar brengen van lopende inlichtingenoperaties en/of inlichtingenmedewerkers. De MIVD heeft de hoofdstukken 3, 5, 8, 11 en 12 gelezen en twee verzoeken tot verwijdering gedaan. Na een eigen afweging, heb ik die passages laten staan omdat die (deels) gebaseerd zijn op openbare informatie.

De AIVD heeft alle hoofdstukken in kunnen zien en verwijderverzoeken gedaan voor de hoofdstukken 2, 3, 8 en 9. Het ging daarbij vooral om namen en herleidbare informatie van AIVD-medewerkers. Waar deze personen niet relevant waren voor het verhaal is ingestemd met het verzoek. Twee medewerkers die nog bij de AIVD werkzaam zijn, worden in hoofdstukken 2, 3 en 8 aangeduid met het initiaal van hun voornaam, net als de CIA-medewerker uit de hoofdstukken 3 en 8. Daarnaast wilde de AIVD details verwijderd hebben die volgens de dienst tot de hoogste staatsgeheime categorie behoren en personen in gevaar kunnen brengen. Toen ik dat weigerde omdat de argumenten niet overtuigend waren, heeft de dienst in juli 2019 een rechtszaak aangespannen en gewonnen. Op straffe van een dwangsom van 25.000 euro per overtreding zijn enkele details uit dit boek verwijderd of veralgemeniseerd.

Dankwoord

Mijn grootste dank gaat uit naar mensen die ik hier niet bij naam kan noemen. Die hun carrière op het spel zetten en het risico namen in de gevangenis te komen. Die nog voor werktijd snel iets uitzochten, tot laat in de avond de telefoon opnamen, nooit geërgerd raakten als ik ze tijdens familie-etentjes, boottochten en vergaderingen bleef lastigvallen. Duizendmaal dank.

Dank aan de hoofdredactie van *de Volkskrant* voor deze kans en het onvoorwaardelijke vertrouwen – zelfs tot in de rechtszaal: Philippe Remarque, Corine de Vries en Pieter Klok. Uitgeverij Podium was een warm bad, Joost Nijsen had zoveel vertrouwen dat hij dacht dat het boek een jaar eerder in de winkel zou liggen, Willemijn Lindhout bleef onvermoeibaar steunen, coachen en bijsturen. Indrukwekkend.

Hugo Logtenberg was met zijn gedrevenheid, aansporingen en journalistieke kompas van onschatbare waarde. 'Details, Huib, let op de details!' Peter de Greef hield me zoals altijd op het juiste spoor. Tom Kreling was een prettige reisgenoot en geloofde eerder in de totstandkoming van het boek dan ikzelf. Joris Luyendijk liet me de echte betekenis van het boek zien; zijn precisie en adviezen maakten het urgenter en leesbaarder.

Dank verder aan Marije Randewijk, Eelco Bosch van Rosenthal, Ruben Maes, Titia Kramer, Mieke Clement, Peter Modderkolk, Jeroen de Bakker, Pieter van Os en Ryan Gallagher voor de ruggensteun, koppen koffie, feitelijke checks en aangeboden schrijfplekken. Bonny, Roxy en Lou kan ik niet genoeg danken. Jullie zijn de echte helden.

Literatuurlijst

1 Een ongenode gast

Cijfers over afluisteren door NSA zijn afkomstig uit eerste Snowden-publicaties

- Glenn Greenwald, 'NSA collecting phone records of millions of Verizon customers daily', *The Guardian*, 6 juni 2013.
- Glenn Greenwald en Ewen MacAskill, 'NSA Prism program taps in to user data of Apple, Google and others', *The Guardian*, 7 juni 2013.

Beverwijk en Katwijk op lijst Amerikaanse kritieke infrastructuur

- Cablegate, WikiLeaks, cablenummer: 09STATE15113, december 2010.

2 Totale black-out

Mobiel bellen in 1998 door Frans Bromet

- https://www.youtube.com/watch?v=TNwhIHqM60g

Replica systeem DigiNotar in een beveiligde bunker bij Schiphol

- Schoenmaker, René, 'De opkomst en ondergang van DigiNotar', webwereld.nl, september 2011.

Details over kabel DigiNotar, verkoopprijs etc.

- Rechtszaak Vasco tegen eigenaren DigiNotar, rechtspraak.nl, 7 augustus 2014.

Persconferentie Piet-Hein Donner over hack overheidssites

- YouTube, 3 september 2011.

3 Het Zwitserland onder de geheime diensten

Abdul Khan

- Alberts, Jaco, 'De Nederlandse connectie met de islamitische bom', *de Volkskrant*, 19 november 2011.

Schip BBC China onderschept in Italië
- Robin Wright, 'Ship Incident May Have Swayed Libya', *Washington Post*, 1 januari 2004.

Communicatiesystemen Irak aangevallen in 2003
- John Markoff en Thom Shanker, 'Halted '03 Iraq Plan Illustrates US Fear of Cyberwar Risk', *The New York Times*, 1 augustus 2009.

Natanz en de gebruikte centrifuges
- Kim Zetter, *Counting down to Zero Day. Stuxnet and the Launch of the World's First Digital Weapon*, Broadway Books, 2015.

4 Code Rood

Wachtwoorden klanten KPN gepubliceerd
- Colin Hoek en Brenno de Winter, 'Wachtwoorden KPN-klanten gepubliceerd', NU.nl, 10 februari 2012.
- 'Hoogste alarmfase na hack KPN', nos.nl, 9 februari 2012.

5 Bom op een simkaart

NSA infecteert steeds meer computers
- Ryan Gallagher en Glenn Greenwald, 'How the NSA plans to infect millions of computers with malware', *The Intercept*, 3 december 2014.

Cijfers NSA
- Peter Koop, 'Some numbers about NSA's data collection', Electrospaces.net, 5 juni 2014.

Belastingdienst verzamelt veel parkeergegevens
- Wetenschappelijke Raad voor het Regeringsbeleid, 'Big Data in een vrije en veilige samenleving', Amsterdam University Press, 28 april 2016.

Chinese chips
- Jordan Robertson en Michael Riley, 'The Big Hack: How China Used a Tiny Chip to Infiltrate US Companies', bloomberg.com, 10 april 2018.

Hoe Amerikanen hun dronedoelwitten kiezen

- Cora Currier en Peter Maass, 'Firing Blind. Article 6 of 8 from the Drone Papers', *The Intercept*, 15 oktober 2015.

Bom op een simkaart

- Jeremy Scahill en Glenn Greenwald. 'The NSA's secret role in the US assassination program', *The Intercept*, 10 februari 2014.

Slachtoffers droneaanvallen

- The Bureau of Investigative Journalism, thebureauinvestigates.com/projects/drone-war

Cijfers over metadatacollectie GCHQ

- Peter Koop, 'Some numbers about NSA's data collection', Electrospaces.net, 5 juni 2014.

6 Een veelkoppige slang

De Griekse casus

- James Bamford, 'A death in Athens', *The Intercept*, 29 september 2015.

Israëlische bedrijven leveren afluisterapparatuur

- James Bamford, 'Shady Companies With Ties to Israel Wiretap the U.S. for the NSA', Wired.com, 4 maart 2012.

Israël luisterde Bill Clinton en Monica Lewinsky af

- Gordon Thomas, *Gideon's Spies: The Secret History of the Mossad*, St. Martin's Griffin, 18 maart 2000.

NSA-catalogus

- Jacob Appelbaum, Judith Horchert en Christian Stöcker, 'Catalog Advertises NSA Toolbox', *Der Spiegel*, 29 december 2013.

Britten weigeren mee te werken aan onderzoek Belgacom

- Anouk van Kampen, 'Britten weigerden medewerking aan onderzoek naar hacking Belgacom', *NRC Handelsblad*, 25 oktober 2018.

België heeft NSA nodig

- Mitch Prothero, 'Belgium Called In The NSA To Catch Europe's Most Wanted Man', Buzzfeednews.com, 21 augustus 2016.

8 Complot in Amsterdam

Nederlandse diensten moeten sneller info delen
- Niels Rigter, 'VS: informatie na aanslag kwam te laat', *De Telegraaf*, 5 september 2018.

Rapport over Chinese spionagegroep APT1
- Mandiant, *Exposing one of China's Cyber Espionage Units,* fireeye.com/content/dam/fireeye-www/services/pdfs/mandiant-apt1-report.pdf, 19 februari 2013.

Chinese spionagegroep valt Verenigde Staten aan
- David Barboza, Nicole Perloth en David E. Sanger, 'Chinese Army Unit Is Seen as Tied to Hacking Against U.S.', *The New York Times*, 18 februari 2013.

Verenigde Staten beschuldigen China van spionage
- David E. Sanger, 'U.S. Blames China's Military Directly for Cyberattacks', *The New York Times*, 6 mei 2013.

Ingelicht (Personeelsblad MIVD)
- Stichting Argus. www.inlichtingendiensten.nl/organisatie/ingelicht

AIVD en MIVD ruziën
- Bart Olmer, 'Spionnen onder één dak: ruzie', *De Telegraaf*, 28 februari 2014.

Hack Yahoo door FSB'ers
- Vindu Goed en Eric Lichtblau, 'Russian Agents Were Behind Yahoo Hack, U.S. Says'. *The New York Times*, 15 maart 2017.

Russen zijn kundige hackers
- Peter Apps en Jim Finkle, 'Suspected Russian spyware Turla targets Europe, United States', Reuters.com, 7 maart 2014.

België doelwit Russische hackers
- Mark Eeckhaut en Nikolas Vanhecke, 'Ook België doelwit van Russische hackers', *De Standaard*, 5 oktober 2018.

Russen en de handel in malware
- Max Goncharov, *Russian Underground Revisited,* Trendmicro.de, 28 april 2014.

9 Betrapt op het Rode Plein

Scoop Tweakers

- Olaf van Miltenburg en Joost Schellevis, 'Chipmachinefabrikant ASML is gehackt door Chinese overheid', Tweakers.net, 27 februari 2015.

Beantwoording Kamervragen hack Rheinmetall

- rijksoverheid.nl/documenten/kamerstukken/2016/07/01/beantwoording-kamervragen-over-het-bericht-nederlands-duits-defensiebedrijf-gehackt-door-chinezen

Van Ocean's Eleven naar Die Hard

- Kim Zetter, 'Hacker Lexicon: what are CNE and CNA', Wired.com, 7 juni 2016.

Onderzoek Kaspersky naar Cozy Bear oftewel 'Miniduke'

- GReAT, 'Miniduke is back: Nemesis Gemina and the Botgen Studio', Kaspersky, 3 juli 2014.

New York Times over Russische trollenfabriek

- Chen, Adrian, 'The Agency', *The New York Times*, 2 juni 2015.

Onderzoek De Groene *naar Russische trollen*

- Robert van der Noordaa en Coen van de Ven, 'Het MH17-complot', *De Groene Amsterdammer*, 29 mei 2019.

Russische hackers vallen kiessystemen aan

- Bill Whitaker, 'When Russian hackers targeted U.S. election infrastructure', CBSNews.com, 17 juli 2018.

Russen lezen e-mails Obama

- David E. Sanger en Michael Schmidt, 'Russian Hackers Read Obama's Unclassified Emails, Officials Say', *The New York Times*, 25 april 2015.

Russen vallen Amerikaanse legerleiding aan

- Nancy A. Youssef, 'Russians Hacked Joint Chiefs of Staff', TheDailyBeast.com, 4 april 2017.

DNC neemt waarschuwingen FBI niet serieus
- Eric Lipton, David E. Sanger en Scott Shane, 'The Perfect Weapon: How Russian Cyberpower Invaded the U.S.', *The New York Times*, 13 december 2016.

10 Porno en Rolls-Royce

NSA-directeur verraadt hulp Westerse bondgenoot
- Ellen Nakashima, 'New details emerge about 2014 Russian hack of the State Department: It was "hand to hand combat"', *The Washington Post*, 3 april 2017.

Nederlandse King Servers betrokken bij Russische hacks
- Andrew E. Kramer, 'A Voice Cuts Through, and Adds to, the Intrigue of Russia's Cyberattacks', *The New York Times*, 27 september 2016.

Kaspersky spioneert volgens Amerikanen
- Nicole Perlroth, 'How Antivirus Software Can Be Turned Into a Tool for Spying', *The New York Times*, 1 januari 2018.

Rapport oud-FBI'er over Goebarev en Webzilla
- Matthew Rosenberg, 'Tech Firm in Steele Dossier May Have Been Used by Russian Spies', *The New York Times*, 14 maart 2019.

11 Vissen met dynamiet

Impact van gijzelsoftware op Britse ziekenhuizen
- National Audit Office, *Investigation: WannaCry cyber attack and the NHS*, 25 april 2018.

Effecten van NotPetya
- Andy Greenberg, 'The Untold Story of NotPetya, the Most Devastating Cyberattack in History', Wired.com, 22 augustus 2018.

Ziekenhuis Verenigde Staten vervangt computers
- Jessica Davis, 'West Virginia hospital replaces computers after Petya cyberattack', HealthCareITNews.com, 30 juni 2017.

De aanval op de Oekraïense stroomvoorziening
- Kim Zetter, 'Inside the Cunning, Unprecedented Hack of Ukraine's Power Grid', Wired.com, 3 maart 2016.

Rusland zit volgens VS en VK achter NotPetya

- Sarah Marsh, 'US joins UK in blaming Russia for NotPetya cyber-attack', *The Guardian*, 15 februari 2018.

Zurich American weigert claims te betalen

- Luke Irwin, '"An act of war": Zurich American refuses to pay out on cyber insurance policy following NotPetya attack', IT Governance Blog, 3 april 2019.

NSA-medewerkers zijn bang dat hun hackwapens schade veroorzaken

- Ellen Nakashima en Craig Timberg, 'NSA officials worried about the day its potent hacking tool would get loose. Then it did', *The Washington Post*, 16 mei 2017.

12 Vechten zonder regels

Ronald Prins

- 'Ronald Prins. The Spy's Spy', politico.eu/list/politico-28-class-of-2019-the-ranking/ronald-prins/

Israëlische spionagesoftware om journalisten af te luisteren

- Azam Achmed en David D. Kirkpatrick, 'Hacking a Prince, an Emir and a Journalist to Impress a Client', *The New York Times*, 31 augustus 2018.

Opiniepeilingen referendum inlichtingenwet

- I&O research

Toespraak Bill Clinton over China

- movies2.nytimes.com/library/world/asia/030900clinton-china-text.html

Opinieartikel Evgeny Morozov

- Evgeny Morozov, 'De illusie van het ooit vrije internet', *NRC Handelsblad*, 5 april 2019.

Reactie Gemalto op claim dat het bedrijf gehackt is

- gemalto.com/press/pages/gemalto-presents-the-findings-of-its-investigations-into-the-alleged-hacking-of-sim-card-encryption-keys.aspx

Interview oud-CIA-directeur Michael Hayden
- Paul D. Shinkman, 'Former CIA Director: Cyber Attack Game-Changers Comparable to Hiroshima', USNews.com, 20 februari 2013.

CIA gebruikt hackwapens die herkomst verbloemen
- WikiLeaks, *Vault 7: CIA Hacking Tools Revealed*, 7 maart 2017.

Onderzoek naar Triton-malware
- '*TRITON Actor TTP Profile, Custom Attack Tools, Detections, and ATT&CK Mapping*', FireEye.com, 10 april 2019.

Bureau Jeugdzorg raakt gegevens kwijt
- Daniël Verlaan, 'Groot datalek bij Jeugdzorg: dossiers duizenden kwetsbare kinderen gelekt', RTLNieuws.nl, 10 april 2019.

Gelre ziekenhuizen en datalek
- 'Gelre ziekenhuizen waarschuwt voor datalek na phishingaanval', Security.nl, 11 december 2018.

Medische dossiers in te zien bij OLVG
- Michiel van der Geest, 'Patiëntdossiers in te zien door lek bij ziekenhuis OLVG', *de Volkskrant*, 15 februari 2019.

1,3 miljoen foto's in politiedatabase
- Wester van Gaal, 'Gezichtsherkenning op de Nederlandse straten: moeten we dat willen?', *Vice*, 18 juli 2019.

Turkije houdt met spionagesoftware dissidenten in de gaten
- Lorenzo Franceschi-Bicchierai, 'Turkey's Government Tried to Hack Hundreds of Protesters Over Twitter, Researchers Say', *Vice*, 14 maart 2018.

Waarschuwing Rekenkamer
- Floor Bouma, 'Rekenkamer: ministerie moet cyberveiligheid waterwerken verbeteren', *NRC Handelsblad*, 28 maart 2019.

Maatschappelijke ontwrichting ligt op de loer
- Cybersecuritybeeld Nederland CSBN 2019, NCTV.nl., 12 juni 2019.

ICT-projecten die mislukken

- Mark Lievisse Adriaanse en Derk Stokmans, 'De overheid en haar ICT-projecten: een structurele worsteling', *NRC Handelsblad*, 19 april 2019.

Rapport-Verhagen over digitale dijkbewaking

- Nederland digitaal droge voeten, Cybersecurityraad.nl, oktober 2016.

Epiloog

Bronnen AIVD-scoop

- Marno de Boer, 'Iemand had er belang bij om de operatie van de AIVD te laten lekken. Maar wie?', *Trouw*, 27 januari 2018.

Register